商务数据分析与应用

寿震坤 刘逸萱 范 柅 ◉主 编
朱振华 诺明其其格 杨 帆 ◉副主编

清华大学出版社
北京

内容简介

本书分为商务数据分析工具、商务数据分析流程和商务数据分析实践共三篇。以数据采集、Power BI 智能数据分析贯穿商务数据分析的全过程，并以项目任务的形式呈现给读者。本书项目包括走进商务数据分析、应用 Excel 进行商务数据分析、应用 Power BI 进行商务数据分析、应用 Python 进行商务数据分析、大数据采集与清洗、大数据存储管理、大数据挖掘与分析、大数据安全、电商大数据分析与应用、财务大数据分析与应用、金融大数据分析与应用等。

本书适合作为职业院校商务数据分析、电子商务、网络营销与直播电商、智能物流技术、大数据与会计等多个专业的教材，也可以作为互联网营销人员、运营人员、数据分析人员的自学参考书。

本书封面贴有清华大学出版社防伪标签，无标签者不得销售。
版权所有，侵权必究。举报：010-62782989，beiqinquan@tup.tsinghua.edu.cn。

图书在版编目（CIP）数据

商务数据分析与应用/寿震坤，刘逸萱，范柟主编. —北京：清华大学出版社，2024.6
ISBN 978-7-302-66154-2

Ⅰ.①商… Ⅱ.①寿… ②刘… ③范… Ⅲ.①商业统计—统计数据—统计分析 Ⅳ.①F712.3

中国国家版本馆 CIP 数据核字（2024）第 086280 号

责任编辑：郭丽娜
封面设计：曹　来
责任校对：刘　静
责任印制：沈　露

出版发行：	清华大学出版社	
网　址：	https://www.tup.com.cn, https://www.wqxuetang.com	
地　址：	北京清华大学学研大厦A座	邮　编：100084
社 总 机：	010-83470000	邮　购：010-62786544
投稿与读者服务：	010-62776969, c-service@tup.tsinghua.edu.cn	
质量反馈：	010-62772015, zhiliang@tup.tsinghua.edu.cn	
课件下载：	https://www.tup.com.cn，010-83470410	

印 装 者：三河市铭诚印务有限公司
经　　销：全国新华书店
开　　本：185mm×260mm　　印　张：15.75　　字　数：378千字
版　　次：2024年6月第1版　　　　　　　印　次：2024年6月第1次印刷
定　　价：58.00元

产品编号：105927-01

前言

近年来随着电子商务、网络营销和大数据技术等领域的快速发展，企业和社会组织产生了大量的数据。这些数据包含丰富的信息，同时也带来了数据处理和分析的挑战。为了应对这一挑战，商务数据分析与应用逐渐成为商业和数据分析领域的重要分支。通过对数据的深入挖掘和分析，企业可以更好地理解市场趋势、消费者行为、业务流程等，从而做出更明智的决策。

基于这样的背景下，我们旨在编写一本全面而实用的教材，以帮助读者掌握商务数据分析的基本概念、工具、流程和实践。通过本书的学习，读者可以了解如何收集、清洗、存储和管理数据，并使用各种数据分析工具（如Excel、Power BI、Python等）进行数据分析和挖掘。

本书通过项目任务的编写形式将理论知识与实践技能相结合，提高读者的实际操作能力。通过本书的学习，读者可以更好地理解商务数据分析的重要性和应用价值，为未来的职业发展做好准备。

本书根据新商科专业标准中的"商务数据分析与应用"课程要求及职业技能竞赛要求，提供了全面而深入的商务数据分析内容。本书适用于商务数据分析、电子商务、网络营销与直播电商、智能物流技术、大数据与会计等多个专业的专业核心课和专业基础课教学活动。通过本书的学习，读者可以更好地应用商务数据分析技能来解决实际问题。

本书编写团队成员在实际教学积累的前提下，查阅了许多相关资料，历经近一年时间，终于编写了这本基于新商科视域下的《商务数据分析与应用》教材。本书的编写分工如下：寿震坤负责第1篇的项目1和项目4；刘逸萱负责第1篇的项目2和项目3；范枻负责第2篇的项目5和项目6；朱振华负责第2篇的任务7.1、项目8和第3篇的项目9；诺明其其格负责第3篇的项目10和项目11；杨帆负责第2篇的任务7.2。

本书的编写得到了广州市福斯特科技有限公司的大力支持，特别是书中项目 5、项目 7、项目 9 中的实训部分，选取的是基于福斯特科技有限公司虚拟仿真实训平台中的、经过脱敏后的真实案例。这些项目特别适合初学者阅读、理解和实操。

虽然编者做了大量的准备工作，并多次对本书内容进行校对，但因知识能力水平有限，书中难免有所疏漏，恳请读者谅解并多提宝贵意见。

编　者

2024 年 1 月

目录
Contents

第 1 篇　商务数据分析工具

项目 1　走进商务数据分析 ·· 3
　　任务 1.1　认识商务数据分析 ·· 4
　　任务 1.2　商务数据分析流程 ··· 13
　　任务 1.3　商务数据分析方法 ··· 17
　　任务 1.4　商务数据分析工具 ··· 22
　　素质提升加油站 ··· 26

项目 2　应用 Excel 进行商务数据分析 ·· 27
　　任务 2.1　Excel 2021 概述 ··· 28
　　任务 2.2　外部数据的获取 ··· 32
　　任务 2.3　数据的处理 ·· 36
　　任务 2.4　函数的应用 ·· 38
　　任务 2.5　数据透视表和数据透视图 ··· 41
　　任务 2.6　数据分析与可视化 ··· 44
　　项目实训　应用数据分析工具 ·· 46
　　素质提升加油站 ··· 54

项目 3　应用 Power BI 进行商务数据分析 ·· 55
　　任务 3.1　初识 Power BI ·· 56
　　任务 3.2　数据获取与处理 ··· 57
　　任务 3.3　Power BI 建模 ·· 63

任务 3.4　Power BI 可视化 ··· 66

项目实训　创建财务报表可视化视图 ··· 74

素质提升加油站 ··· 80

项目 4　应用 Python 进行商务数据分析 ··· 81

任务 4.1　初识 Python ·· 82

任务 4.2　使用 Python 的场景 ··· 86

任务 4.3　Python 的常用库 ·· 89

任务 4.4　Python 文件操作 ·· 90

任务 4.5　使用 Python 采集数据 ·· 92

素质提升加油站 ··· 100

第 2 篇　商务数据分析流程

项目 5　大数据采集与清洗 ··· 103

任务 5.1　数据采集基础知识 ·· 104

任务 5.2　认识数据采集工具与采集方法 ·· 107

任务 5.3　数据清洗 ·· 109

项目实训 1　商务数据采集 ·· 112

项目实训 2　商务数据清洗——"链家租房房源信息"数据的清洗处理 ········ 116

素质提升加油站 ··· 127

项目 6　大数据存储管理 ·· 129

任务 6.1　认识数据存储 ·· 130

任务 6.2　传统的数据存储管理 ··· 133

任务 6.3　大数据时代的数据存储管理 ··· 136

项目实训　使用百度网盘存储服务 ··· 138

素质提升加油站 ··· 144

项目 7　大数据挖掘与分析 ··· 145

任务 7.1　运用数据挖掘与机器学习算法 ·· 146

任务 7.2　运用大数据分析技术 ··· 152

项目实训　大数据挖掘与分析应用——基于"决策树"模型的流失用户分析 ··· 156

素质提升加油站 ··· 159

项目 8　大数据安全 ·· 161

任务 8.1　区分大数据安全与传统数据安全 ······································· 162
任务 8.2　关注隐私和个人信息安全问题与原因分析 ······························ 164
任务 8.3　关注国家安全问题与对策 ··· 167
项目实训　使用 WPS 文档加密 ··· 169

第 3 篇　商务数据分析实践

项目 9　电商大数据分析与应用 ··· 175

任务 9.1　市场分析 ·· 176
任务 9.2　客户数据分析 ·· 189
任务 9.3　数字化选品 ··· 192

项目 10　财务大数据分析与应用 ·· 198

任务 10.1　财务大数据分析 ·· 198
任务 10.2　财务报表分析 ··· 200
任务 10.3　财务指标分析 ··· 212
项目实训　财务大数据分析与评价 ··· 214
素质提升加油站 ··· 223

项目 11　金融大数据分析与应用 ·· 224

任务 11.1　金融大数据分析 ·· 224
任务 11.2　证券投资数据分析 ··· 228
项目实训　根据金融大数据创建时间序列图 ·· 235
素质提升加油站 ··· 239

参考文献 ·· 241

第1篇

商务数据分析工具

项目 1

走进商务数据分析

 职业能力

- 了解大数据的定义与特征，全面做好数据分析的准备工作；
- 能对大数据分析的概念、流程等有准确的认知；
- 能根据学习需要查阅相关资料。

 职业素养

- 养成用大数据思维看待问题的习惯；
- 养成对事物分析的客观、敏感的职业思维。

 项目重难点

项目内容	工作任务	建议学时	技能点	重难点	重要程度
走进商务数据分析	任务 1.1 认识商务数据分析	2	陈述商务数据分析流程的概念和应用场景	大数据分析的内涵	★★★★★
				商务数据分析流程	★★★★★
				商务数据分析应用场景	★★★★★
	任务 1.2 商务数据分析流程	2	掌握商务数据分析流程	采集、预处理等基本流程	★★★★★
	任务 1.3 商务数据分析方法	2	陈述并列举商务数据分析方法分类与常见方法	商务数据分析方法的分类	★★★★☆
				常见的数据挖掘方法	★★★★☆
	任务 1.4 商务数据分析工具	2	陈述并列举商务数据常用分析工具	Excel、Power BI 等工具的特点	★★★★☆

任务 1.1 认识商务数据分析

任务描述

小张是某电商平台一名新入职员工,主要负责商务数据分析工作,他准备将所学应用于实践,成为一名优秀的数据分析师。他梳理过往学过的知识点时,发现自己对商务数据分析相关概念的理解还不够透彻,于是重新梳理相关知识要点。小张发现当下商务数据分析主要侧重于大数据的分析,于是他先将大数据分析相关概念整理了一遍。

知识准备

一、大数据的概念

大数据是指无法在承受的时间范围内使用常规软件工具对其进行捕捉、管理和处理的数据集合。虽然处理超过单个计算机的计算或存储数据的问题并不新鲜,但近年来这种类型计算的普遍性、规模和价值不断扩大。

简单来说,大数据具备如下特征。

(一)数据量大(Volume)

大数据的特征首先就体现为"大",其存储单位从过去的 GB、TB,发展到现在的 PB、EB 级别[①]。随着信息技术的高速发展,数据开始爆发性增长,社交网络、移动网络、各种智能应用产品、服务应用产品等,都成为数据的来源。

(二)数据类型繁多(Variety)

广泛的数据来源,决定了大数据形式多样,如当前网络存在大量的数字、文本、图片、音视频等不同类型的数据。

(三)处理速度快(Velocity)

大数据还有一个特点就是通过算法对数据的逻辑处理速度非常快,可从各种类型的数据中快速获得高价值的信息,这一点也是大数据和传统的数据挖掘技术有着本质的不同。

大数据对处理速度有非常严格的要求,服务器中大量的资源都用于处理和计算数据,且很多业务场景需要做到实时分析。数据时刻都在产生,谁的速度更快,谁就有优势。

---

① 1PB=1024TB,1TB=1024GB,因此 1PB=1024×1024GB。

（四）价值密度低（Value）

相比于传统的数据，大数据的价值还体现在通过从大量不相关的各种类型数据中，挖掘出对未来趋势与模式预测分析有价值的数据，并通过人工智能方法或数据挖掘方法进行深度分析，进而发现新规律和新知识。

大数据在诸如农业、金融、医疗、物流、教育等各领域中得到广泛应用，最终达到改善社会治理、提高生产效率、推进科学研究的效果。

二、大数据分析的相关概念

（一）数据分析的基本概念

数据也称为观测值，是实验、测量、观察、调查等的结果。数据分析是指用适当的统计分析方法对收集来的大量数据进行分析，将它们加以汇总和理解并消化，以求最大化地挖掘数据的价值，发挥数据的作用。商务数据分析是指为解决商务决策问题，选择恰当的方法和工具，对收集到的数据进行整理、加工并分析，得到隐含的、未知的、有潜在价值信息的过程。

简单来说，数据分析的目的是把隐藏在一大批看来杂乱无章的数据中的信息集中和提炼出来，从而找出所研究对象的内在规律。在实际应用中，数据分析可帮助人们做出判断，以便采取适当行动。

（二）大数据分析的概念

大数据分析是大数据理念与方法的核心，是指对规模海量、类型多样、增长快速、内容真实的数据进行分析，从中找出可以帮助决策的隐藏模式、未知的相关关系以及其他有用信息的过程。大数据分析是在数据密集型环境下，对数据科学的重新思考和进行新的模式探索的产物。

（三）商务数据分析的内涵

在大数据分析中，商务数据分析是其中非常重要的组成部分，主要侧重利用大数据技术对大量商业数据进行抽取、转换、分析和其他模型化处理，从而辅助制订商业决策。

三、商务数据分析流程的概述

从技术层面上看，大数据分析流程可大致分成四个步骤：数据采集、数据存储与管理、数据预处理、数据计算和数据应用。大数据时代的到来使得原先的技术手段已不能满足现在的需求，以数据存储为例，分布式数据存储已经成为大数据存储的主流方式，其应用成本较低、灵活度较高，能解决普通磁盘阵列解决不了的问题。

四、商务数据分析的应用场景

在大数据时代，我们每天都要接触海量的数据，通过人力在海量数据中寻找规律有很大的局限性，而通过大数据技术则可以高效、快速地对数据进行分析并提炼出规律。表 1-1 中展示了部分大数据分析的应用场景。

表 1-1　大数据分析的应用场景

应用领域	细分板块	具体应用场景
金融	风险控制	金融反欺诈
		信用卡评分
		用户违约预测
	用户营销与维护	用户价值预测模型的设计
		用户精准营销
		用户流失预警
		金融产品智能推荐
	算法交易	智能选股
		智能择时
		宏观经济形势分析
销售	商品推荐	商品智能推荐系统
	产品销售	产品定价模型设计
		产品收益回归预测
		销量预测
	用户分群与分析	用户分群
		用户精准营销与流失预警
		产品评论情感分析
新媒体	内容制作	机器写作（诗词、歌词自动生成）
		爆款内容特征识别
	内容推荐	文章智能推荐
		音乐、视频智能推荐
	用户体验改善	用户评论情感分析

（一）商务数据分析在金融方面的应用

1. 商务数据分析在风险控制方面的应用

商务数据分析在风险控制方面的应用主要体现在以下六个方面。

（1）用户画像：通过对用户数据的收集和分析，可以形成用户画像，全面了解用户的需求、偏好、行为模式等信息。这些信息可以帮助企业更好地理解用户、优化产品设计和服务、提高用户满意度和忠诚度，从而降低风险。

（2）风险评估：通过分析用户的消费行为、征信记录、社交网络动态等数据，可以评估用户的信用等级和风险水平。这种基于数据的信用评估方法，比传统的基于经验和直觉的评估方法更加客观、准确。

（3）欺诈检测：通过对用户的交易行为、浏览行为等数据进行分析，可以及时发现异常行为，如刷单、虚假交易等，从而采取相应的措施防止欺诈发生。

（4）舆情分析：通过分析社交媒体上的评论、讨论等数据，可以了解公众对企业的态度和反馈，及时发现和应对舆情风险。

（5）信贷风险评估：利用大数据技术对借款人的信用状况、还款能力、经营状况等进行全面评估，为金融机构提供更加精准的信贷风险管理方案。

（6）供应链风险管理：通过对供应链中各个环节进行数据分析和监控，可以及时发现和解决潜在的风险问题，保障供应链的稳定性和可靠性。

总之，商务数据分析在风险控制方面的应用具有广泛性和深入性，能够为企业提供更加全面、准确的风险管理支持，提高企业的竞争力和稳定性。

2. 商务数据分析在用户营销与维护方面的应用

商务数据分析在用户营销与维护方面的应用主要体现在以下六个方面。

（1）用户细分：通过对用户数据的分析，可以将用户划分为不同的细分群体，以便更好地理解他们的需求和行为。这种细分可以帮助企业制定更精准的营销策略和产品定位。

（2）营销活动优化：通过分析历史营销活动的数据，可以找出哪些活动更有效，哪些渠道更具有吸引力，哪些用户更容易接受。这些信息可以帮助企业优化营销活动，提高营销效率和效果。

（3）个性化营销策略：通过分析用户的偏好、行为和需求，企业可以制订个性化的营销策略，提供更符合用户需求的商品和服务，提高客户的满意度和忠诚度。

（4）用户留存与挽回：通过分析用户的流失情况和历史数据，可以找出可能流失的用户，并制定相应的策略进行挽回。同时，对于已经流失的用户，也可以分析其流失原因，以便改进产品和服务。

（5）用户生命周期管理：通过分析用户的生命周期，可以更好地了解用户所处的阶段，并提供相应的服务和营销策略。例如，在用户生命周期的早期阶段，可以提供更多引导和教育的服务；在用户生命周期的后期阶段，可以提供更多的升级和定制化的服务。

（6）预测模型：通过数据分析，可以建立预测模型，预测用户的未来行为和需求。例如，可以预测用户的购买意向、购买时间和购买量等，从而帮助企业提前做好准备和规划。

综上所述，商务数据分析在用户营销与维护方面具有广泛的应用价值，可以帮助企业更好地理解用户需求、优化营销活动、提高用户满意度和忠诚度、延长用户生命周期等。

3. 商务数据分析在算法交易方面的应用

商务数据分析在算法交易方面的应用主要体现在以下五个方面。

（1）交易策略优化：算法交易的核心是利用计算机程序来执行交易指令，而商务数据分析可以帮助交易员优化交易策略，提高交易的效率和准确性。通过对历史市场数据进行分析，可以找出市场的趋势和规律，进而制订更加有效的交易策略。

（2）市场预测：通过对历史市场数据进行分析，利用数据挖掘和机器学习算法来预测市场的走势。这种预测可以帮助算法交易系统提前做好交易准备，提高交易的胜算和收益。

（3）风险管理：商务数据分析可以帮助算法交易系统进行风险管理，及时发现和规避潜在的风险。例如，通过分析历史数据，可以制订更加精确的止损策略，降低交易的风险。

（4）交易对手分析：通过对交易对手的数据进行分析，可以了解其交易习惯和行为模式，进而制定更加有效的交易策略。例如，如果发现某个交易对手在特定时间段内进行交易，可以制定相应的策略进行捕捉。

（5）订单优化：通过对市场数据的分析，可以制定更加有效的订单执行策略。例如，可以制定策略避免在市场波动较大的时间段进行交易，或者制定策略进行最优化的订单分配。

综上所述，商务数据分析在算法交易方面具有广泛的应用价值，可以帮助算法交易系统提高交易的效率和准确性、预测市场走势、进行风险管理、了解交易对手和优化订单执行等。

（二）商务数据分析在销售方面的应用

1. 商务数据分析在商品推荐方面的应用

商务数据分析在商品推荐方面的应用主要体现在以下三个方面。

（1）通过数据分析，商家可以深入了解用户的需求和购物行为，包括预测性用户行为分析和用户情绪分析。例如，亚马逊公司利用预测性用户行为分析，在合适的时间里准确地为用户提供他们想要的东西。通过这些分析，商家可以优化商品推荐，改善用户的购物体验，提高用户的满意度。

（2）数据分析可以用于优化促销活动。商家可以根据历史销售数据和用户行为数据，预测哪些商品可能会热销，或者在什么时间进行促销活动可能更有效。例如，通过点击率优化，企业可以确定其广告的效果以及哪个广告的效果更好，从而更有效地投放广告。

（3）数据分析可以帮助商家提高商品的盈利能力。通过分析商品的成本、销售数据和用户反馈等信息，商家可以了解哪些商品更受欢迎，哪些商品可以获得更高的利润。基于这些信息，商家可以制订更有效的销售策略，提高整体的盈利能力。

综上所述，商务数据分析在商品推荐方面具有重要的作用，可以帮助商家更好地了解用户需求，优化商品推荐和促销活动，提高盈利能力。随着电商市场的不断发展，数据分析已经成为电商平台经营中不可或缺的一部分。

2. 商务数据分析在产品销售方面的应用

商务数据分析在产品销售方面的应用主要体现在以下七个方面。

（1）消费者洞察：利用数据分析工具，商家可以对消费者行为及其偏好进行跟踪和分析，了解他们的需求和习惯，理解他们的购物动机。这样，商家可以提供更贴近消费者的产品和服务，提高营销效果。

（2）营销策略制订：通过对市场数据的分析，商家可以评估不同营销策略的效果，包括广告宣传、促销、产品定位等。通过数据分析工具分析不同策略的成效，商家可以制订更精确的营销策略，更好地满足市场需求。

（3）市场趋势分析：通过数据分析工具跟踪和分析市场趋势，商家可以了解市场的风向变化，及时调整企业的战略，针对市场的变化采取更适应的营销策略。

（4）竞争商业分析：通过数据分析工具可以对竞争对手的营销策略、市场表现和产品定位进行深入分析，了解竞争的形势和两者的差距，从而进一步规划自己的优劣势及市场定位。

（5）销售预测：基于历史销售数据和客户行为数据，商家可以预测未来的销售趋势。

例如，商家可以根据过去的销售数据预测未来的需求，从而提前调整库存或采购策略。

（6）个性化推荐：通过数据分析，商家可以为消费者提供个性化的商品推荐。例如，电商平台可以根据用户的购买历史和浏览行为，为其推荐相关商品。

（7）渠道优化：通过分析不同销售渠道的表现，商家可以优化渠道策略，提高销售效率。例如，商家可能会发现某些渠道的转化率更高，因此会加大在这个渠道的投入。

总之，商务数据分析在产品销售方面的应用可以帮助商家更好地理解消费者需求，优化销售策略，提高销售效率，提升企业的盈利能力。

3. 商务数据分析在客户分群与分析方面的应用

商务数据分析在客户分群与分析方面的应用主要表现在以下三个方面。

（1）客户价值分析：通过分析客户对企业业务所构成的贡献，结合投入产出进行分析，计算客户对企业的价值度，然后根据价值度的大小，用分类或聚类的方法来划分客户群，以便对客户实施有差异的服务。

（2）客户情绪分析：客户情绪分析将数据分析提升到一个全新的层次。例如，在电影行业中，公司使用微博来衡量公众对不同电影的看法，比如跟踪社交媒体上的趋势——公司监控与特定电影相关的关键词，并将评价分类为正面、负面或中立，以确定公众舆论。

（3）客户留存：采用聚类（分类）和关联分析技术，将客户群分为五类高价值稳定的客户群、高价值易流失的客户群、低价值稳定的客户群、低价值易流失的客户群、没有价值的客户群。

（三）商务数据分析在新媒体中的应用

1. 商务数据分析在内容制作方面的应用

随着数字化时代的到来，商务数据分析在内容制作方面发挥着越来越重要的作用，主要表现在以下七个方面。

1）市场需求分析

在进行内容制作之前，了解市场需求是至关重要的。通过商务数据分析，企业可以对目标受众的需求、兴趣和偏好进行深入挖掘，从而制订更加精准的内容策略。例如，通过分析用户搜索行为和浏览历史，企业可以了解用户对某一主题或产品的关注度，从而在内容制作中更加突出相关内容，满足用户需求。

2）竞品对比研究

了解竞争对手的内容策略和市场表现也是内容制作不可或缺的一环。通过商务数据分析，企业可以对竞品的内容质量、传播渠道、受众群体等方面进行深入比较，从而发现自己的优势和不足，并在此基础上制订更具竞争力的内容策略。例如，通过分析竞品关键词的使用情况，企业可以优化自己的关键词策略，提高内容在搜索引擎中的排名。

3）用户行为洞察

了解用户行为是提高内容质量和制作效果的关键。通过商务数据分析，企业可以深入了解用户的阅读习惯、兴趣变化和反馈意见等信息，从而优化内容结构和表达方式，提升用户的阅读体验和满意度。例如，通过分析用户在社交媒体上的互动情况，企业可以了解用户对某一话题的关注度和参与度，从而在内容制作中更加注重相关内容的呈现。

4）产品定位与定价

产品定位与定价是内容制作的重要环节。通过商务数据分析，企业可以对目标受众的购买力、消费习惯和需求进行深入分析，从而制订更加合理的定价策略和产品定位。例如，通过分析用户的购买记录和搜索行为等信息，企业可以了解用户的购买意愿和价格敏感度，从而在定价时更加贴近用户需求和市场行情。

5）营销策略制订

营销策略的制订是内容制作的重要支撑。通过商务数据分析，企业可以了解目标受众的传播渠道和接收信息的习惯，从而制订更加有效的营销策略。例如，通过分析用户在社交媒体上的活跃度和互动情况等信息，企业可以制订更加精准的广告投放策略和社交媒体营销计划，提升内容的传播效果和转化率。

6）销售预测与优化

销售预测是企业制订经营计划的重要依据。通过商务数据分析，企业可以对市场需求、销售渠道和营销策略等方面进行预测和优化。例如，通过分析历史销售数据和市场趋势等信息，企业可以预测未来的销售情况并制订相应的销售计划和库存管理策略。同时，根据销售数据和市场反馈等信息不断优化营销策略和销售渠道，从而提升销售效果和市场竞争力。

7）客户关系管理

良好的客户关系是企业持续发展的关键。通过商务数据分析，企业可以对客户的需求和满意度进行深入了解，并提供更加个性化和优质的服务体验。例如，通过分析客户的购买记录和反馈意见等信息，企业可以了解客户的满意度和潜在需求，并制订相应的服务计划和客户关怀措施。同时，利用数据分析工具对客户数据进行整合和分析，提高客户数据的利用效率和客户关系的维护质量。

综上所述，商务数据分析在内容制作方面具有广泛的应用价值。通过对市场需求、竞品情况、用户行为等方面的深入分析，企业可以制订更加精准和有效的内容策略、产品定位与定价策略、营销策略等，并优化销售预测与客户关系管理等方面的工作效果，从而提高企业经营效率和市场竞争力。

2. 商务数据分析在内容推荐方面的应用

商务数据分析在内容推荐方面的应用主要表现在以下七个方面。

（1）个性化推荐：通过对用户的历史行为数据进行分析，如浏览历史、点击行为、购买记录等，可以构建用户的个性化特征，进而为用户推荐他们可能感兴趣的内容。

（2）内容效果评估：通过对推荐内容的点击率、阅读完成率、分享率等数据进行分析，可以评估内容的质量和效果，进而优化推荐策略。

（3）用户反馈分析：通过收集用户的反馈数据（如评价、点赞、留言等），可以了解用户对推荐内容的态度和喜好，进而调整推荐算法和策略。

（4）跨平台整合：通过整合不同平台的数据资源，如社交媒体、电商平台、内容平台等，可以实现跨平台的推荐策略，提高内容在不同平台上的传播效果。

（5）预测性推荐：利用机器学习和预测模型，可以预测用户未来的兴趣和需求，进而提前为用户推荐相关内容。

（6）实时动态调整：根据用户的实时行为和反馈数据，可以实时调整推荐内容和策略，提升用户体验和满意度。

（7）用户画像构建：通过分析用户的基本信息、行为数据和兴趣偏好，构建出精准的用户画像，以确定内容的受众群体，提高内容推荐的有效性。

总的来说，商务数据分析可以帮助企业实现个性化推荐、内容效果评估、用户反馈分析等目标，提升用户体验和满意度。

3. 商务数据分析在用户体验改善方面的应用

商务数据分析在用户体验改善方面的应用主要表现在以下七个方面。

（1）用户行为分析：通过分析用户在产品或服务上的行为数据，了解用户的需求和习惯，发现用户体验的痛点和问题。例如，通过分析用户在电商网站的浏览和购买行为，可以发现用户在购物流程中的问题。

（2）用户反馈收集：通过调查问卷、在线评价、客服沟通等途径收集用户的反馈意见，了解用户对产品或服务的满意度、改进建议等。例如，通过调查问卷了解用户对电商网站页面布局、商品分类、商品详情页等方面的满意度和改进建议。

（3）竞品分析：通过分析竞争对手的产品或服务，了解其用户体验设计和优缺点，从而发现自身产品的不足和改进空间。例如，通过分析竞品网站的用户界面设计、交互流程、功能特点等，发现自身网站的不足和改进方向。

（4）体验优化：基于用户行为分析、用户反馈和竞品分析的结果，对产品或服务的用户体验进行优化。例如，优化网站布局、改进交互流程、增加对用户友好的功能等。

（5）持续改进：用户体验改善是一个持续的过程。通过对用户反馈的持续收集和数据分析，不断调整优化方案，以实现持续的用户体验改进。

（6）用户旅程图：通过创建用户旅程图了解用户的完整体验过程，找出其中的痛点和机会点，从而更全面地改善用户体验。

（7）原型设计和评估：基于数据分析结果，设计和评估新的产品原型，确保产品设计符合用户需求和习惯，以提高用户体验。

综上所述，商务数据分析可以帮助企业全面了解用户需求和行为，发现用户体验的痛点和问题，并提供改进方向和建议。通过持续的数据分析和优化，企业可以不断提升用户体验，提高用户满意度和忠诚度。

五、商务数据分析具体应用方向

从具体应用方向角度看，数据分析大体可分为三个方面。

（一）关联分析

啤酒与尿布的故事不仅是在大数据领域，而且在零售领域也是一个非常经典的案例。这个故事发生在 20 世纪 90 年代的美国沃尔玛超市中，沃尔玛的超市管理人员在分析销售数据时，发现了一个令人难以理解的现象：在某些特定的情况下，啤酒和尿布这两个看上去毫无关系的商品经常会出现在同一个购物篮里，而且啤酒和尿布在周末时销量也明显高于平时。这种独特的销售现象引起了管理人员的注意。他们经过调查发现，这种现象出现在年轻的父亲身上，原因是年轻的父亲在去超市采购尿布时，往往会顺便买几瓶自己喜喝的啤酒，这也就出现了两种看似不太相关的产品却成为高频的购物篮组合。

在这个例子里，数据分析的作用体现在关联规则挖掘上。从沃尔玛超市海量的购物篮数据去进行关联规则挖掘，不仅需要沃尔玛先进的计算算力，同样也需要适合这种场景的大数据分析方法。关联规则挖掘最常用的是 Apriori 算法，该算法定义了两个商品的支持度和置信度。例如，支持度就是两个商品一起出现的次数除以总的购物记录条数，两个商品的支持度越高，就代表它们越容易被顾客一起购买。Apriori 算法还定义了一个最小的支持度来搜寻满足最小支持度的单个商品，再去搜索它们的组合，从而避免了无效的遍历，提升了数据分析的效率。

使用关联规则挖掘会发现很多高频的商品组合，如牛奶和鸡蛋。但是像啤酒和尿布这种组合看起来就没有那么符合常识，所以才能引起管理人员的注意，于是就有了后面的分析。在发现了两个商品存在较强的关联后，超市也可以根据这个信息去构建销售策略。最简单的就是在陈列时把啤酒、尿布摆在一起，既方便了用户购物，同时又可以增加一部分销售。其实换一个思路，超市也可以把啤酒和尿布摆放得远一些，这样摆放啤酒和摆放尿布的两个货架之间，可以放一些潜在目标人群是年轻父亲，同时也是高利润的其他商品。这样在年轻的父亲采购完尿布后再去买啤酒的路上，也会增加这部分商品的曝光。

（二）趋势预测

谷歌流感趋势是美国谷歌公司 2008 年推出的、用于预警流感的即时网络服务。其发明者是谷歌公司的两名软件工程师杰瑞米·金斯伯格（Jeremy Ginsberg）和马特·莫赫布（Matt Mohebb）。他们一致认为："谷歌搜索显示的数据分布模式非常有价值。"

谷歌公司在美国的九个地区测试了这个模型，当时的预测效果非常准确，而且比美国疾病控制及预防中心（United States Centers for Disease Control and Prevention，CDC）提早一个到两个星期预测了大规模流感的暴发。实际上 CDC 数据的发布一般要延迟两周左右，也就是当天的流感就诊人数要在两周以后才能知道。谷歌利用它的搜索引擎搭建了这样的一个预测平台，把这个数据提前公布了出来，当时也把大数据推上了风口浪尖。但是在随后的几年里，谷歌的预测数据和真实数据之间产生了很大的偏差，偏差最大时甚至相差一倍。原因之一是谷歌的工程师当时不断地专注于调整模型的参数来提高它的准确率，但是模型却出现了过拟合的现象，失去了泛化能力；原因之二是统计学中经典的海森堡测不准原理，因为谷歌公布了这个实验，那么被观察者（也就是谷歌搜索的用户）知道了自己关于流感的搜索行为会被谷歌收集，这就对实验本身产生了影响。

实际上，2020 年的新型冠状病毒感染疫情（以下简称"疫情"）期间也出现了很多传染病预测模型，这种模型短期的预测效果还比较准确，但是长期来看不可控的因素太多了，而且疫情确诊的人数还受限于最大的检测能力，所以真实的数据可能并不是完全真实的。我们也不能过于神化大数据，毕竟大数据也不是万能的，虽然不能够特别准确地对未来的疫情进行预测，但是在疫情防控方面也起到了非常关键的作用。

（三）决策支持

乡村振兴战略的总要求是"产业兴旺、生态宜居、乡风文明、治理有效、生活富裕"。习近平总书记在中央农村工作会议上又特别强调，"要全面推进产业、人才、文化、生态、组织'五个振兴',统筹部署、协同推进,抓住重点、补齐短板。"乡村振兴战略是一项复杂的系统工程,涉及的要素繁多复杂,既涉及物流、人流、资金流、技术流、信息流,还涉及文化流和政策流等多个要素,乡村振兴战略规划与决策问题面临的农业、农村和农民相关的数据和信息浩如烟海。因此,需要通过多个要素、多种信息的有机融合和大数据的有效利用来实现乡村振兴系统的整体功能。

信息化作为促进信息交流和知识共享的重要手段之一,对科学技术在农业领域的推广应用具有积极意义,当然也有助于乡村振兴战略的实施。国务院印发的《促进大数据发展行动纲要》明确提出,要建立"用数据说话、用数据决策、用数据管理、用数据创新"的机制,实现基于数据的科学决策,足以看出国家政府对大数据的高度重视。

大数据的发展为农业科技信息的有效传递提供了历史性机遇,对乡村振兴战略实施也带来了许多挑战。大数据技术在乡村振兴战略规划与决策中的应用,不仅是乡村振兴过程中客观上的现实需求,也是促进乡村振兴战略顺利实施的有效途径,这已经成为政府、企业以及新型经营主体在主观认知上的共识。

对于乡村振兴发展而言,大数据技术能够发挥出非常重要的作用,而且优势明显。特别是近几年以来,信息技术的快速发展为大数据技术的应用创造了良好的条件,当今管理、决策等都无法离开大数据。例如,利用智能感知技术识别农村居民及游客对公共服务、服务类型的需求量,以优化公共服务设施的布局,强化服务供给质量;又如,可以借助大数据对农村河流水质进行监控,对污染源进行分析,以便及时采取有效的措施防治河流污染,提升乡村环境。由此可以看出,通过积极运用大数据技术,能够为乡村振兴发展注入更加强劲的动力。

📝 课堂探讨

小张在老师的指导下重温了大数据分析的相关知识,请谈谈你对大数据的理解。

☁ 拓展训练

请同学们在学校官网中查找自己本专业的人才培养方案,在老师的指导下对比专业转型前后的异同,并和老师、同学们一起探讨作为大数据时代的一分子,应如何增强自己的职业竞争力。

任务 1.2 商务数据分析流程

■ 任务描述

小张重新认识了商务数据分析的相关概念,对商务数据分析有了更深刻的理解,也意识到自己还有很多内容需要学习,尤其是商务数据分析流程。于是虚心好学的小张请部门经理再详细讲讲商务数据分析流程的相关知识与内容。

 知识准备

一、数据的采集

根据 Web 端的数据，如根据用户的浏览日志与页面的交互行为，可以量化出网站的浏览量、独立访客数量、转化率等指标。我们可以通过网络爬虫或者是调用应用程序接口（Application Programming Interface，API）来收集这部分数据。

对于移动端 App 的数据，如页面的浏览点击跳转、停留时长，一般会采用埋点的方式来收集数据。埋点是指企业在自己的互联网产品（如 App、网站）里埋入相关代码，为不同渠道的访客打上对应的标签，于是产品后台就可以对收集到的数据进行分析。

物联网的数据往往是通过传感器进行收集，将测量值转换为数字信号，例如，自动驾驶会用激光雷达来收集周围障碍物的数据，用温、湿度传感器收集蔬菜大棚中的温湿度数据来减少管理失误，从而实现增产增收。

从数据库里收集数据比较简单，其来源是业务数据库中的用户交易等结构化数据。有时也会用到一些第三方数据，如国家统计局公布的统计年鉴、咨询项目中由用户所提供的资深业务行业的相关数据。

二、数据预处理

在前期进行数据采集时，由于采集设备的故障或者采集工作人员的失误等原因可能会造成数据在收集的过程中出现质量问题。常见的质量问题是数据中存在异常值、缺失值、重复值以及错误值。

（1）异常值就是某些几乎不可能出现的情况却出现在数据里，例如，数据表中用户的年龄为 200 岁，显然该用户的年龄是一个异常值。

（2）数据缺失的情况也较为常见，如果在一段范围内出现了大量的数据缺失，那么缺失可能在数据收集时就已经出现了。例如，在收集用户信息时，很多用户不会留下自己的手机号、邮箱等联系方式，那在数据库中这些字段就会表现为缺失值，当然也有可能是技术原因出现了小范围的缺失。

（3）重复性的数据在分析中会造成很多的麻烦。重复出现数据可能是在收集数据时出现了多次上传，或者不同渠道的数据中，一部分相同的数据集成时没有进行处理，那这些相同的数据在存入目标数据库后就变成了重复值。如存放用户信息的表中，同一个用户出现了两条甚至多条记录。

（4）错误数据出现的原因就是在收集数据时对数据的定义或者理解有误，从而导致某些数据值不符合其意义。例如，某位用户的年龄显示为 A，那么这条记录就是错误值。

对于这四种问题，数据分析师也有不同的处理方式。

对于异常值，数据分析师可以通过箱线图来检查数据表是否存在异常值。对于异常值除了直接删除外，还可以把它当作缺失值或者是设置在某个合理区间内的最大值或最小值。对于缺失值，可以考虑对它进行填充，如使用平均数、众数、相似样本的值来进行填充，或者设置一个固定的值，还可以对这个缺失值进行预测填充，如使用回归模型拟合拉

格朗日差值等。对于重复数据,则没有特别的方法,直接删除即可。对错误数据的检查往往需要数据分析师对数字的敏感度以及对业务的熟悉程度进行相应判断,检查出来以后也可以当作一个缺失值再进行处理。

三、数据存储与管理

虽然近年来硬盘存储的容量不断提升,但其访问速度(即硬盘的读写速度)并没有得到显著提升。在1990年时,一个普通的硬盘就可以存储1000多兆字节的数据,传输速率大概每秒45兆字节,因此只需要二十多秒就可以读完整个硬盘里面的数据。现在一般用到的都是机械硬盘,其传输速率大概每秒100多兆字节,读完1TB硬盘中的数据至少需要两个半小时。

固态硬盘(solid state disk,SSD)的读写速度很快,传输速率可以达到每秒500兆字节以上,是机械硬盘的四五倍。但是固态硬盘的成本非常高,同样体积差不多是机械硬盘价格的近十倍。

磁盘阵列是一个由很多价格便宜、容量较小、稳定性较高、速度较慢的磁盘组合而成的大型磁盘组(见图1-1),可以同时从多个磁盘读取或者写入数据,从而提升整个磁盘系统的效能。但是磁盘阵列的拓展性和容错性比较差。

图1-1 磁盘阵列

还有一种数据存储方式为分布式存储,它可以解决磁盘阵列中存在的两个问题:一是容错性;二是分布式存储通过网络连接存储数据,解决了磁盘阵列通过物理连接实现动态扩容的问题,所以具有非常好的灵活性。

四、数据计算

大数据的发展对传统数据计算方式也产生了冲击,遇到的问题与存储较为类似。首先,用于大数据计算的数据量十分庞大,单机很难一次性处理整个数据集。其次,源于对大数据处理速度的要求,尽管可以通过提高单机配置来增加处理数据的速度,但由于大数据的数量级,以期单机来完成大数据的计算是非常困难的。于是就有人提出使用多台计算机来并行处理数据,此想法听起来虽然简单,但在实施过程中会遇到一些问题,例如,怎样控制并行计算,如何给不同的计算节点分配任务,怎样传送和收集数据等。

基于Hadoop的计算框架MapReduce可以实现这种并行计算。此处以学校开学时发书、领书为例,简单介绍MapReduce的基本思想。开学时通常由班长带领班干部去教材科按书单领取全班同学的教材,班长核对完书单后还需要检查各种教材的数量是否正确。班长可以一个人数完后把相同的教材放在一起,还可以和班干部们一起来数,每人分上一部分,再把相同的教材放到一起,最后汇总查看是否完整。但是真正的分布式计算会用到成千上万个计算节点来并行计算。节点数量大了以后会出现新的问题,如有几个节点的计算机突然"死机",无法继续执行任务,那该怎么办?MapReduce是一个功能非常强大的分布式计算能力框架,具有很好的容错性,就能很好地解决上述问题。同样以领教材为例，当教材数到一半时，突然有一位班干部被其他老师叫走了，那么需要有人把他的教材拿去数。

分布式计算技术中，我们经常会听到离线计算、批量计算、实时计算和流式计算这四个概念，也常常会把它们弄混。那么离线计算和批量计算、实时计算和流式计算到底是什么呢？离线计算和批量计算、实时计算和流失计算是等价的吗？

首先，根据计算的延迟，分布式计算可以分为离线计算和实时计算。离线计算对延迟不是很敏感，计算消耗的时间也很长，可能会需要数天甚至数月，但是处理的数据规模往往非常大。离线计算适用于海量大数据的分析以及大规模的机器学习，如复杂的神经网络等。实时计算对延迟非常的敏感，计算时间往往是秒级甚至毫秒级，比较适合小规模、需要高响应速度的数据处理，如秒杀、抢购等需求场景。

其次，根据计算方式不同，分布式计算又可以分为批量计算和流式计算。批量计算对延迟不敏感，计算时间较长，可能为小时级，比较适合处理大规模数据的分布式排序、倒排索引等需求场景。流式计算对延时敏感，计算时间较短，适用的需求场景包括当天的报表统计、持续多天的促销活动动态分析等。

常常有人认为离线计算和批量计算是等价的，实时计算与流式计算是等价的，但这种观点并不正确。假设我们拥有一个非常强大的硬件系统，可以毫秒级地处理 GB 级别的数据，那么批量计算也可以达到毫秒级的效果，因此也就不能说它是离线计算了。离线计算和实时计算是根据时间的延迟来定义的。批量计算和流式计算是根据数据处理的方式来定义的，定义方法不同，当然就不能直接画等号了。离线计算和批量计算也没有必然的关系，实时计算和流式计算也一样。

五、数据分析

数据分析的数学基础在 20 世纪早期就已确立，但直到计算机的出现才使得实际操作成为可能，进而得以推广。数据分析是数学与计算机科学相结合的产物。

数据分析是有组织、有目的地收集数据、分析数据，使之成为有价值信息和形成结论的过程，这也是商品质量管理体系的支持过程。商品的整个生命周期，即从最初的市场调研到售后服务和最终处置这中间的各过程都需要适当运用数据分析，提升其有效性。例如，新商品设计人员在开始一个新的设计前，需要通过广泛的调查预测，分析所得数据，以判定设计方向。

六、数据应用

这里的数据应用主要指数据的可视化。数据可视化就是把相对复杂的数据通过可视的、交互的方式进行展示，从而能够形象直观地表达数据所蕴含的信息和规律。数据可视化的主要目的是借助图形化的手段，方便人们清晰有效地传达和沟通信息。但这并不意味着数据可视化就一定要为实现其功能而采用枯燥乏味的图表，或者为了看上去绚丽多彩而显得极端复杂。为了有效传达这种思想，美学形式和"一图抵千字"的功能需要齐头并进。这就需要通过直观地传达数据中的重点与特征，同时也需要数据分析师对那些相当凌乱且复杂的数据集进行深入的洞察。但是设计人员往往不能很好地把控设计和功能之间的平衡，从而设计出一些华而不实的数据可视化形式，也无法达到其主要目的。数据可视化和图形信息可视化、科学可视化、统计设计图密切相关。目前在研究和开发领域，数据可视化是一个极为活跃又非常关键的方面。

课堂探讨

小张对应用层的大数据分析流程理解的还不够深刻，请同学们结合课堂内容讨论并简要说明商务数据分析的基本流程。

拓展训练

作为一个准数据分析师，仅仅了解大数据分析流程还不够，更重要的是掌握相关商务数据分析方法，请同学们查找相关资料并掌握这些方法。

任务 1.3　商务数据分析方法

任务描述

小张十分感谢经理的指导，回到家后开始搜索资料，为未来的工作做更加充分的准备。商务数据分析的方法有很多，针对不同问题选用不同的方法才能更好地解决问题。小张从商务数据分析方法分类、数据挖掘方法等内容着手，回顾了数据挖掘与云计算、统计学和机器学习的关系等基础知识并开始复习，逐步回顾知识框架，重新形成自己的知识体系。

知识准备

一、商务数据分析方法分类

根据问题的不同，以及各个分析方法的复杂程度与分析后的数据价值大小，可将分析方法分为以下四类。

（一）描述型分析

描述型分析主要是研究"发生了什么"。例如发现某天出现了疫情，导致顾客流失。那么这种流失有多严重呢？描述型分析往往会结合一些统计方法进行统计层面的描述，包括探索数据的概率分布以及数据的一些统计指标等。统计指标通常分成三种：总量指标、相对指标和平均指标。总量指标用来描述总体规模，如整体销售额、会员总人数；相对指标通过对比来产生，如今年的销售额相比去年增长了多少；平均指标一般用来表示同类的平均水平，如上海地区顾客的客单价。由于数据描述涉及的信息比较多，所以描述性统计分析的表现形式一般都是数据可视化。

描述型分析往往需要广泛的、精确的实时数据作为支撑，最终的呈现形式一般为可视化图表。

（二）诊断型分析

诊断型分析主要研究某个问题或者事件"为什么会发生"，有时会涉及假设检验。这要求分析人员能够钻取到数据的核心，并且能够对混乱的信息进行分离，如发现今年的销售额相比去年降低了70%，想要知道这其中的原因就要对数据进行诊断型分析。

（三）预测型分析

预测型分析主要研究接下来"可能会发生什么"。使用相关的算法模型确保用户能够根据历史数据建立模型并预测特定的结果，针对该事件的决策将由算法与技术提供强有力的支持。

（四）指令型分析

指令型分析主要研究"下一步怎么做"，主要是依据测试结果来选定最佳行为和策略，并应用先进的分析技术帮助决策者做出正确的决策。例如，预测产品明年的销售额会暴增，那么今年就应该准备充足的货源。

当前，很多企业都在利用大数据分析技术降本增效，例如，商品的定价问题，如果定价过高会降低用户的需求，而定价过低会导致利润不足，如何找到一个最优的价格？这就是一个可以使用大数据分析的商业应用。

二、常见的数据挖掘方法

预测型分析通常需要借助各类算法对数据进行挖掘，而数据挖掘的核心任务是探索数据特征、建立数据之间的关系。根据要探索的数据有无标注，又可以将数据挖掘的功能分为以下两大类。

（一）监督学习

监督学习是根据分析者预设好的目标，通过数据探索和建立模型实现由观察变量对目标概念的解释。监督学习主要由分类和预测构成，其中分类用于概念的识别，预测则是对未知情况的推断。

1. 回归分析

回归分析是确定两种或两种以上变量间相互依赖的定量关系的一种统计分析方法。它通过建立统计预测模型，描述和评估因变量与一个或多个自变量之间的关系。

具有相关关系的两个变量 ζ 和 η，它们之间既存在密切的关系，又不能由一个变量的值精确地求出另一个变量的值。通常，选定 $\zeta=x$ 时 η 的数学期望作为对应 $\zeta=x$ 时 η 的代表值，因为它反映了 $\zeta=x$ 条件下 η 取值的平均水平。具有相关关系的变量之间虽然具有某种不确定性，但是通过对现象的不断观察却可以探索出它们之间的统计规律，这类统计规律称为回归关系。有关回归关系的计算和分析就称为回归分析,图1-2为一元线性回归。

回归分析的应用非常广泛,可用于确定各领域中多个因素(数据)之间的关系,并进行预测及数据分析。例如,在商业领域,可以根据经验数据预测某新产品的广告费用所能够带来的销售数量;在气象预报领域,可以根据温度、湿度和气压等预测风速;在金融领域,可以对股票指数进行时间序列的预测等。

2. 分类分析

分类分析的基本过程分为建立分类模型和应用分类模型两个阶段。在建立分类模型时,根据训练数据集进行归纳和学习,建立起初步的分类模型。很显然,能够用于数据分类从而建立分类模型的数据,必须具有一个类别属性,分类算法将根据数据的其他属性与类别属性的关联关系,采用不同的学习算法进行归纳、划分和汇聚,从而建立起分类模型。图1-3为k近邻算法的分类结果。

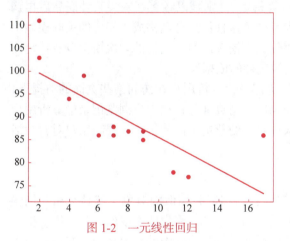

图1-2 一元线性回归

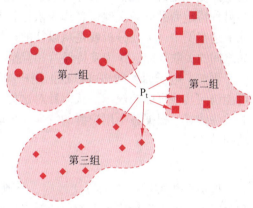

图1-3 k近邻算法的分类结果

在实际的数据分析与处理过程中,经常需要借助所积累的大量数据,根据数据的内容,将被描述的事物进行定位,以便有针对性地进行诸如营销、管理等活动。例如,根据投保客户的驾驶年限、常规路线、车型、车况、婚姻状况、教育水平、收入状况和诚信记录等内容,保险公司可以对比已有的其他客户的数据,对其进行判定,确定驾驶人的出险可能性等级,从而为投保客户有针对性地制定险种并确定保费金额。再如,信用卡管理中心可以根据持卡人的诸多信息(如年龄、受教育程度、职业、收入、婚姻状况等),以及信用卡使用的信用状况,得出一个信用卡欺诈事件与持卡人综合状况的模型,据此推演新的信用卡申请人发生信用卡欺诈行为的可能性,从而拒绝或采取额度限制等防范措施。

在进行分类分析时,首先根据已有的数据,建立分类模型(或算法),然后对新的或被处理的数据按照模型的规则进行数据与给定类别的映射,从而完成划分的过程。

(二)无监督学习

无监督学习又称无监督机器学习,用来分析和聚类未标记的数据集,不需要人工干预就可以发现隐藏的模式或数据分组。它能够发现信息的相似性和差异性，是探索性数据分析、交叉销售策略制定、客户细分理想的解决方案。

1. 关联分析

关联分析旨在寻找和刻画数据的概念结构，主要由关联与聚类构成。在无监督学习中，没有一个明确的标示变量用于表达目标概念，主要任务是提炼数据中潜在的模式，探索数据之间的联系和内在结构。

关联分析，又称关联挖掘，是从大量数据中发现各个数据项之间有趣的关联和相关联系，从而对一个事物中某些属性同时出现的规律和模式进行描述。关联分析的一个典型的例子是购物篮分析。零售企业根据以往顾客所购买商品的品类和数量，以及购买物品的先后顺序，分析得到顾客购买商品的关联关系，以便组织有针对性的促销或营销活动。除了在任务1.1中提到的啤酒尿布案例外，还有其他应用案例，例如，销售人员在顾客购买了照相机和存储卡后，对顾客进行的产品推荐（如推荐计算机，因为顾客的照片需要在计算机上浏览和处理，而照片多了需要存放在计算机上），则是以顾客在购买某种商品后再购买另种特定商品的频次性信息作为依据和参考的（这种信息已经构成了相应的关联模型）。在上述案例中，关联分析就是从以往的销售数据中挖掘出商品销售的频次模型以及特定商品之间的关联规律，作为支持经营和营销决策支持的依据。

再如，电子商务网站可以根据用户的浏览记录，分析用户在访问某些页面的前提下，可能访问其他页面的规律，从而针对这类规则进行网页推荐；从用户浏览记录中分析用户的关注偏好，根据各个用户群的特征，采取针对性的营销手段和策略，提高用户对营销活动的满意度。

2. 聚类分析

聚类分析按照一定的算法规则，将判定为较为相近和相似的对象，或具有相互依赖和关联关系的数据聚集为自相似的群组，构成不同的簇。由聚类所生成的簇是一组数据对象的集合，这些对象与同一个簇中的对象彼此相似，与其他簇中的对象相异。在各种应用中，一个簇中的数据对象可以被作为一个整体来对待。

聚类分析在社会各个方面都有着广泛的应用。例如，聚类分析能帮助市场分析人员从客户信息库中发现不同的客户群，并以购买模式来刻画不同客户群的特征，从而进行精准营销；再如，聚类分析还可以用于根据地球观测数据库中的数据确定地理上相似的地区，对汽车保险投保人进行分组，根据房屋的类型、价值和地理位置对城市中的商品房进行分组等处理。聚类分析也能对Web上的文档进行分类，以便进行分类检索和发现信息。

三、数据挖掘与相关领域之间的关系

（一）数据挖掘与云计算

云计算与数据挖掘既有联系又有区别，具体表现为：云计算的动态性和可伸缩性的计算能力为高效海量数据挖掘带来可能性；云计算环境下大众参与的群体智能为研发群体智慧的新数据挖掘方法提供了运行环境；云计算的服务化特征使面向大众的数据挖掘成为可能。同时，云计算发展也离不开数据挖掘的支持，以搜索为例，基于云计算的搜索包括网页存储、搜索处理和前端交互三大部分。数据挖掘在这几部分中都有广泛应用，例如，网页存储中网页去重、搜索处理中网页排序和前端交互中的查询分类，这些都需要数据挖掘技术的支持。因此，云计算为海量和复杂数据对象的数据挖掘提供了基础设施，为网络环境下面向大众的数据挖掘服务带来了机遇。

（二）数据挖掘与统计学

数据挖掘与统计学是交集的关系，它们之间有很强的关联，但不是包含关系。统计学主要基于小样本数据分析，推测总体的特征。而数据挖掘是从尽可能大的数据集上直接寻找特征。

在应用方法上，数据挖掘多用于主动式的发现，而统计学多用于被动式的验证。虽然从大量商业项目实践中可以看出数据挖掘探索与统计学分析很多时候结果是一致的，但数据挖掘的结果往往更优。因为数据挖掘分析往往比统计分析的数据量更大，因此得到的模型也更加精准。在实际应用中，我们可以基于统计学对数据挖掘的结果进行评估和验证。

（三）数据挖掘与机器学习

根据汤姆·米切尔（Tom Michell）于1997年给出的定义，机器学习是面向任务的、基于经验提炼模型实现最优解设计的计算机程序。机器学习研究的是由经验学习规律的系统。机器学习算法旨在为缺乏理论模型指导但存在经验观测的领域提供解决工具。早期的机器学习，其输入并非原始的经验观测，而是经验中的规则，学习算法是基于规则分析基础上形成的。然而随着经验观测的量越来越大，学习算法不仅要分析规则，更要理解有意义的规则，甚至还需要考虑经验观测的存储格式问题，如零售业中广告宣传定位问题、图像库中与指定图片匹配的跟踪问题等。这些问题通常需要涉及大范围、多角度的数据采集，常常伴随高噪声引起的模式信号较弱或模式结构不明等问题，因此需要通过对大量数据建立模型，将认识数据内在结构和规律的解决思路与算法设计也纳入机器学习的研究范围中。

机器学习的结果是产生新的智能处理数据的算法。机器学习由三个基本要素构成：任务、训练数据和实时性能。学习的目的是构造更好地表现数据规律的模型。

📝 课堂探讨

小张分享了他找到的资料，请同学们在老师的指导下分享自己找到的相关资料，并讨论如何学习并掌握商务数据分析方法。

☁ 拓展训练

请同学们结合课上内容查找机器学习的相关资料，讨论机器学习中的常见算法在商科领域中的应用。

任务 1.4　商务数据分析工具

> **■ 任务描述**
>
> 小张明白仅仅只了解商务数据分析方法是远远不够的，还需要掌握商务数据分析工具。如果能熟练掌握其中的 1～2 种商务数据分析工具，那么显然会更具竞争力。小张在网上查找资料，发现当下用于大数据分析的工具有很多，不仅有最常见的办公软件 Excel，而且有 Power BI 等常用可视化工具，以及一些统计分析软件，如 SPSS、MATLAB、Python 等。
>
> 好学的小张又找来了公司的资深数据分析师，希望能在他的指导下，对这些软件有一个基本的认识和学习，并决定熟悉之后再选定几款软件进行重点学习。

知识准备

一、Excel

Excel 是 Office 办公系统的重要组成之一，也是使用频率最高、最基础的数据分析工具。Excel 的操作界面简单易懂，使用者不仅能够非常方便地通过选项卡下的各类按钮实现筛选、编辑、搜索、排序、生成图形等功能，还可通过大量的内置函数公式获得相应计算结果，快捷地对数据表进行各项操作。数据透视表是 Excel 中使用频率较高的一个功能，将各种字段区域中的信息对应，通过值的方式来计数求和、求平均数、求平均值等。这些操作实现起来非常方便，即使使用者完全不会任何编程语言和相关的脚本程序也可以使用，只需要选择合适的数据与函数就可以得到相应的结果。

但是 Excel 也有一些不可忽视的缺点，例如，当数据量太大时，查询和计算的效率就会变低；如果有多个工作表，那么有可能出现 Excel 卡死的情况；Excel 的安全性有限，容易被其他软件破解；图形展现不太灵活，如颜色配置、设置等。

二、Python

Python 是一种免费的编程语言，也称为 Python 语言，是一种既简单又强大的编程语言。它可用于软件、游戏、Web 开发以及运维，也可用于数据分析、数据挖掘、数据可视化等，是一款高效的数据分析、数据挖掘工具。

本书将在后续的项目任务中对 Python 进行详细介绍，此处不过多赘述。

三、Power BI

微软的 Power BI 是一系列的软件服务、应用和连接器，这些软件服务、应用和连接器协同工作，将不相关的数据源转化为合乎逻辑、视觉上逼真的交互式分析结果。不管是简单的 Excel 工作簿，还是基于云数据仓库和本地混合数据仓库的集合，Power BI 都可轻松连接到数据源，可视化重要信息，并根据需要与他人共享。

Power BI 的操作简单且速度快，能够基于 Excel 工作簿或本地数据库创建快速链接。同时，Power BI 也是一个可靠的企业级服务，不仅可随时用于广泛的建模和实时分析，而且可用于自定义开发。因此，它不仅可用作个人报表和可视化工具，而且可用作团队项目、部门甚至整个企业的分析和决策引擎，如图 1-4 所示。

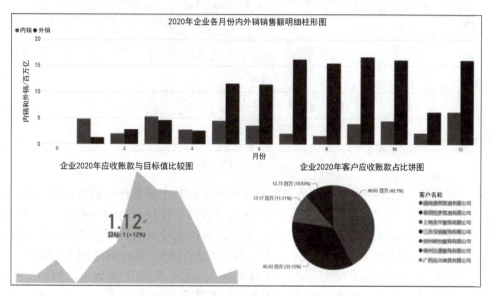

图 1-4　Power BI 可视化图表呈现效果

Power BI 可以连接多种数据源简化数据的准备工作，即时完成数据的统计分析，并生成丰富的交互式可视化报告，发布到 Web 和移动设备上，供相关人员随时随地查阅，以便监测企业各项业务的运行状况。

四、SPSS

SPSS 是一款可视化界面的统计软件，其最突出的特点就是操作界面友好，输出结果美观。用户只需掌握一定的 Windows 操作技能，熟悉统计分析的原理，就可以把该软件作为分析工具来使用。

采用类似 Excel 表格的方式输入与管理数据，数据接口比较通用，能够方便地从其他数据库中读取数据。除了数据输入及部分命令程序输入等需要键盘输入外，其他操作都可以通过菜单按钮或对话框来完成，换言之，通过拖拽配置就可以完成操作。SPSS 工作界面如图 1-5 所示。

五、R

R 是一种用于统计分析和图形化结果的计算机操作环境，它定义了一种脚本语言，即 R 语言。

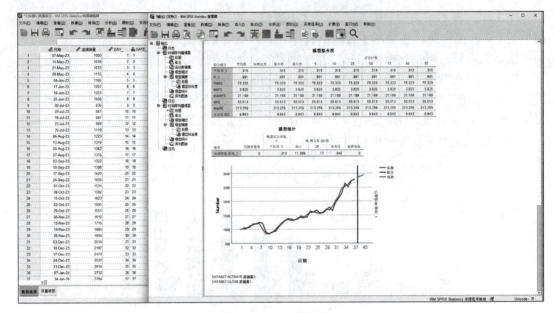

图 1-5　SPSS 工作界面

R 提供了若干统计程序，使用者只需指定数据库和若干参数便可进行统计分析。R 不仅提供了一些集成的统计工具，还提供了各种数学计算、统计计算的基本函数，用户能够灵活机动地进行数据分析，甚至创造出符合需要的新的统计方法。用户可以用 R 来构建线性（见图 1-6）或非线性的模型，进行一些常用的统计检验、对时间序列进行分析，或对数据进行分类与聚类分析。绘制图表也是 R 的一大功能，输出的图表可以达到专业刊物的要求。遇到计算强度比较大的任务，用户可以在代码中嵌入 C 语言、C++ 语言等协助运算。

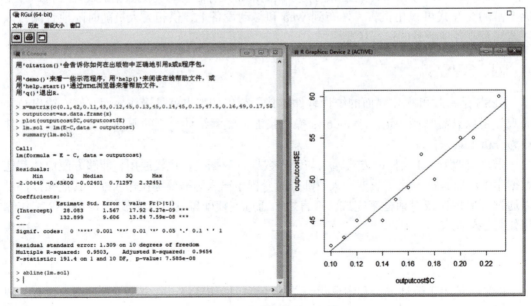

图 1-6　R 语言建立线性回归模型

项目1 走进商务数据分析

作为一种编程语言，R 可实现分支、循环结构设计。特别是，它允许在"语言上计算"（computing on the language），这使得它可以把表达式作为函数的输入参数，而这种做法对统计模拟和绘图非常有用。

R 是一款免费软件，有 macOS 和 Windows 等版本，都可免费下载和使用。

课堂探讨

请同学们自行查找数据资料，并在老师的指导下尝试使用 Excel 的数据透视表功能对数据进行分析，并建立统计图表。

 拓展训练

请同学们根据自己的理解，结合任务 1.1～任务 1.4 的内容，绘制属于自己的知识地图，并与小组同学进行分享，相互讨论。

拓展阅读

《促进大数据发展行动纲要》（节选）

大数据是以容量大、类型多、存取速度快、应用价值高为主要特征的数据集合，正快速发展为对数量巨大、来源分散、格式多样的数据进行采集、存储和关联分析，从中发现新知识、创造新价值、提升新能力的新一代信息技术和服务业态。

信息技术与经济社会的交汇融合引发了数据迅猛增长，数据已成为国家基础性战略资源，大数据正日益对全球生产、流通、分配、消费活动以及经济运行机制、社会生活方式和国家治理能力产生重要影响。目前，我国在大数据发展和应用方面已具备一定基础，拥有市场优势和发展潜力，但也存在政府数据开放共享不足、产业基础薄弱、缺乏顶层设计和统筹规划、法律法规建设滞后、创新应用领域不广等问题，亟待解决。为贯彻落实党中央、国务院决策部署，全面推进我国大数据发展和应用，加快建设数据强国，特制定本行动纲要。

全球范围内，运用大数据推动经济发展、完善社会治理、提升政府服务和监管能力正成为趋势，有关发达国家相继制定实施大数据战略性文件，大力推动大数据发展和应用。目前，我国互联网、移动互联网用户规模位居全球第一，拥有丰富的数据资源和应用市场优势，大数据部分关键技术研发取得突破，涌现出一批互联网创新企业和创新应用，一些地方政府已启动大数据相关工作。坚持创新驱动发展，加快大数据部署，深化大数据应用，已成为稳增长、促改革、调结构、惠民生和推动政府治理能力现代化的内在需要和必然选择。

（1）大数据成为推动经济转型发展的新动力。以数据流引领技术流、物质流、资金流、人才流，将深刻影响社会分工协作的组织模式，促进生产组织方式的集约和创新。大数据推动社会生产要素的网络化共享、集约化整合、协作化开发和高效

25

化利用，改变了传统的生产方式和经济运行机制，可显著提升经济运行水平和效率。大数据持续激发商业模式创新，不断催生新业态，已成为互联网等新兴领域促进业务创新增值、提升企业核心价值的重要驱动力。大数据产业正在成为新的经济增长点，将对未来信息产业格局产生重要影响。

（2）大数据成为重塑国家竞争优势的新机遇。在全球信息化快速发展的大背景下，大数据已成为国家重要的基础性战略资源，正引领新一轮科技创新。充分利用我国的数据规模优势，实现数据规模、质量和应用水平同步提升，发掘和释放数据资源的潜在价值，有利于更好发挥数据资源的战略作用，增强网络空间数据主权保护能力，维护国家安全，有效提升国家竞争力。

（3）大数据成为提升政府治理能力的新途径。大数据应用能够揭示传统技术方式难以展现的关联关系，推动政府数据开放共享，促进社会事业数据融合和资源整合，将极大提升政府整体数据分析能力，为有效处理复杂社会问题提供新的手段。建立"用数据说话、用数据决策、用数据管理、用数据创新"的管理机制，实现基于数据的科学决策，将推动政府管理理念和社会治理模式进步，加快建设与社会主义市场经济体制和中国特色社会主义事业发展相适应的法治政府、创新政府、廉洁政府和服务型政府，逐步实现政府治理能力现代化。

◆ 素质提升加油站 ◆

（1）倡导科学精神和批判思维。在大数据领域中，很多数据都来源于网络，需要学习者具备科学精神和批判思维，能够辨别真假数据并且加以利用、分析和解释。需要学习者和应用者不断提升自己的思考能力，能够准确分析数据，发现数据背后的规律和趋势。

（2）强调社会责任和公共利益。大数据的应用范围非常广泛，因此在大数据应用中，需要强调社会责任意识和公共利益意识。学习者需要了解大数据对社会生活的影响，明确自己在大数据应用中要承担的责任，并且在实践中积极维护公共利益。

（3）推崇创新精神和实践能力。在大数据应用领域中，创新非常重要。学习者需要具备良好的创新思维和实践能力，弘扬创新精神，能够不断探索新的数据应用和解决方案，并且在实践中不断完善自己的技能。

项目 2

应用 Excel 进行商务数据分析

职业能力

- 能够了解 Excel 的主要功能和操作方式；
- 能用 Excel 做出直观、美观的可视化报表。

职业素养

- 养成用可视化方式将复杂问题简单化的思维；
- 学会从可视化报表中寻找问题及原因。

项目重难点

项目内容	工作任务	建议学时	技能点	重难点	重要程度
应用Excel进行商务数据分析	任务 2.1 Excel 2021 概述	2	Excel 2021 基本操作	Excel 2021 用户界面	★★★★★
	任务 2.2 外部数据的获取	2	外部数据获取的两种方法	获取文本数据的方法	★★★★☆
				通过 MySQL 获取数据	★★★★★
	任务 2.3 数据的处理	2	数据处理的常用步骤	排序筛选	★★★☆☆
				分类汇总	★★★★☆
	任务 2.4 函数的应用	2	函数的使用	常用函数公式	★★★★☆
	任务 2.5 数据透视表和数据透视图	2	数据透视表和透视图的创建和编辑	透视表的创建和编辑	★★★★★
				透视图的创建和编辑	★★★★☆
	任务 2.6 数据分析与可视化	2	绘制各种统计图形	常用统计图的特点和用途	★★★★★

任务 2.1　Excel 2021 概述

■ 任务描述

小张马上要正式开启职业生涯的第一场实战。应电商平台部门经理的要求，需要小张对商品的销售、库存、用户行为等方面进行分析，并撰写分析报告。小张这次选择使用 Excel 处理数据，他发现即使面对的数据量有些大，Excel 也能够较好地解决问题，帮助他做商务数据分析。他很乐意重新梳理关于 Excel 的相关知识。

于是，小张重点重温了 Excel 2021 的功能，他想知道单独用 Excel 是否可以帮助决策者更高效地掌握重要信息、抓住问题的本质。

知识准备

一、认识用户界面

在 Windows 操作系统的计算机中，单击"开始"选项卡，找到 Excel 图标并单击，或双击桌面 Excel 的图标，即可打开用户界面，如图 2-1 所示。

Excel 2021 的启动界面如图 2-1 所示。

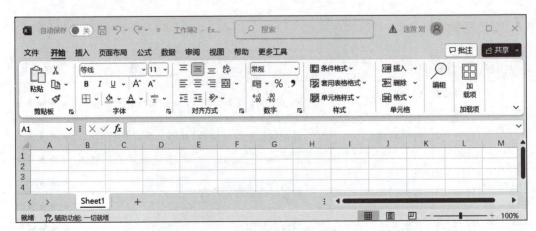

图 2-1　Excel 2021 的启动界面

二、Excel 用户界面

Excel 用户界面与启动界面相同，包括标题栏、功能区、名称框、编辑栏、工作表编辑区和状态栏，如图 2-2 所示。

项目 2　应用 Excel 进行商务数据分析

图 2-2　Excel 用户界面

1. 标题栏

标题栏位于应用程序窗口的顶端，如图 2-3 所示，包括快速访问工具栏、当前文件名、应用程序名称和窗口控制按钮。

图 2-3　Excel 顶端工具栏

通过快速访问工具栏可以快速执行"保存""撤销""恢复"等命令。如果快速访问工具栏中没有所需命令，可以单击快速访问工具栏的 ⏷ 按钮，选择需要添加的命令，如图 2-4 所示。

2. 功能区

标题栏的下方是功能区，由"开始""插入""页面布局"等选项卡组成，每个选项卡又可以分成不同的组，如"开始"选项卡由"剪贴板""字体""对齐方式"等组组成，每个组又包含不同的命令，如图 2-5 所示。

3. 名称框和编辑栏

功能区的下方是名称框和编辑栏，其中，名称框可以显示当前活动单元格的地址和名称；编辑栏可以显示当前活动单元格中的数据或公式。

图 2-4　自定义快速访问工具栏

29

图 2-5 功能区

4. 工作表编辑区

名称框和编辑栏的下方是工作表编辑区,由文档窗口、标签滚动按钮、工作表标签、水平滚动滑条和垂直滚动滑条组成。

5. 状态栏

状态栏位于用户界面底部,由视图按钮和缩放模块组成,用来显示与当前操作相关的信息。

三、工作簿、工作表和单元格的基本操作

1. 工作簿的基本操作

1)创建工作簿

单击"文件"选项卡,依次选择"新建""空白工作簿"命令即可创建工作簿;也可以通过按 Ctrl+N 组合键快速新建空白工作簿。

2)保存工作簿

单击快速访问工具栏的"保存"按钮,即可保存工作簿;也可以通过按 Ctrl+S 组合键快速保存工作簿。

3)打开和关闭工作簿

单击"文件"选项卡,选择"打开"命令,或者按 Ctrl+O 组合键,在弹出的"打开"对话框中,选择一个工作簿即可打开工作簿。

单击"文件"选项卡,选择"关闭"命令即可关闭工作簿;也可以通过按 Ctrl+W 组合键关闭工作簿。

2. 工作表的基本操作

1)插入工作表

在 Excel 中插入工作表有多种方法,下面介绍两种常用插入工作表的方法。

(1)以 Sheet1 工作表为例,单击工作表编辑区 + 按钮,即可在现有工作表的末尾插入一个新的工作表 Sheet2。

(2)以 Sheet1 工作表为例,右击 Sheet1 工作表,选择"插入"命令,在弹出的"插入"对话框中单击"确定"按钮,即可在现有的工作表之前插入一个新的工作表 Sheet3;也可以通过按 Shift+F11 组合键在现有的工作表之前插入一个新的工作表。

2)重命名工作表

以 Sheet1 工作表为例,右击 Sheet1 标签,选择"重命名"命令,再输入新的名称即可重命名。

项目 2 应用 Excel 进行商务数据分析

3）设置标签颜色

以 Sheet1 标签为例，右击 Sheet1 标签，选择"工作表标签颜色"命令，再选择新的颜色即可设置标签颜色。

4）移动或复制工作表

以 Sheet1 工作表为例，单击 Sheet1 标签，按住鼠标左键，向左或向右将其拖动到新的位置即可移动工作表。

以 Sheet1 工作表为例，右击 Sheet1 标签，选择"移动或复制"命令，在弹出的"移动或复制工作表"对话框中选择 Sheet1 标签，勾选"建立副本"复选框，然后单击"确定"按钮即可复制工作表。

5）隐藏和显示工作表

以 Sheet1 工作表为例，右击 Sheet1 标签，选择"隐藏"命令，即可隐藏 Sheet1 工作表。

※ **注意**：只有一个工作表时不能隐藏工作表。

若要显示隐藏的 Sheet1 工作表，则右击任意标签，选择"取消隐藏"命令，弹出"取消隐藏"对话框，选择 Sheet1 标签，单击"确定"按钮，即可显示之前隐藏的工作表 Sheet1。

6）删除工作表

以 Sheet1 工作表为例，右击 Sheet1 标签，选择"删除"命令，即可删除工作表。

3. 单元格的基本操作

1）选择单元格

单击某单元格可以选择该单元格，如单击 A1 单元格即可选择 A1 单元格，此时名称框会显示当前选择的单元格地址为 A1。也可以在名称框中输入单元格的地址来选择单元格，如在名称框中输入 A1 即可选择 A1 单元格。

2）选择单元格区域

单击要选择的单元格区域左上角的第一个单元格，拖动鼠标光标到要选择的单元格区域右下方最后一个单元格，松开鼠标即可选择单元格区域。如单击单元格 A1 不放，拖动鼠标光标到单元格 D6，松开鼠标即可选择单元格区域 A1:D6。也可以在名称框中输入 A1:D6 来选择单元格区域 A1:D6。

如果工作表中的数据太多，可以通过按"Ctrl+Shift+方向箭头"组合键快速批量选择表格区域，按下哪个方向箭头，被选中的单元格或单元格区域沿该方向的数据就会被全部选中，直到遇到空白单元格。

四、关闭 Excel

单击窗口控制按钮中的"关闭"按钮，或按 Alt+F4 组合键即可关闭 Excel。

课堂探讨

小张重温了 Excel 的基本操作，请谈谈你对 Excel 的基本认识。

拓展训练

请同学们对比多个版本的 Excel 软件，比较它们的用户界面及功能的异同。

任务 2.2　外部数据的获取

> **■ 任务描述**
>
> 小张重温了 Excel 的用户界面、打开和关闭。接下来，他想回顾一下如何获取数据，包括获取文本数据和如何导入 MySQL 数据源。

知识准备

一、获取文本数据

常见的文本数据的格式为 TXT 和 CSV。在 Excel 2021 中导入文本数据的具体操作步骤如下。

（1）打开"导入文本文件"对话框。新建一个空白工作簿，在"数据"选项卡的"获取和转换数据"命令组中，单击"从文本/CSV"图标，如图 2-6 所示，弹出"导入数据"对话框。

（2）选择要导入的 TXT 文件或 CSV 文件。

（3）选择合适的数据类型。

（4）选择合适的分隔符号。

（5）选择数据格式。

（6）设置数据的放置位置并确定导入数据。

导入数据后，Excel 会将导入的数据作为外部数据区域，如图 2-7 所示。当原始数据有改动时，可以单击"连接"命令组的"全部刷新"图标刷新数据，此时 Excel 中的数据会变成改动后的数据。

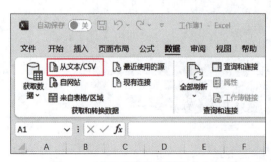

图 2-6　"获取和转换数据"命令组

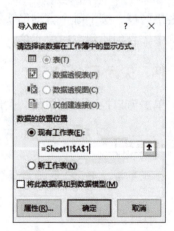

图 2-7　"导入数据"对话框

二、新建与连接 MySQL 数据源

Excel 2021 可以获取外部数据库的数据，如 MySQL、Access 等，但在此之前需新建数据源并进行连接。新建与连接 MySQL 数据源的具体操作步骤如下。

1. 打开"ODBC 数据源管理程序（64 位）"对话框

在计算机"开始"菜单中打开"控制面板"窗口，依次选择"系统和安全"→"管理工具"命令，弹出"管理工具"窗口，如图 2-8 所示。

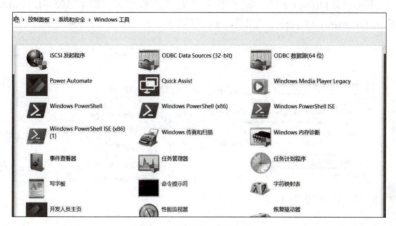

图 2-8 "管理工具"窗口

双击图 2-8 中的"ODBC 数据源（64 位）"程序，弹出"ODBC 数据源管理程序（64 位）"对话框，如图 2-9 所示。

※ **注意**：如果是 64 位操作系统的计算机，那么选择"ODBC 数据源（32 位）"或"ODBC 数据源（64 位）"程序都可以；如果是 32 位操作系统的计算机，那么只能选择"ODBC 数据源（32 位）"程序。

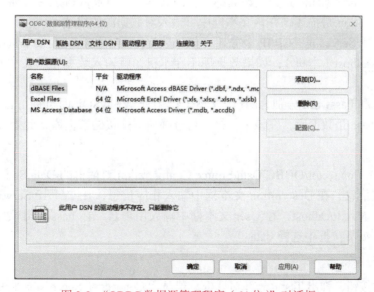

图 2-9 "ODBC 数据源管理程序（64 位）"对话框

2. 打开"创建新数据源"对话框

在"ODBC 数据源管理程序（64 位）"对话框中单击"添加"按钮，弹出"创建新数据源"对话框，如图 2-10 所示。

3. 打开 MySQL Connector/ODBC Data Source Configuration 对话框并设置相关参数

在"创建新数据源"对话框中，选择"选择您想为其安装数据源的驱动程序"列表框中的 MySQL ODBC 8.0 Unicode Driver，单击"完成"按钮，弹出 MySQL Connector/ODBC Data Source Configuration 对话框，如图 2-11 所示。

图 2-10　"创建新数据源"对话框

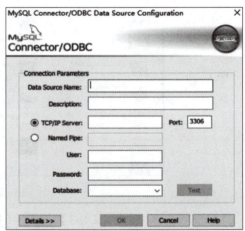

图 2-11　MySQL Connector/ODBC Data Source Configuration 对话框

图 2-11 中各参数说明如下。

（1）Data Source Name 是数据源名称，在该文本框中可输入自定义名称。

（2）Description 是描述，在该文本框中可输入对数据源的描述。

（3）TCP/IP Server 是 TCP/IP 服务器，如果数据库在本机，就在该单选框的第一个文本框中输入 localhost（本机）；如果数据库不在本机，就输入数据库所在的 IP，此处我们选择前者。

（4）User 和 Password 分别为用户名和密码，在下载 MySQL 时可进行自定义设置。

（5）Database 是数据库，在该下拉框中可选择所需连接的数据库，此处我们选择 data。

4. 设置参数

在 MySQL Connector/ODBC Data Source Configuration 对话框的 Data Source Name 文本框中输入相应信息，在 Description 文本框中输入相应信息，在 TCP/IP Server 单选框的第一个文本框中输入 localhost，在 User 文本框中输入用户名，在 Password 文本框中输入密码，在 Database 下拉框中选择 data。

5. 测速连接

单击 Test 按钮，弹出 Test Result 对话框，若显示 Connection Successful 则说明连接成功，

如图 2-12 所示。单击"确定"按钮后返回 MySQL Connector/ODBC Data Source Configuration 对话框。

6. 确定添加数据源

单击 OK 按钮，返回到"ODBC 数据源管理程序（64 位）"对话框，单击"确定"按钮即可成功添加数据源。

三、导入 MySQL 数据库的数据

在 Excel 2021 中导入 MySQL 数据库的数据，具体的操作步骤如下。

打开"数据连接向导 - 欢迎使用数据连接向导"对话框，创建一个空白工作簿，在"数据"选项卡的"获取和转换数据"命令组中，单击"获取数据"→"自其他源"命令，在级联菜单中选择"自 OLEDB（B）"命令，如图 2-13 所示。

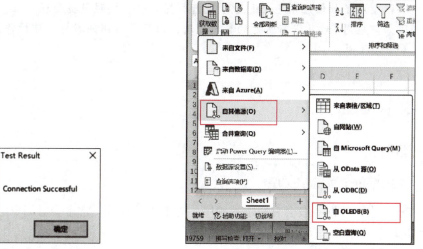

图 2-12　Test Result 对话框　　　　图 2-13　单击"自其他源"命令

完成选择之后，即可弹出"从 OLE DB 连接字符串"对话框，如图 2-14 所示。

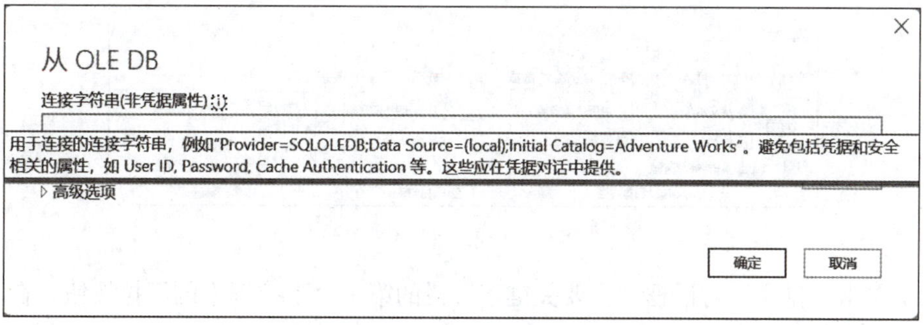

图 2-14　"从 OLE DB 连接字符串"对话框

📝 课堂探讨

小张重温了获取文本数据和新建、连接、导入 MySQL 数据源的操作，觉得还是很有难度。请同学们按照操作基本步骤进行实操。

☁ 拓展训练

请与老师、同学们一起探讨连接、导入 MySQL 数据源的意义，并讨论与获取普通文本数据的应用场景有何异同？

任务 2.3　数据的处理

■ 任务描述

小张重温了如何应用 Excel 2021 进行数据获取。按照数据处理流程，接下来他回顾了如何应用 Excel 进行常规的数据处理，以及最常用的数据处理操作，如排序、筛选和分类汇总。

📚 知识准备

一、排序

（一）根据单个关键字排序

在 Excel 中，数据一般会有特定的顺序，为了方便查看，常常会对编辑的数据进行排序，操作步骤如下。

（1）选择单元格区域。

（2）打开"排序"对话框，在"数据"选项卡的"排序和筛选"命令组中，单击"排序"命令，如图 2-15 所示。

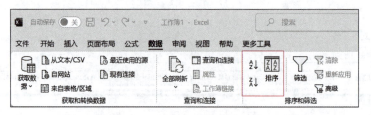

图 2-15　单击"排序"命令

（3）单击"排序"对话框"主要关键字"栏的第一个下拉框中的下拉按钮，在下拉列表中选择对应关键字。

（4）单击"确定"按钮即可根据主要关键字进行升序或降序排序。

（二）根据多个关键字排序

在 Excel 中，可以根据多个关键字对数据进行排序。以下是根据多个关键字进行排序的主要步骤。

（1）打开 Excel 软件并导入数据。
（2）选中想要排序的数据范围。
（3）单击 Excel 的"数据"选项卡，然后在"排序和筛选"组中找到并单击"排序"按钮。
（4）在弹出的"排序"对话框中，首先选择"主要关键字"。例如，如果想先按照"姓名"排序，那么就在"主要关键字"下拉列表中选择"姓名"。
（5）在"次序"下拉列表中选择想要的排序方式，如"升序"或"降序"。
（6）如果还想根据第二个关键字进行排序，可以单击"添加条件"按钮，然后在"次要关键字"下拉列表中选择第二个关键字，同样设置排序方式。
（7）重复步骤（6），可以添加更多的排序条件。
（8）单击"确定"按钮，Excel 将按照所设置的多个关键字对数据进行排序。

※ **注意**：Excel 会根据设置的排序条件的先后顺序进行排序。首先会按照主要关键字进行排序，其次在每个主要关键字相同的数据中，然后按照次要关键字进行排序，以此类推。

思考：怎样实现根据多个关键字排序？

二、筛选

筛选是一种可快速查找出目标数据的方法，因此在面对大量的数据时，可通过筛选找出所需数据。

思考：怎样做到以下操作？
（1）根据颜色筛选。
（2）自定义筛选。
（3）根据高级条件筛选。

三、分类汇总

（一）插入分类汇总

分类汇总可按照设定的字段进行分组，并在此基础上统计其需要求和、求平均值和计数等计算操作的字段。

（二）打开"分类汇总"对话框

在"数据"选项卡的"分级显示"命令组中，选择"分类汇总"命令，如图 2-16 所示，弹出"分类汇总"对话框。

图 2-16 选择"分类汇总"命令

（三）设置参数

在"分类汇总"对话框中单击"分类字段"下拉按钮，在下拉列表中选择分类所依据的字段；单击"汇总方式"下拉按钮，在下拉列表中选择"求和""计数"等汇总方式；在"选定汇总项"列表框中勾选汇总字段复选框，同时取消其他复选框的勾选。

（四）确定设置

单击"分类汇总"对话框中的"确定"按钮即可得到分类结果。

（五）显示分类汇总数据

在分类汇总后，工作表行号左侧出现的 + 和 - 按钮是层次按钮，分别表示显示和隐藏组中明细数据。在层次按钮上方出现的 1 2 3 按钮是分级显示按钮，单击所需级别的数字就会隐藏较低级别的明细数据，显示其他级别的明细数据。

（六）删除分类汇总

若要删除分类汇总，则选择包含分类汇总的单元格区域，然后在步骤（三）中所示的"分类汇总"对话框中单击"全部删除"按钮即可。

📝 课堂探讨

小张温习了常用的数据处理操作。请根据本任务内容熟悉相应数据处理操作步骤。

☁ 拓展训练

请与老师、同学们讨论分类汇总还有哪些常用功能？它的适用场景都有哪些？

任务 2.4　函数的应用

■ 任务描述

小张重温了应用 Excel 进行常规的数据处理流程。但是这还不足以应对复杂的数据处理要求，他接下来重点复习和回顾函数的类别和应用。

📚 知识准备

一、输入公式和函数

输入公式和函数的操作步骤：①输入"="；②输入公式；③按 Enter 键确认。常见函数类型及作用如表 2-1 所示。

表 2-1　常见函数类型及作用

函数类型	作　　用
加载宏和自动化函数	用于加载宏或执行某些自动化操作
多维数据集函数	用于从多维数据库中提取数据并将其显示在单元格中
数据库函数	用于对数据库中的数据进行分析
日期和时间函数	用于处理公式中与日期和时间有关的值
工程函数	用于处理复杂的数值并在不同的数制和测量体系中进行转换
财务函数	用于进行财务方面的相关分析
信息函数	可帮助用户判断单元格内数据所属的类型以及单元格是否为空等
逻辑函数	用于检测是否满足一个或多个条件
查找和引用函数	用于查找储存在工作表中的特定值
数学和三角函数	用于进行数学和三角方面的计算
统计函数	用于对特定范围内的数据进行分析统计

如果对所输入的函数的名称和相关参数不熟悉，那么可以选择通过"插入函数"对话框输入函数。

1. 打开"插入函数"对话框

选择任意一个单元格，在"公式"选项卡的"函数库"命令组中，单击"插入函数"命令，如图 2-17 所示。

图 2-17　单击"插入函数"命令

2. 选择函数类别

在弹出的"插入函数"对话框中选择函数类别，如图 2-18 所示。

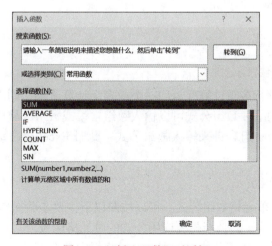

图 2-18　"插入函数"对话框

然后选择函数，选择列表区域并确定设置。

※ **注意**：如果熟悉函数的名称和相关参数，那么手动输入函数方法较为方便快捷，但函数的符号都要在英文状态下输入。

3. 引用单元格

单元格的引用是公式的组成部分之一，其作用在于标识工作表上的单元格或单元格区域。单元格引用样式如表 2-2 所示。

表 2-2　单元格引用样式

引用样式	样式说明
A1	列 A 和行 1 交叉处的单元格
A1:A5	在列 A 和行 1 到行 5 的单元格
B2:E2	在行 2 和列 B 到列 E 的单元格
3:3	行 3 中的全部单元格
1:5	行 1 到行 5 的全部单元格
B:B	列 B 中的全部单元格
A:D	列 A 到列 D 的全部单元格
A1:E5	列 A 到列 E 和行 1 到行 5 的单元格

常用的引用方式有相对引用、绝对引用和外部引用等。

1）相对引用

当计算所需的数据太多时，在每个单元格中输入公式和函数会耗费大量时间，此时可以考虑用引用单元格的方式输入公式和函数，并用填充公式的方式输入剩余的公式。

2）绝对引用

工作表中用绝对引用（即在引用单元格名称前加上符号"$"）。

3）外部引用

若要在单元格公式中引用另一个工作簿中的单元格，则需要使用外部引用。

◎ **思考**：如何实现外部引用？

二、使用数组公式

1. 使用单一单元格数组公式

若希望使用公式进行多重计算并返回一个或多个计算结果，则需要通过数组公式来实现。与输入公式不同的是，数组公式可以输入数组常量或数组区域作为数组参数，但必须通过按 Ctrl + Shift + Enter 组合键来输入数组公式，此时 Excel 会自动在大括号（{}）中插入该公式。

2. 使用多单元格数组公式

在 Excel 中使用多单元格数组公式，可以按照以下主要步骤操作。

（1）打开 Excel 文件，并选择想要应用公式的单元格区域。

（2）在编辑栏中输入数组公式。例如，如果想根据某个范围的值返回不同的结果，可

以输入类似 '= {" 差 (0-59)", " 中（60-79）", " 良（80-90", " 优（91-100)"; 0,1,3,5}' 的公式。在输入公式时，注意同一行内容之间用逗号分开，不同行之间用分号分开。

（3）输入完公式后，不要直接按 Enter 键，而是需要同时按下 Ctrl+Shift+Enter 组合键。这样，多单元格数组公式就会在所选择的单元格区域中显示出来。

※ **注意**：所创建的多单元格数组公式所在的任意一个单元格都不能被单独编辑，否则将会弹出 Microsoft Excel 提示框，提示"不能更改数组的某一部分"。此时，只需要单击"确定"按钮消除即可。

思考：如何实现多单元格数组公式的操作？

课堂探讨

小张温习了常用函数。请根据本任务内容熟悉常用函数及其操作。

拓展训练

请与老师、同学们讨论使用数组公式的常用场景。

任务 2.5 数据透视表和数据透视图

■ 任务描述

小张记得数据透视表和数据透视图是 Excel 中方便且常用的工具之一。使用数据透视表可以汇总、分析、浏览汇总数据。使用数据透视表、数据透视图可以在数据透视表中显示该汇总数据，并且可以方便地比较、查看趋势。数据透视表和数据透视图都能方便使用者做出有关企业中关键数据的可靠决策。

知识准备

微课：数据透视表和数据透视图

一、创建数据透视表

（一）自动创建数据透视表

数据透视表能全面、灵活地对数据进行分析、汇总，通过转换行或列，得到多种分析结果，还可以显示不同的页面来筛选数据。

（二）手动创建数据透视表

如果推荐的数据透视表都不适合，那么可以手动创建数据透视表，具体操作步骤如下。

1. 打开"创建数据透视表"对话框

在"插入"选择卡的"表格"命令组中,单击"数据透视表"命令,弹出"创建数据透视表"对话框,如图2-19所示。

2. 创建空白数据透视表

单击图2-17中所示的"确定"按钮,Excel将创建一个空白数据透视表,并显示"数据透视表字段"窗格。

二、编辑数据透视表

(一)修改数据透视表

对于制作好的数据透视表,有时还需要进行编辑,使数据透视表的展示更符合分析要求且更加美观。

(1)行字段改为列字段,打开"数据透视表.xlsx"工作簿,在"数据透视表字段"窗格中,将给定字段由"行"区域拖曳到"列"区域。

(2)列字段改为行字段,将给定字段由"列"区域拖曳到"行"区域。

由手动创建数据透视表步骤可知,同一区域的字段顺序不同,数据透视表的结果也会有所不同。

(二)重命名数据透视表

更改创建好的数据透视表的名称的操作步骤如下。

(1)单击数据透视表内任一单元格,在"数据透视表分析"上下文选项卡的"数据透视表"命令组中,单击"选项"命令,弹出"数据透视表选项"对话框,如图2-20所示。

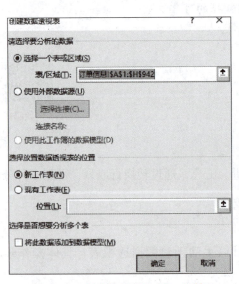

图2-19 "创建数据透视表"对话框

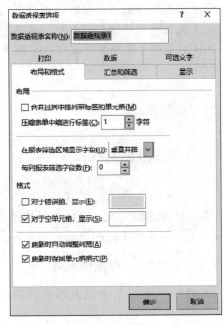

图2-20 "数据透视表选项"对话框

（2）输入数据透视表的新名称。在图 2-20 中所示的"数据透视表名称"文本框中输入新名称。

（3）单击图 2-20 中所示的"确定"按钮，即可完成数据透视表名称的更改。

三、创建数据透视图

数据透视图可以更加形象化地体现数据的情况，它可以根据数据区域创建，也可以根据已经创建好的数据透视表创建。

（一）通过数据区域创建数据透视图

根据数据区域创建数据透视图，具体操作步骤如下。

（1）打开工作簿，切换到指定工作表，单击数据区域内任一单元格，在"插入"选项卡的"图表"命令组中，单击"数据透视图"命令，弹出"创建数据透视图"对话框。

（2）单击数据透视图中的"确定"按钮，Excel 将创建一个空白数据透视图，并显示"数据透视图字段"窗格，如图 2-21 所示。

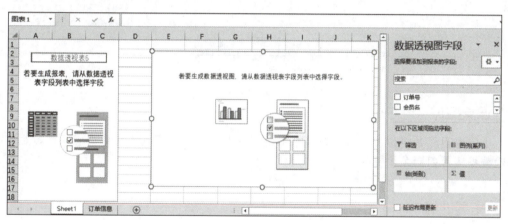

图 2-21　"数据透视图字段"窗格

（3）将指定字段拖曳至"筛选"区域、"轴（类别）"区域和"值"区域，进行字段设置。

（4）修改透视图标题。

（二）通过数据透视表创建数据透视图

根据数据透视表创建数据透视图，具体操作步骤如下。

（1）打开 Sheet2 工作表，单击数据透视表内任一单元格，在"数据透视表分析"上下文选项卡的"工具"命令组中，单击"数据透视图"命令，弹出"插入图表"对话框，如图 2-22 所示。

（2）在"插入图表"对话框选择合适的图形。

（3）单击图 2-22 中的"确定"按钮，设置数据标签格式。

（4）美化透视图，具体操作步骤：①单击透视右侧 按钮，勾选"数据标签"复选框，再单击"更多选项"命令；②勾选"百分比"复选框，选择"数据标签外"或其他选项，结果如图 2-23 所示。

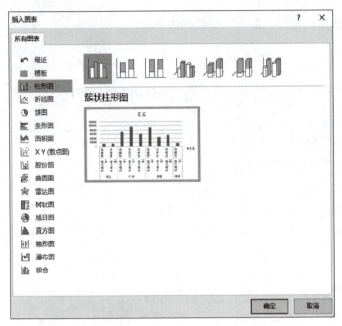

图 2-22 "插入图表"对话框

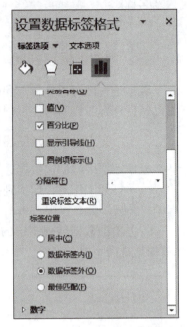

图 2-23 设置数据标签格式窗格

课堂探讨

小张温习了数据透视表与数据透视图的创建与编辑。请根据本任务内容熟悉数据透视表和数据透视图的基本操作。

拓展训练

请与老师、同学们讨论数据透视表还有哪些具体功能和应用。

任务 2.6 数据分析与可视化

任务描述

在小张的印象中，Excel 拥有强大的绘图功能。俗话说"一图抵千字"，统计图是根据统计数据，用几何图形、事物形象等绘制的图形，具有直观、形象、生动、具体等特点。统计图可以使复杂的统计数字简单化、通俗化、形象化，使人一目了然，便于理解和比较。因此，统计图在资料整理与分析中占有重要地位，并得到广泛应用。在数据分析和可视化应用中，必须熟练掌握其中常见的统计图。

项目 2 应用 Excel 进行商务数据分析

知识准备

一、柱形图

柱形图是以宽度相等但柱形高度不同来显示统计指标数值大小的一种图形，常用于显示一段时间内的数据变化或各项之间的比较情况。

常见的柱形图包括簇状柱形图、堆积柱形图、百分比堆积柱形图等类型。

二、条形图

条形图是以宽度相等但条形长度不同来显示统计指标数值大小的一种图形。在条形图中，通常沿纵轴标记类别、沿横轴标记数值。

常见的条形图包括簇状条形图、堆积条形图和百分比堆积条形图。

三、折线图

折线图用于显示随时间或有序类别而变化的趋势。折线图是点、线连在一起的图表，可反映事物的发展趋势和分布情况，适合在单个数据点不那么重要的情况下表现变化趋势、增长幅度。

常见的折线图包括基础折线图、堆积折线图和百分比堆积折线图。

四、饼图

饼图是以一个完整的圆来表示数据对象的全体，其中的扇形表示各个组成部分。饼图常用于描述百分比构成，其中每一个扇形代表一类数据所占的比例。

常见的饼图包括基础饼图、子母饼图和圆环图。

五、散点图

散点图将数据显示为一组点，用两组数据构成多个坐标点，通过观察坐标点的分布，判断两变量之间是否存在某种关联或得出坐标点的分布和聚合情况。

常见的散点图包括基础散点图、带直线和数据标记的散点图，以及气泡图。

六、雷达图

雷达图将多个维度的数据映射到坐标轴上，这些坐标轴通常起始于同一个圆心点，结束于圆周边缘，将同一组的点使用线连接起来即可成为雷达图。

常见的雷达图包括基础雷达图、带数据标记的雷达图和填充雷达图。

课堂探讨

小张温习了常用统计图的绘制。请根据本任务内容熟悉常用统计图绘制的基本操作。

拓展训练

请与老师、同学们讨论 Excel 中还有哪些统计图在当下的商务数据中较为常用，并说明不同统计图的经济含义。

◆ 项目实训　应用数据分析工具 ◆

■ 实训背景

小张面试的公司向所有面试者发送了一份邮件作为笔试考题，邮件中含有任务要求与一份表格，并给出了数据来源网址，要求面试者使用自己最熟悉的工具对数据进行分析，并在规定时间内将分析报告发送至指定邮箱。表格中的内容是统计某汽车网站全国近 30 天汽车团购报名排行榜。小张准备使用自己比较熟悉的 Excel 作为数据分析工具。

■ 实训要求

运用 Excel 中的数据透视表功能分析全国近 30 天汽车团购数据。

实训过程

一、浏览原网页与数据表

（一）浏览原网页

根据要求进入某汽车团购网站，浏览当前网页中的汽车团购排行榜。注意，该表格中的内容为近 30 天的统计数据，图 2-24 中的数据为 2022 年 3 月 29 日—4 月 28 日的统计数据。

如图 2-24 所示，"网友口碑"栏中出现了"—"与"0 分"，单击进入相应页面，查看出现该情况的原因。首先进入显示"—"的汽车详情页面，如图 2-25 所示，显示目前没有车友对其进行评分，也没有网友做出点评。

随后进入显示"0 分"的汽车详情页面，如图 2-26 所示，发现暂时没有人对该车型进行评分。

（二）浏览数据表

在 Excel 中打开"全国汽车团购报名排行榜.xlsx"，如图 2-27 所示。表格中内容与网页显示一致，即表格中内容数据为该网站 2022 年 3 月 29 日—4 月 28 日的统计数据。

二、插入数据透视表

为方便分析将表中网友口碑评分为"—"的替换为"0 分"。选中表格全部内容，单击"插入"选项卡下的"数据透视表"命令，建立数据透视表可通过已打开的工作簿，也可引用外部数据源，此处选择"表格和区域"即可，如图 2-28 所示。

排名	车型	价格	报名量	关注度	网友口碑	网友油耗	车型相关
1	卡罗拉	10.98 - 15.98万	7111	46045	83分	8.91L	综述 报价 图片 参数 团购 4S店
2	轩逸	9.98 - 17.49万	6955	42317	82分	9.70L	综述 报价 图片 参数 团购 4S店
3	新世代全顺	16.38 - 28.39万	6322	4698	--	12.25L	综述 报价 图片 参数 团购 4S店
4	别克GL8	23.29 - 53.39万	6172	61658	73分	14.70L	综述 报价 图片 参数 团购 4S店
5	哈弗H6	9.89 - 15.70万	6170	66541	83分	11.32L	综述 报价 图片 参数 团购 4S店
6	普拉多中东版	58.00 - 98.90万	5929	5701	0分	12.37L	综述 报价 图片 参数 团购 4S店
7	奥迪A3	20.31 - 24.97万	5881	33389	64分	7.89L	综述 报价 图片 参数 团购 4S店
8	高尔夫	12.98 - 22.98万	5864	134799	87分	9.07L	综述 报价 图片 参数 团购 4S店
9	捷途X90	8.99 - 16.69万	5575	32135	0分	10.41L	综述 报价 图片 参数 团购 4S店
10	速腾	13.35 - 16.59万	5562	42026	91分	9.46L	综述 报价 图片 参数 团购 4S店
11	江淮T8	8.88 - 16.28万	5509	909	0分	0.00L	综述 报价 图片 参数 团购 4S店
12	胜达	20.28 - 27.28万	5433	7870	71分	11.96L	综述 报价 图片 参数 团购 4S店
13	宝马5系	42.89 - 55.19万	5366	48225	89分	11.13L	综述 报价 图片 参数 团购 4S店
14	宝来	9.88 - 15.70万	5314	47040	82分	9.47L	综述 报价 图片 参数 团购 4S店
15	朗逸	9.99 - 15.89万	5309	40218	84分	9.62L	综述 报价 图片 参数 团购 4S店
16	雷凌	11.38 - 15.28万	5258	37337	61分	8.40L	综述 报价 图片 参数 团购 4S店
17	凯美瑞	17.98 - 26.98万	5248	47533	81分	12.15L	综述 报价 图片 参数 团购 4S店
18	宝马3系	29.39 - 40.99万	5246	41142	82分	10.17L	综述 报价 图片 参数 团购 4S店
19	奔驰E级	43.81 - 54.42万	5107	33119	80分	12.80L	综述 报价 图片 参数 团购 4S店
20	英朗	11.99 - 12.59万	5000	56469	79分	9.75L	综述 报价 图片 参数 团购 4S店

图 2-24 汽车团购排行榜网页截图

图 2-25 显示 "—" 的汽车详情页面

图 2-26 显示 "0 分" 的汽车详情页面

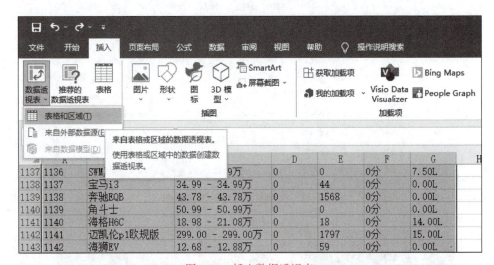

图 2-27 表格内容（节选）

图 2-28 插入数据透视表

出现如图 2-29 所示的对话框，确认无误后单击"确定"按钮。

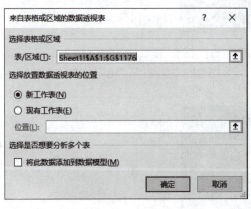

图 2-29 "来自表格或区域数据透视表"对话框

工作簿就会创建新表 Sheet2，并且左侧出现"数据透视表字段"窗格，如图 2-30 所示。可根据需要选择数据透视表的字段，拖曳至合适位置，建立符合要求的数据透视表。

项目 2　应用 Excel 进行商务数据分析

图 2-30　"数据透视表字段"窗格

三、设置数据透视表

将"车型"拖入"行"区域,将"报名量"字段拖入"值"区域,如图 2-31 所示。

图 2-31　设置数据透视表

选中报名量下的任意一个单元格，右击，出现如图 2-32 所示下拉菜单，在对其他表进行操作时可根据需要进行下一步操作。

此处以设置值的显示方式为例，右击后选择"值显示方式"并在级连菜单中选择"总计的百分比"，即可将值改换为百分比，如图 2-33 所示。

图 2-32　选择值显示方式

图 2-33　值显示方式更改后

还可以通过单击"数据透视表分析"上下文选项卡下的"字段设置"命令，在"值字段设置"对话框中切换标签页为"值显示方式"，选择"总计的百分比"即可，如图 2-34 所示。更改后的结果与图 2-33 一致。

四、分组

使用数据透视表还可对值进行分组，便于分析。此处以口碑评分为例，因原表格中"网友口碑"列中含有汉字"分"，不便设置分组，于是将单元格中的"分"替换为空，并用替换后的数据建立一张新的数据透视表，以"网友口碑"为行，"报名量"为值，如图 2-35 所示。

在行标签列下选中任意一个单元格，右击，选择"组合"命令，并在"组合"对话框中设置起始数值与步长，此处选用默认的起始值 0，终值 100，步长为 10，如图 2-36 所示。

单击"确定"按钮，即可看到分组后网友口碑各个档位的车型对应的团购报名总数，如图 2-37 所示。

项目 2　应用 Excel 进行商务数据分析

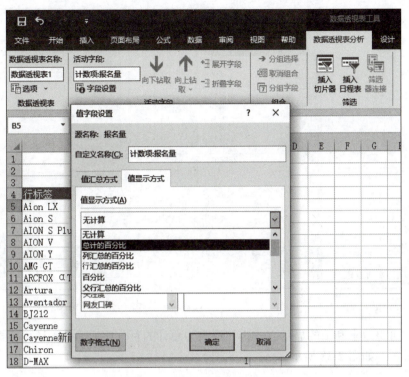

图 2-34　"值字段设置"对话框

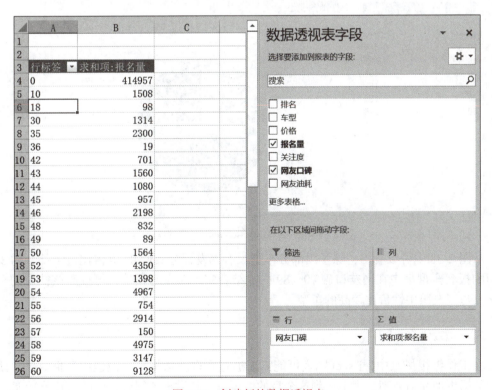

图 2-35　创建新的数据透视表

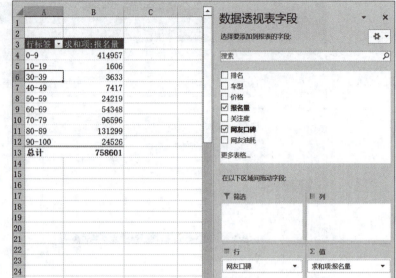

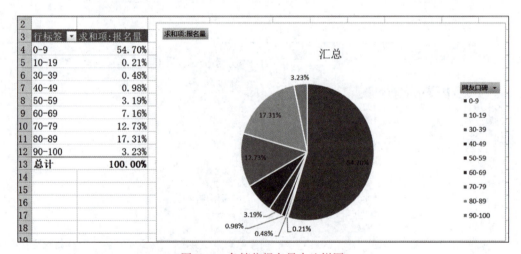

图 2-36 "组合"对话框　　　　图 2-37 分组后的数据透视表

同样，可更改求和项的显示方式，如更改为总计的百分比。另外，还可根据分组后的数据绘制饼图，如图 2-38 所示。

图 2-38 各档位报名量占比饼图

从图 2-38 中可以看出，除了因部分车型没有网友评分致使 0～9 占比过半外，约 30% 的团购报名车型集中在网友口碑 70～89 内。结合实际车型与报价，可推测该档位的车型是网友与车友眼中性价比较高的车型。

五、切片器

在工作汇报场景中，Excel 图表可能需要通过筛选让数据到达最佳的汇报效果，使汇报的数据更加简洁清晰。为了达到这个目的，可以选择数据透视图表中的切片器功能。

在"数据透视表工具"窗口中选择"数据透视表分析",在"筛选"区域中选择"插入切片器",如图 2-39 所示。

图 2-39 插入切片器

在"插入切片器"对话框中勾选"网友口碑"复选框,单击"确定"按钮,如图 2-40 所示。

在切片器中选中"80-89",即可查看网友口碑评分在 80~89 分内的全部车型及其近 30 天的团购报名量,更改报名量的排序方式为"倒序",结果如图 2-41 所示。

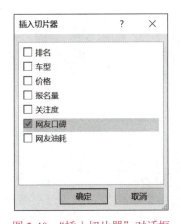

图 2-40 "插入切片器"对话框

图 2-41 添加筛选器后的数据透视表

从筛选后的车型与团购报名人数可以了解到,在口碑评分 80~89 分内,网友团购报名量最大的两款车型分别为卡罗拉与轩逸,报名人数在 7000 人左右,因为两款车型报价在 10 万~17 万元,油耗 9L 左右,总体来说性价比较高。

📝 课堂探讨

数据透视表做出来的图表可进一步优化,请同学们查找资料并尝试将图表进行美化。

拓展训练

请协助小张完成此次的汽车团购报名数据表的信息挖掘工作，并和同学们交流，从中可以获取哪些信息？

◆ 素质提升加油站 ◆

1. 信息传递能力和表达能力

学习和应用 Excel 中的数据可视化技巧，如图表制作、数据透视表等，从而将复杂的数据信息转化为直观的图表，提高信息传递的效率和准确性，培养信息传递能力和表达能力。

2. 信息安全意识和保护能力

学习 Excel 中的数据处理的技巧，如数据筛选、排序、去重等，同时也应了解信息安全的重要性，如密码保护、数据备份等，从而提高信息安全意识和保护能力。

3. 数据分析与创新思维

学习 Excel 中的数据分析方法和技巧，如数据清洗、数据挖掘等。同时引导学生运用创新思维，从数据中发现新的问题和机会，提出新的解决方案和创新思路，从而培养创新能力和创业精神。

应用 Power BI 进行商务数据分析

职业能力

- 了解 Power BI 的主要功能和操作方式；
- 使用 Power BI 做出直观、美观的可视化报表。

职业素养

- 养成用可视化方式将复杂问题简单化的思维；
- 学会从可视化报表中寻找问题及原因。

项目重难点

项目内容	工作任务		建议学时	技能点	重难点	重要程度
应用 Power BI 进行商务数据分析	任务 3.1	初识 Power BI	2	安装 Power BI	安装 Power BI	★★★★★
	任务 3.2	数据获取与处理	2	Power BI 的启动及数据的获取	Power BI 的启动	★★★★★
					数据的获取	★★★★☆
	任务 3.3	Power BI 建模	2	使用 Power BI 进行建模	常见模型	★★★☆☆
					建模步骤	★★★★☆
	任务 3.4	Power BI 可视化	2	进行 Power BI 可视化操作	创建图表的基本步骤	★★★★★
					可视化图表的类型	★★★★★

任务 3.1　初识 Power BI

■ 任务描述

小张应公司要求，要对某汽车厂商的销售、经营情况进行分析。小张使用 Python 采集了大量的数据资料，但他发现，很难从如此大量的数据中快速甄别出有效的信息。于是，小张开始了解数据可视化，他想知道是否有一种工具能够对海量的数据进行抽取、加工、提炼，并用可视化报表展示出来，让决策者更加高效地掌握重要信息、发现问题的本质。

知识准备

一、Power BI

Power BI 是微软公司推出的数据分析和可视化工具，是软件服务、应用和连接器的集合，它们协同工作以将相关数据来源转换为连贯的、视觉逼真的交互式见解。无论用户的数据是简单的 Excel 表格，还是基于云和本地混合数据仓库的集合，Power BI 都可让用户轻松地连接到数据源，直观地看到（或发现）重要内容，与他人进行共享。

二、安装 Power BI

Power BI 包含 Windows 桌面应用程序（Power BI Desktop）、联机 SaaS（软件即服务）服务（Power BI 服务）以及移动 Power BI 应用。Desktop、服务和移动这三个元素，旨在使用户通过最有效的方式创建、共享和使用商业见解。

在微软官方网站可以下载最新版 Power BI Desktop 应用程序，如图 3-1 所示。单击"在 Microsoft Store 获取"按钮，下载 Power BI Desktop，如图 3-2 所示。

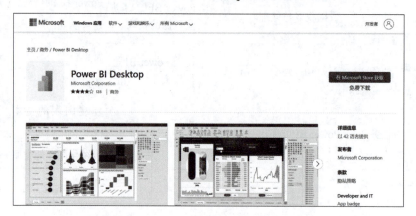

图 3-1　微软官网页面

项目 3 应用 Power BI 进行商务数据分析

图 3-2 下载窗口

📝 课堂探讨

小张在安装 Power BI 时遇到一些问题。同学们在安装 Power BI 的过程中是否也遇到过困难？是如何解决的呢？

☁️ 拓展训练

在移动端下载 Power BI 应用，并学会在移动端快速查看报表。

任务 3.2 数据获取与处理

■ 任务描述

了解了 Power BI 的强大功能，小张希望将自己查阅到的企业数据资料转化成可视化报表。他需要快速了解 Power BI 如何使用，并学会将不同格式的文件导入 Power BI 中。此外，他还想知道是否有更加便捷的方式将网页数据直接导入 Power BI，以减少采集数据的时间，提升工作效率。

📚 知识准备

一、启动 Power BI

（1）在计算机桌面双击 Power BI Desktop 快捷图标，启动应用程序，显示如图 3-3 所示的登录界面。

（2）Power BI 的工作界面如图 3-4 所示。

① 功能区：位于 Power BI 工作界面的顶部，按选项卡和组别显示与报表相关联的常见任务。

② 画布：位于 Power BI 工作界面的中间区域，可在其中创建和排列视觉对象。

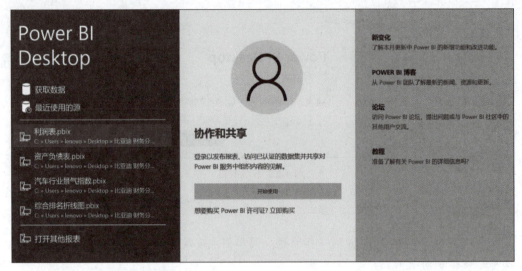

图 3-3　登录界面

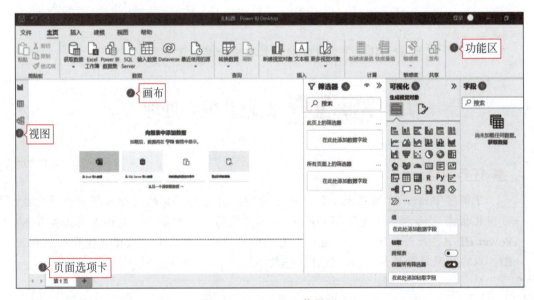

图 3-4　Power BI 工作界面

③ 页面选项卡：位于 Power BI 工作界面的页面底部，用于选择或添加报表页。

④ "筛选器"窗格：可在其中筛选数据字段。

⑤ "可视化"窗格：可在其中添加、更改或自定义可视化效果。

⑥ "字段"窗格：显示导入数据的标题字段，可以将字段拖放至画布、"筛选器"窗格或"可视化"窗格。

⑦ 视图：包括报表视图、数据视图和关系视图。其中，报表视图可以使用创建的查询来构建视觉对象；数据视图以数据模型格式查看报表中的数据，可以添加度量值、创建新列和管理关系；关系视图以图形方式显示已在数据模型中建立的关系，可以管理和修改关系。

二、数据获取

（一）输入数据

（1）打开 Power BI，在"主页"选项卡下单击"输入数据"命令，如图 3-5 所示，打开"创建表"对话框。

（2）在"创建表"对话框中，如图 3-6 所示，可直接修改列名，在单元格中输入数据。单击"+"按钮，可添加行或列，选中行或列，右击，可以插入或删除行或列。添加数据后，在下方名称栏中输入列表名称。单击"加载"按钮，即可将数据导入 Power BI。

图 3-5　单击"输入数据"命令

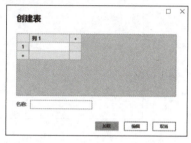

图 3-6　在创建表中输入数据

（二）从 Excel 工作簿获取数据

（1）单击"主页"选项卡下的"获取数据"命令，打开"数据获取"对话框，在对话框左栏选择"文件"，在对话框右栏选择"Excel 工作簿"，单击"连接"按钮，如图 3-7 所示。

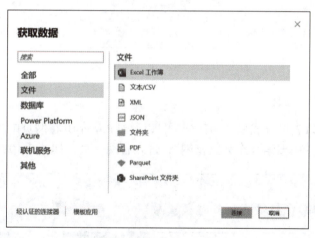

图 3-7　"数据获取"对话框

（2）在"打开"对话框中选择"2013 年 1 月至 2022 年 2 月新能源汽车销量.xlsx"文件，单击"确定"按钮。在弹出的"导航器"窗口中勾选 Sheet1，如图 3-8 所示。

（3）单击"加载"按钮，Excel 表格的数据即可导入 Power BI 中，在工作界面的"字段"窗格出现 Sheet1，如图 3-9 所示。

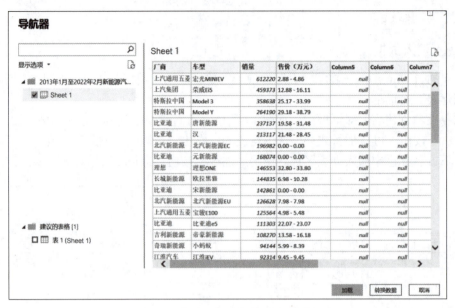

图 3-8 在"导航器"对话框中勾选数据表

图 3-9 Power BI 工作界面（Sheet1）

（三）从网页获取数据

如果网页中有以表格方式呈现的数据，可以通过 Power BI 将网页中的数据导入报表中。

（1）在搜索引擎中搜索"东方财富网"，进入官网首页，如图 3-10 所示。

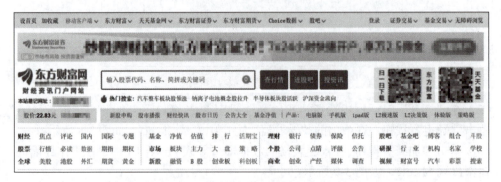

图 3-10 东方财富网

（2）在搜索栏中输入“比亚迪”，进入比亚迪股票行情板块，在“F10 档案”栏中选择“经营分析”，如图 3-11 所示。

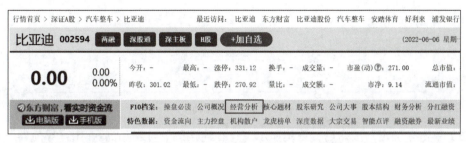

图 3-11 比亚迪股票行情板块（2022 年 06 月 06 日）

（3）单击“经营分析”后，显示出比亚迪的主营构成等数据表格，如图 3-12 所示。复制本页面网址。

主营范围 | 主营构成分析 | 经营评述

主营构成分析

2021-12-31	主营构成	主营收入(元)	收入比例	主营成本(元)	成本比例	主营利润(元)	利润比例	毛利率(%)
按行业分类	交通运输设备制造业	1125亿	52.04%	929.3亿	49.43%	195.6亿	69.51%	17.39%
	日用电子器件制造业	864.5亿	40.00%	799.1亿	42.50%	65.48亿	23.27%	7.57%
	电子元器件制造业	164.7亿	7.62%	145.0亿	7.72%	19.66亿	6.99%	11.94%
	其他	7.275亿	0.34%	6.598亿	0.35%	6774万	0.24%	9.31%
按产品分类	汽车、汽车相关产品及其他产品	1125亿	52.04%	929.3亿	49.43%	195.6亿	69.51%	17.39%
	手机部件、组装及其他产品	864.5亿	40.00%	799.1亿	42.50%	65.48亿	23.27%	7.57%
	二次充电电池及光伏	164.7亿	7.62%	145.0亿	7.72%	19.66亿	6.99%	11.94%
	其他	7.275亿	0.34%	6.598亿	0.35%	6774万	0.24%	9.31%
按地区分类	中国(包括港澳台地区)	1522亿	70.43%	1285亿	68.38%	236.9亿	84.17%	15.56%
	境外	639.1亿	29.57%	594.5亿	31.62%	44.56亿	15.83%	6.97%

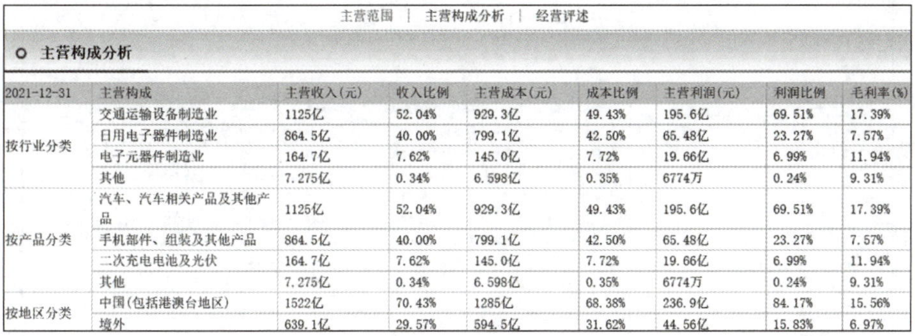

图 3-12 比亚迪主营构成分析

（4）启动 Power BI，单击“获取数据”命令，在打开的对话框中选择“其他”→Web，如图 3-13 所示，单击“连接”按钮。

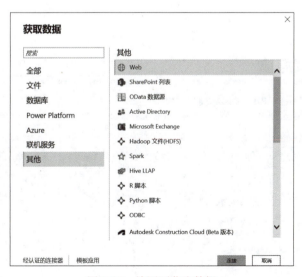

图 3-13 从网页获取数据

（5）在打开的对话框中，粘贴复制的网址，选中"基本"选项，如图 3-14 所示。

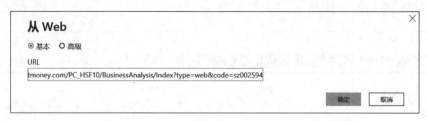

图 3-14　输入网址

（6）单击"确定"按钮后，系统显示"正在连接"。连接完成后弹出"导航器"窗口，在左栏显示该网址的所有表格数据，如图 3-15 所示，右侧可以切换"表视图"和"Web 视图"标签，单击"Web 视图"标签，可以查看该网址的真实页面情况，如图 3-16 所示。

图 3-15　勾选表格

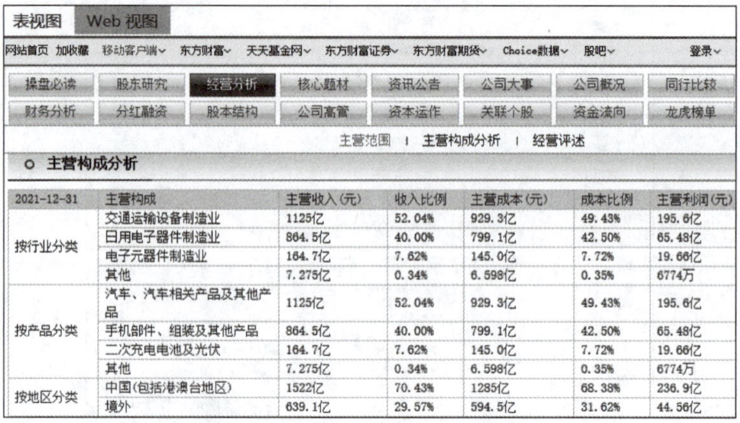

图 3-16　Web 视图

（7）勾选"表1"，单击"加载"按钮，在工作界面右侧看到"表1"的所有字段，可以对数据进行进一步处理。

课堂探讨

小张感到应用 Power BI 进行数据的获取与初步处理非常方便。除了以上提到的三种数据导入方式，请尝试导入其他格式的文件，并思考不同格式的文件导入后会有什么不同？

拓展训练

除了 Power BI，还有哪些常用的可视化工具？

任务 3.3　Power BI 建模

微课：Power BI 建模

任务描述

在小张的印象中，Power BI 建模是指在 Power BI 中创建数据模型的过程。建模是将数据进行整理、转换和组织，以便在 Power BI 中进行分析和可视化。

知识准备

一、建模过程

（1）数据导入：将数据源连接到 Power BI 中，可以是 Excel 文件、CSV 文件、数据库或在线服务等，通过数据连接器将数据导入 Power BI。

（2）数据清洗：对导入的数据进行清洗和转换，包括删除重复值、处理缺失值、合并数据表等操作，以确保数据的准确性和一致性。

（3）创建关系：将不同数据表之间的关系建立起来，以便在报表中进行跨表查询和分析。可以通过共享字段或主键 - 外键关系来建立关系。

（4）创建计算列和度量值：根据需要在数据模型中创建计算列和度量值。计算列是根据已有字段进行计算得到的新字段，度量值是对数据进行统计和聚合得到的数值。

（5）定义层次结构：如果数据中存在层次结构，如日期层次结构（年、月、日），可以在数据模型中定义层次结构，以便在报表中进行分层展示和分析。

（6）创建视图和报表：在数据模型中创建视图和报表，可以使用 Power BI 的可视化组件来设计和展示数据。也可以根据需要添加图表、表格等可视化元素，以及设置交互和筛选。

通过 Power BI 建模，可以将数据整理成易于理解和分析的形式，帮助用户更好地理解数据并做出有意义的决策。

二、认识 Power BI 相关模型

（一）导入数据

将四个准备好的数据表导入 Power BI，单击"主页"选项卡下的"获取数据"命令，选择"Excel 工作簿"，选中"品牌 - 车型表"，单击"转换数据"按钮，将数据整理好后单击"退出 Power Query"。同理，依次导入"品牌 - 日期 - 销售表""车型 - 级别表""车型 - 日期 - 销售表"，如图 3-17 所示。

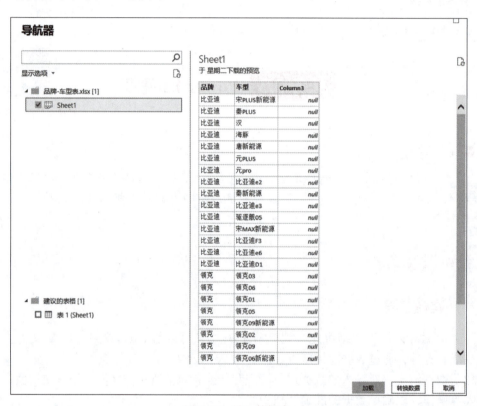

图 3-17　导入数据表

（二）建立联系

选择视图切换区的"关系"，四个图表都显示在页面中，其中部分表之间有连线，如图 3-18 所示。

将鼠标光标移至连线上，可以发现系统根据列名自动将表格关联起来。但系统自动关联的只是一部分，剩下的连线需要我们根据表之间数据的联系自己关联起来。这个过程就是模型建立，如图 3-19 所示。

将关联的列相匹配，具体操作就是将列 A 拖动至列 B 的上方，这样两个表之间就会产生一条连线。如图 3-20 所示，一个简单的模型就建立好了。

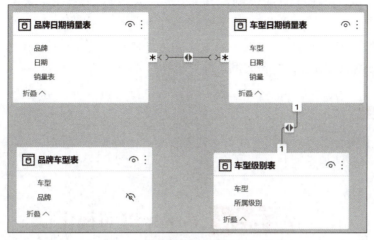

图 3-18　关系视图

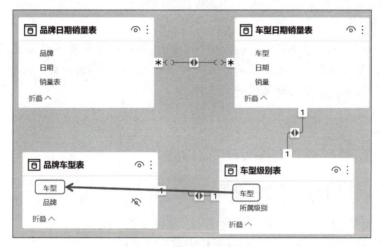

图 3-19　关联字段

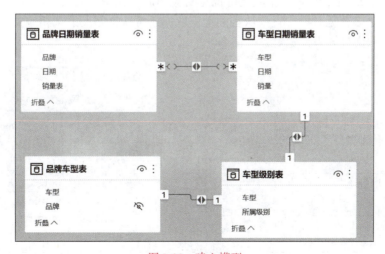

图 3-20　建立模型

课堂探讨

小张感到应用 Power BI 建模与一般意义上的建模含义有所不同。请思考连线两端的"1"和"*"分别代表什么,有什么用处?

拓展训练

1. 数据表中最后三行的数据有缺失,删除最后三行数据。
2. 建立一个树状图模型。

任务 3.4　Power BI 可视化

任务描述

在小张的印象中,与 Excel 相比,Power BI 可视化支持更多的图表类型,如卡片图、漏斗图、仪表图、KPI 图等,这些都是 Excel 中没有的图形。此外,Power BI 有更强大的数据处理能力和更强的交互性。

知识准备

一、Power BI 创建视图的基本步骤

Power BI 拥有 20 多个内置的可视化图形,如图 3-21 所示。

Power BI 可视化图形涵盖了数据可视化中常用的条形图、柱形图、饼图、环形图,还可添加切片器、地图等图形,并且支持视觉对象拓展,如图 3-22 所示。视觉对象不仅可以通过"获取更多视觉对象"直接从官网上获取,还可从官网上下载相应文件到本地计算机,即单击"从文件导入视觉对象"命令。

图 3-21　Power BI 可视化图形

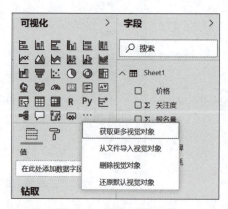

图 3-22　视觉对象拓展

（一）导入数据后绘制图

1. 不同分析所使用的图表

1）对比分析

对比分析最常用、最典型的图类型包括条形图、柱形图等。

2）结构分析

Power BI 自带的结构分析的图有饼图、环形图、瀑布图、树状图等。

3）相关分析

用于相关分析的图又被形象地称为散点图或散布图。

4）描述性分析

描述性分析主要包括：数据的频数分析、数据的集中趋势分析、数据的离散程度分析、数据的分布……描述性分析可绘制频数分布图、箱线图等。

5）KPI 分析

关键绩效指标（key performance indicator，KPI）是通过对组织内部流程的输入端、输出端的关键参数进行设置、取样、计算、分析，衡量流程绩效的一种目标式量化管理指标，是把企业的战略目标分解为可操作的工作目标的工具，是企业绩效管理的基础。

微课：描述性分析在数据分析中的应用

2. 绘制图表的一般操作流程

以导入堆积柱形图为例，首先，单击画布的空白处；其次，单击可视化面板上的"堆积柱形图"，此时画布上显示出一个柱形图的轮廓，如图 3-23 所示。

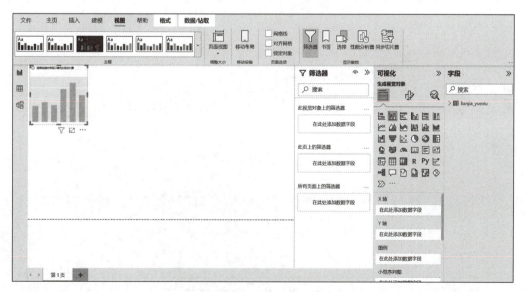

图 3-23　导入的柱形图

（二）设置图表

将数据字段放入图表字段框中，即可完成基本设置。将"车型"字段拖入字段框中的"轴"区域，"报名量"拖入"值"区域，一个关于各个车型团购报名量的柱形图就绘制完毕，如图 3-24 所示。

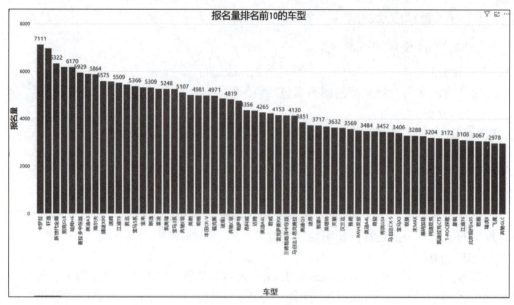

图 3-24 报名量柱形图

如果想改换其他类型的可视化图形，选中刚才制作的堆积柱形图，在可视化区域单击折线图，刚才的柱形图就变成折线图，如图 3-25 所示。

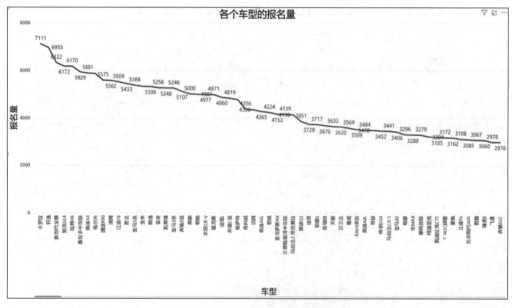

图 3-25 各个车型报名量折线图

（三）图表格式设置

在图 3-26 报名量柱形图的基础上对图表进行调整。例如，可在筛选器中针对车型进行筛选。选择"筛选类型"为"前 N 个"，并默认"显示项目"的选择为"上"，个数为"10"，即此处的筛选规则为显示报名量前 10 的车型，如图 3-26 所示。

项目 3 应用 Power BI 进行商务数据分析

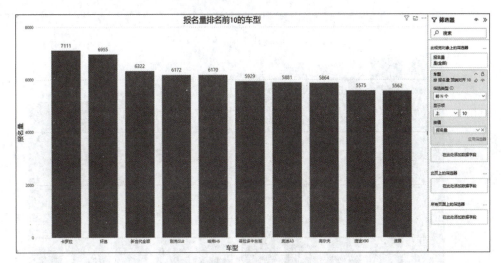

图 3-26 报名量前 10 的车型

单击可视化选项卡修改柱形图的标题文字、字号、颜色等，如设定标题为报名量排名前 10 的车型，字号大小 18 磅，居中，如图 3-27 所示。

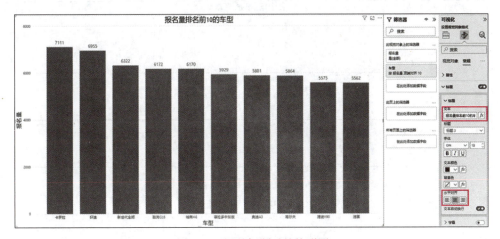

图 3-27 调整标题后的柱形图

同样地，可以在"格式"选项卡下调整 X 轴或 Y 轴的标题、字号、颜色等。另外，还可以选择是否显示数据标签、数据标签的位置、标签字号大小、柱形图的背景颜色等。此处选择将 X 轴与 Y 轴的标题字号适当调大并显示居中数据标签，调整后的柱形图如图 3-28 所示。

（四）图形分析功能

Power BI 可以为部分图表添加各种辅助线：趋势线、最大值线、最小值线、均线等。
在"分析"选项卡下单击"百分位线"即可添加，此处将"百分位数"改为 95%，颜色改为红色，如图 3-29 所示。

如图 3-29 所示，95% 的车型报名量在 3000 及以下，仅 5% 左右的车型在近 30 天内的团购报名量超过 3000，其中卡罗拉近 30 天的线上团购报名量超过 7000。

69

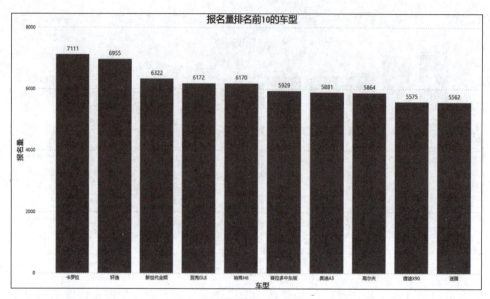

图 3-28　调整后的柱形图

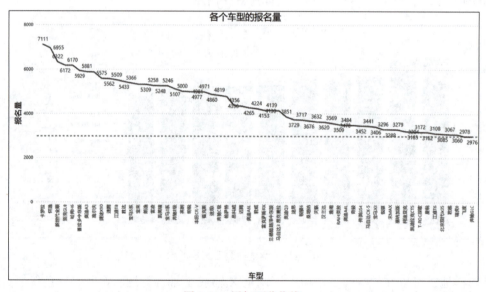

图 3-29　添加百分位线

二、创建可视化图表的类型

（一）类别比较型

类别比较型图表的数据一般包含数值型和类别型两种数据类型，数值型数据适用于几乎所有图表类型；类别型数据适用的图表类型较少，主要适用柱形图、条形图、雷达图、坡度图、词云图等，通常用来比较数据的规模。这类图型有可能是比较相对规模，显示出哪一个比较大；也有可能是比较绝对规模，需要显示出精确的差异。

另外，不同图表类型要注意横纵坐标适用的数据类型，如在柱形图中，横轴为类别型数据,纵轴为数值型数据,采用位置与长度两种视觉元素。在 Power BI 中常见的类别比较型图表:堆积条形图、堆积柱形图、漏斗图、瀑布图、簇状条形图、簇状柱形图、仪表图与树状图,如图 3-30 所示。

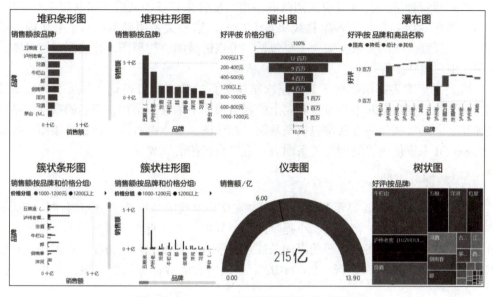

图 3-30　Power BI 中常见的类别比较型图表

(二)数据关系型

数据关系型图表分为数值关系型、层次关系型和网络关系型三种图表类型。

数值关系型图表主要展示两个或多个变量之间的关系,包括最常见的散点图、气泡图、曲面图、矩阵散点图等。该图表的变量一般都为数值型,当变量为 1~3 个时,可以采用散点图、气泡图、曲面图等;当变量多于 3 个时,可以采用高维数据可视化方法,如平行坐标系、矩阵散点图、径向坐标图、星形图和切尔诺夫脸谱图等。

Power BI 中内置的数值关系型图表为散点图,在散点图的基础上设定数据大小即可将散点图转化为气泡图,如图 3-31 所示。

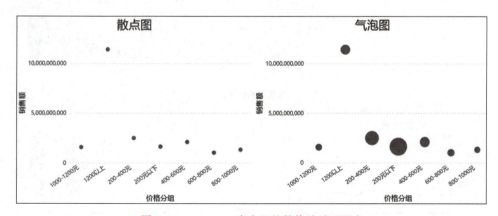

图 3-31　Power BI 中内置的数值关系型图表

层次关系型图表着重表达数据个体之间的层次关系，主要包括包含和从属两类。例如，一个公司的组织结构图可能会显示 CEO 下有多个副总裁，每个副总裁各自管理一个部门，每个部门下面又有不同的团队或小组。这时，CEO 管理的部门和人员包含各副总裁；各副总裁管理部门包含对应的团队或小组。反过来，各团队或小组从属于对应部门，各部门从属于对应副总裁；各副总裁从属于 CEO。这种关系明确地展示了公司内部的管理层和汇报层级。层次关系型图表主要包括：节点链接图、树形图、冰柱图、旭日图、圆填充图、矩形树状图等。

网络关系型图表是指那些不具备层次结构关系的数据的可视化。与层次关系型数据不同，网络关系型数据并不具备自底向上或者自顶向下的层次结构，表达的数据关系更加自由和复杂。其可视化的方法常包括桑基图、和弦图、节点链接图、弧长链接图、蜂箱图等。Power BI 未提供内置的网络关系图表，需要自行拓展添加。

（三）数据分布型

数据分布型图表主要显示数据集中的数值及其出现的频率或者分布规律，包括统计直方图、核密度曲线图、箱形图、小提琴图等。其中，统计直方图最为简单与常见，又称质量分布图，由一系列高度不等的纵向条纹或线段表示数据分布的情况。一般用横轴表示数据类型，纵轴表示分布情况。Power BI 未提供内置的数据分布型图表，需要自行拓展添加。

（四）时间序列型

时间序列型图表强调数据随时间的变化规律或者趋势，X 轴一般为时序数据，Y 轴为数值型数据，包括折线图、面积图、雷达图、日历图等。其中，折线图是用来显示时间序列变化趋势的标准方式，非常适用于显示在相等时间间隔下数据的趋势，如图 3-32 所示。

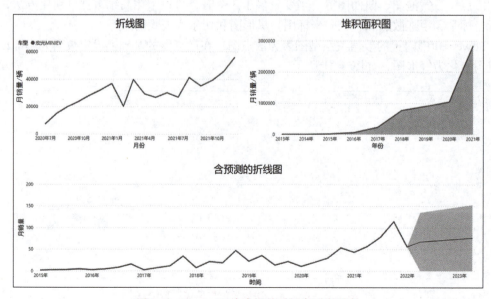

图 3-32　Power BI 中内置的时间序列型图表

（五）局部整体型

局部整体型图表能显示出局部组成成分与整体的占比信息，主要包括饼图、环形图、矩形树状图、百分比堆积柱形图、百分比堆积条形图等，在 Power BI 中的呈现形式如图 3-33 所示。饼图是用来呈现部分和整体关系的常见方式，在饼图中，每个扇区的弧长（以及圆心角和面积）大小为其所表示的数量的比例。

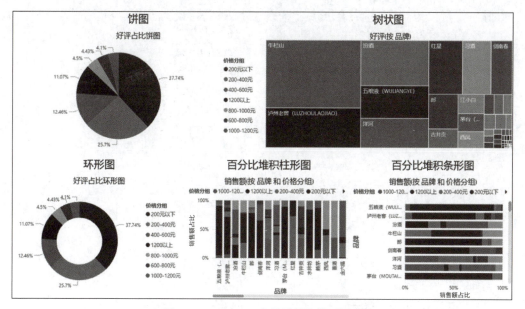

图 3-33　Power BI 中的局部整体型图表

（六）地理空间型

地理空间型图表主要展示数据中的精确位置和地理分布规律，包括等值区间地图、带气泡的地图、带散点的地图等，如图 3-34 所示。地图用地理坐标系可以映射位置数据。位置数据的形式有许多种，包括经度、纬度、邮编等，但通常都是用纬度和经度来描述的。Power BI 中提供两种地图空间型的图表，分别是"地图"与"着色地图"，通过设置经纬度、图例等字段即可完成地理空间型的图表设置。

📝 课堂探讨

1. 请用 Power BI 构建其他图表，并通过调整格式使得图表更美观。
2. 请同学们选择合适的数据在 Power BI 使用地图、着色地图绘制可视化图表。

☁ 拓展训练

请同学们查阅资料，了解各个图表类型下具体图表的应用场景。

图 3-34　Power BI 中的内置地理空间型图表

◆ 项目实训　创建财务报表可视化视图 ◆

■ 实训背景

　　小张经过一系列的复习和回顾，已经可以熟练掌握并运用 Power BI 绘制相关可视化图表。他最近还接到了一个新的工作任务：根据提供的财务报表创建相关的可视化视图，要求兼具美观性与实用性，最好还能有一定的交互功能。

■ 实训要求

　　在 Power BI 中根据提供的报表进行创建可视化图表，使报表兼具美观性与实用性，并且设置交互功能。

项目 3 应用 Power BI 进行商务数据分析

一、数据导入

打开 Power BI，通过"主页"选项卡→"获取数据"→"Excel 工作簿"导入准备好的利润表与资产负债表，如图 3-35 所示。

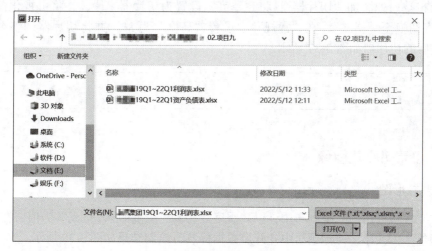

图 3-35 获取数据对话框

二、新建列

在字段区选中相应表格后单击"编辑查询"，并在 Power Query 页面中切换至"添加列"选项卡，通过"自定义列"添加新的列。

在添加列的对话框中定义新列名为"营业利润率"，在自定义公式区的"="后输入"[#"营业利润（亿元）"]/[#"营业收入（亿元）"]"，也可在"可用列"中选中对应字段后将其"插入"，并以"/"连接，如图 3-36 所示。

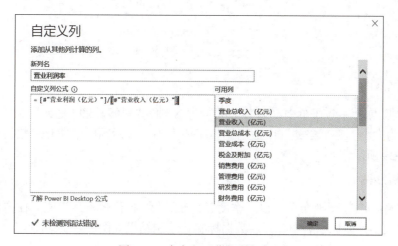

图 3-36 自定义"营业利润率"

单击"确定"按钮后即可在表格最后查看所添加的列的内容，确认后即可在"主页"选项卡下单击"关闭并应用"按钮回到工作界面。在工作界面中可将"报表"切换至"数据"，找到利润表中的"营业利润率"，将"营业利润率"列的格式由"小数"改为"百分数"，位数设定为2。

三、添加切片器

在画布空白处添加"切片器"，将"季度"设置为切片器字段，并将可视化窗格中的"字段"将切换至"格式"，在"常规"中设置"高度"为80，并将切片器调整至合适宽度，调整后的切片器如图3-37所示。

图 3-37　切片器

四、设置可视化图像

（一）柱形图

添加"堆积柱形图"至画布中，以"季度"为轴，"营业收入/亿元"为值，在"格式"中适当调整字体大小，使标题居中并开启数据标签，绘制结果如图3-38所示。

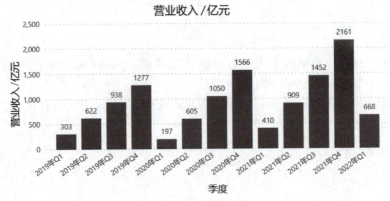

图 3-38　营业收入柱形图

（二）气泡图

添加"散点图"至画布中，以"季度"为X轴，"利润总额/亿元"为Y轴，"净利润/亿元"为大小，在"格式"中适当调整字体大小，使标题居中并开启数据标签，绘制结果如图3-39所示。

（三）折线图

添加"折线图"至画布中，以"季度"为轴，"营业利润率"为值，在"格式"中适当调整字体大小，使标题居中并开启数据标签，绘制结果如图3-40所示。

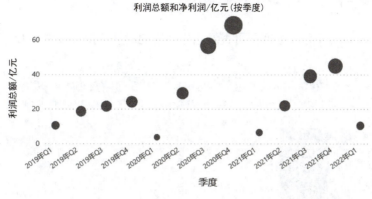

图 3-39 净利润与利润总额气泡图

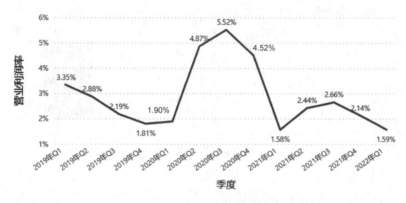

图 3-40 营业利润率折线图

（四）堆积柱形图

添加"折线图"至画布中，以"季度"为共享轴，"资产总计/亿元""股东权益合计/亿元""负债合计/亿元"为列值，在"格式"中适当调整字体大小，并使标题居中，绘制结果如图 3-41 所示。

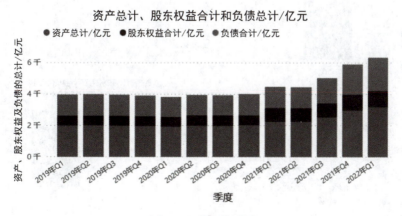

图 3-41 堆积柱形图

五、编辑交互

单击切片器中的任意一季度即可查看相应季度的对应数据,如图 3-42 所示。

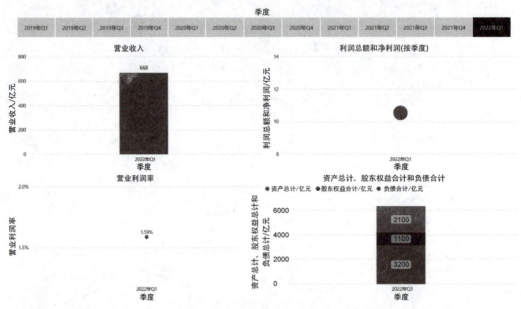

图 3-42 编辑交互前

营业利润率折线图仅显示一个点,展示效果受限,可以通过编辑交互功能,将该折线图的交互设置为"无"。还可对气泡图进相同设置,设置完毕后再次单击"编辑交互",退出编辑状态。设置后的效果如图 3-43 所示。

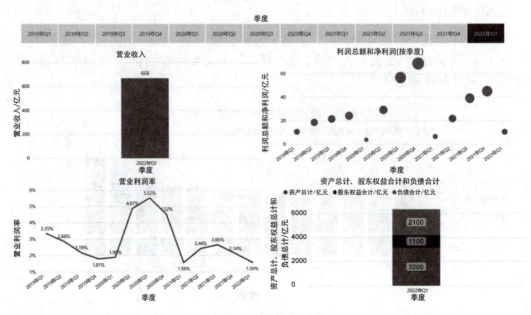

图 3-43 编辑交互后

项目3 应用 Power BI 进行商务数据分析

课堂探讨

请同学们在此基础上修改报表的背景等,使得报表看上去更加美观。

拓展训练

请同学们使用 Power BI 中的"从 Web 导入数据功能"导入其他上市公司的财务报表,进行数据清洗后建立相关可视化报表。

拓展阅读

四川成都:智慧城市护航大运会

成都大运会筹备已进入最后冲刺阶段,即将迎来全面检验考验。承办这场我国西部地区首个世界级综合性运动会对成都而言,办赛本身就是一面镜子,折射整座城市的治理能力与治理水平。

今天我们走进大运会各项准备工作的现场,从一个切面看成都如何以"智慧蓉城"为抓手,提升城市治理智慧化水平和安全韧性能力,在办好大运会中接受检验提升治理水平。

1. 智能交通体系——运动员到达场馆时间精确到分钟

成都市公安交警部门现已在全市实现1928套信号灯全部智能运行,联网可控。通过智能交通体系,参赛运动员到达比赛场馆、训练场馆的时间将精确到分钟。

成都市公安局交通管理局指挥中心民警祁炳森在接受央视记者采访时表示:"我们成都交警通过大运智慧交通安保一张图,精准掌握全市交通运行状态和参赛车辆所处的位置,准确预判车辆通行预计到达的时间。"

双流公安交警部门已经在全市率先实现132套信号灯全部智能运行、联网可控。通过智能交通体系,参赛运动员到达比赛场馆训练场馆的时间将精确到分钟。

以金河路和银河路为例。只要驶入的第一个路口是绿灯,在前端、后端无人干扰的情况下,按照限速值行驶,车辆可正常地一次性通过,一路绿灯。大运会期间,这些设置于各路口的智能信号灯将协同配合大运会专用通道。目前,双流区已经完成17条交通"绿波带"设置,下一步还将着手对场馆周边各路口信号灯进行优化配时,确保大运会期间,双流赛区道路交通出行便捷、高效。

2. 区级智慧治理中心——装上"智慧大脑"助力大运会

针对城市治理中存在的各种管理粗放、信息不畅、服务滞后等突出问题,成都市专门打造了市网络理政中心,开发城市大脑信息系统,助力大运会。

成都市金牛区城市智慧治理中心系统管理科科长王磊在接受央视记者采访时谈道:"我们运用大数据、云计算、人工智能等信息技术手段,聚焦数字自治、共治三个维度,整合全区的算力及算法资源,打造了一个区级的 AI 中心。利用视频结构化的 AI 分析技术,拓展相关管理部门发现问题的途径,提高他们的工作效率。"

"位于滨河北街的某个垃圾桶出现爆桶现象,请立即处理。"龙泉驿智慧治理中心的工作人员通过大厅内的超大显示屏上看到,滨河北街的一处垃圾桶图标由绿色变成红色,单击后发现垃圾桶出现爆桶现象,立即将指令发送到负责这条道路清洁的环卫工人佩戴的手环上,环卫工人接到指令后,迅速清空垃圾并运走。

3. 疫情防控平台——"蓉疫控"新增大运会疫情防控板块

严峻的新型冠状病毒感染疫情(以下简称疫情)防控形势,加上诸多国际运动员来蓉参赛,无疑给城市的公共安全治理、城市韧性提出了前所未有的压力和挑战。对照相关工作要求,智慧蓉城疫情防控平台的小程序端"蓉疫控"已新增了大运会疫情防控板块。未来,大运会工作人员使用小程序采集到的所有与疫情相关的信息,包括人员采样、环境采样、样本转运、集中隔离、健康监测等数据,都将整合在智慧蓉城疫情防控平台里。数据全部汇总后,工作人员可以每天对相关数据进行核查,对未更新的数据及时催办,督促相关工作人员完成进度落后的工作项目。同时这些数据也可为疫情研判提供决策支持。

(资料来源:潇湘晨报,有修改)

◆ 素质提升加油站 ◆

学生需要运用创新思维,从数据中发现新的问题和机会,提出新的解决方案和创新思路,从而培养创新能力和创业精神。

应用 Python 进行商务数据分析

 职业能力

- 能够掌握 Python 相关基础知识，做好数据分析的全面准备工作；
- 对 Python 编程规范等有更准确的认知；
- 具备能根据学习需要准确快速查阅相关资料的能力。

 职业素养

- 养成用大数据思维去看待问题的习惯；
- 养成对事物分析的客观、敏感的职业思维。

 项目重难点

项目内容	工作任务	建议学时	技能点	重难点	重要程度
应用 Python 进行商务数据分析	任务 4.1 初识 Python	2	陈述 Python 的优缺点与实训平台	Python 的优缺点	★★★★☆
				Python 实训平台	★★★★☆
	任务 4.2 使用 Python 的场景	2	陈述使用 Python 的场景	熟悉使用 Python 的常见场景	★★★★★
				Python 常用模块	★★★★☆
	任务 4.3 Python 的常用库	2	熟练掌握 Python 的常用库	三种常用库	★★★☆☆
	任务 4.4 Python 文件操作	2	Python 操作的文件类型	Python 操作的文件类型	★★★☆☆
	任务 4.5 使用 Python 采集数据	2	使用 Python 采集数据	网络爬虫的工作原理	★★★★★
				网页搜索策略	★★★★★

任务 4.1 初识 Python

■ 任务描述

小张近期接到了一个任务：针对汽车行业做一份详尽的调查报告。要完成这份调查报告，小张需要选取合适的汽车网站，采集各类汽车的销量数据，并对销量数据进行分析与挖掘。而采集网络数据则需要可以通过 Python 实训平台来完成。

为了更好地理解和完成数据分析与挖掘任务，小张决定使用 Python 作为自己的数据分析挖掘工具。小张打开浏览器开始搜索 Python 的相关内容。

知识准备

一、发展历程

自从 20 世纪 90 年代初 Python 语言诞生至今，它已被逐渐广泛应用于系统管理任务的处理和 Web 编程实现。

Python 的创始人为荷兰吉多·范罗苏姆（Guido van Rossum）。1989 年圣诞节期间，在阿姆斯特丹，Guido 为了打发圣诞节的无趣，决心开发一个新的脚本解释程序，作为 ABC 语言的一种继承。该编程语言的名字 Python（大蟒蛇的意思），取自英国 20 世纪 70 年代首播的电视喜剧《蒙提·派森的飞行马戏团》（*Monty Python's Flying Circus*）。

ABC 是由 Guido 参加设计的一种教学语言。就 Guido 本人看来，ABC 这种语言非常优美和强大，是专门为非专业程序员设计的。但是 ABC 语言并没有成功，究其原因 Guido 认为是其非开放造成的。Guido 决心在 Python 中避免这一错误，同时，他还想实现在 ABC 中闪现过但未曾实现的东西。

就这样，Python 诞生了。可以说，Python 是从 ABC 发展起来，主要受到了 Modula-3（另一种相当优美且强大的语言，为小型团体所设计的）的影响，并且结合了 Unix shell 和 C 语言的习惯。

Python 2 于 2000 年 10 月 16 日发布，自从 2004 年以后，Python 的使用率呈线性增长，稳定版本是 Python 2.7。Python 3 于 2008 年 12 月 3 日发布，不完全兼容 Python 2。由于 Python 语言的简洁性、易读性以及可扩展性，在国外用 Python 做科学计算的研究机构日益增多，一些知名大学已经采用 Python 来教授程序设计课程。

二、Python 语言的特点

（一）优点

1. 简单

Python 是一种代表简单主义思想的语言，它使开发者能够专注于解决问题而不仅仅是搞明白语言本身。阅读一个良好的 Python 程序就感觉像是在读英语一样。

2. 易学

Python 极其容易上手，且有极其简单的说明文档。

3. 速度快

Python 的底层是用 C 语言写的，很多标准库和第三方库也都是用 C 语言编写的，运行速度非常快。

4. 免费、开源

Python 是 FLOSS（自由/开放源码软件）之一。使用者可以自由地发布这个软件的拷贝、阅读它的源代码、对它做改动、把它的一部分用于新的自由软件中。FLOSS 是基于一个团体分享知识的概念。

5. 高层语言

用 Python 语言编写程序时，无须考虑诸如如何管理程序使用的内存这一类的底层细节。

6. 可移植性

由于其开源本质，Python 已经被移植在许多平台上（经过改动使它能够工作在不同平台上）。这些平台包括 Linux、Windows、macOS、Windows CE，以及 Google 基于 Linux 开发的 Android 等多个平台。

7. 解释性

一个用编译性语言如 C 或 C++ 写的程序可以从源文件（即 C 或 C++ 语言）转换到一个计算机使用的语言（二进制代码，即 0 和 1），这个过程通过编译器和不同的标记、选项完成。运行程序时，连接/转载器软件把程序从硬盘复制到内存中并运行。而 Python 语言写的程序不需要编译成二进制代码，可以直接从源代码运行程序。在计算机内部，Python 解释器把源代码转换成字节码，然后把它翻译成计算机使用的机器语言并运行。这使得使用 Python 更加简单，Python 程序更易于移植。

8. 面向对象

Python 既支持面向过程的编程，也支持面向对象的编程。在面向过程的开发语言中，程序是由过程或仅仅是可重用代码的函数构建起来的。在面向对象的开发语言中，程序是由数据和功能组合而成的对象构建起来的。

9. 可扩展性

如果需要一段关键代码运行得更快或者希望某些算法不公开，可以部分程序用 C 或 C++ 编写，然后在 Python 程序中使用它们。

10. 可嵌入性

可以把 Python 嵌入 C/C++ 程序，从而向开发者提供脚本功能。

11. 丰富的库

Python 标准库很庞大，它可以帮助使用者处理各种工作。Python 标准库包含了一些常用的模块和函数，它们是 Python 语言的核心组成部分。以下是一些 Python 标准库中的一些常用模块。

（1）turtle：用于基本的图形绘制。
（2）random：用于生成随机数。
（3）time：用于处理时间，提供了系统级精确计时器的计时功能，可以用来分析程序性能，也可让程序暂停运行时间。
（4）math：提供了数学函数和常数。
（5）os：提供了与操作系统交互的函数。
（6）sys：提供了与 Python 解释器和它的环境交互的函数。
（7）collections：提供了高级的数据结构，如 deque、namedtuple 等。
（8）itertools：提供了一些用于操作迭代器的函数。
（9）functools：提供了与函数相关的工具，如 reduce()。
（10）json：用于处理 JSON 数据。

这只是 Python 标准库中的一部分模块，还有许多其他模块可供使用。这些模块提供了各种各样的功能，使得 Python 成为一种强大而灵活的语言，可以用于各种不同的任务和项目。

12. 规范的代码

Python 采用强制缩进的方式使得代码具有较好可读性。

（二）缺点

1. 单行语句和命令行输出问题

很多时候不能将程序语句连写成一行，如 import sys; for i in sys.path:print i。而 perl 和 awk 就无此限制，可以较为方便的在 shell 下完成简单程序，不需要如 Python 一样，必须将程序写入一个 .py 文件。

2. 独特的语法

Python 用缩进来区分语句关系的方式给很多初学者带来了困惑，即便是很有经验的 Python 程序员，也可能陷入陷阱当中。

3. 运行速度慢

与 C 和 C++ 相比，Python 程序的运行速度相对较慢。

三、安装 Python

在 Python 官网（见图 4-1）中，单击 Download 按钮下载 Windows 版本的 Python。
根据所使用计算机的位数选择相应版本，进入下载界面，如图 4-2 所示。
安装时勾选 Add Python 3.8 to PATH 将 Python 3.8 加入运行环境，如图 4-3 所示。
等待安装完成，出现安装成功提示，如图 4-4 所示。
在开始菜单中找到安装成功的 Python 软件并打开，如图 4-5 所示，这表示 Python 已安装成功。

项目 4　应用 Python 进行商务数据分析

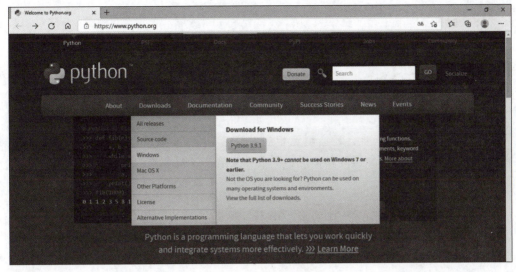

图 4-1　Python 官网界面

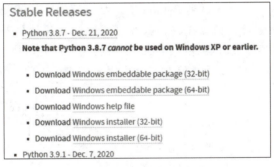

图 4-2　Python 版本选择界面

图 4-3　将 Python 3.8 加入运行环境

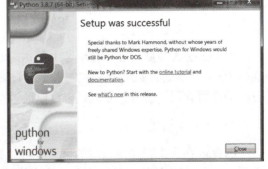

图 4-4　安装完成提示

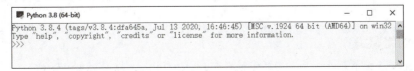

图 4-5　安装成功界面

课堂探讨

小张在安装 Python 时遇到很多困难。请问你在安装 Python 的过程中是否遇到困难？是如何解决的呢？

拓展训练

安装 Python 只是第一步，还应配置相应的 IDE（集成开发环境），也就是解释器，请上网查询有哪些合适的解释器可供使用，下载并安装一种解释器。

任务 4.2 使用 Python 的场景

■ 任务描述

通过前期的温习，小张感到 Python 不仅功能强大，应用场景也很广泛，涵盖了网络爬虫、数据分析、数据挖掘、数据可视化、系统运维等方面。小张了解到 Python 在应用中离不开各种各样的模块，这些模块的开发与使用大大减少了人们的重复性工作，提高了工作效率，使人们能更便捷地完成工作，提取大数据背后蕴藏的信息。

知识准备

一、常见场景

（一）大数据与云计算

Python 是大数据与云计算领域中最热门的语言，其典型应用为 OpenStack 云计算平台。OpenStack 平台通过数据中心控制大型的计算、存储、网络等资源池。所有的管理可以通过前端界面管理员就可以完成，也可以通过 Web 接口让最终用户部署资源。

（二）人工智能

Python 在人工智能领域内的机器学习、神经网络、深度学习等方面均已成为主流的编程语言。目前市面上大部分的人工智能代码，都是用 Python 来编写的，大量的模块与框架如 TensorFlow、Keras 等使得 Python 的优势得以强化，这也让 Python 更适用于人工智能领域。

（三）网络爬虫

当今用户对各类数据的需求越来越多，对数据进行有效的分析可为相关决策提供依据，爬虫技术作为一种自动收集数据的手段，有广阔的

微课：网络爬虫

应用。Python 有大量的 HTTP 请求处理库和 HTML 解析库，并且有成熟高效的爬虫框架 Scrapy 和分布式解决方案 scrapy-redis，于是 Python 成为广大用户进行数据采集的首选，同时，结合用户的实际情况，还可以将爬虫技术应用在网络舆情分析等领域中。

（四）数据分析

在数据分析方面 Python 可进行数据处理、数值计算、统计推断等工作。此外开发者将不可避免地将 Python 与其他开源/商业领域的特定编程语言或工具进行对比，如 R、MATLAB、SAS、Stata 等。但近年来，由于 Python 的库（如 Pandas、Scikit-Learn）不断改良，其逐渐成为数据分析任务的优选方案。本书后续将对常用的 Python 模块进行介绍。

（五）数据挖掘

数据挖掘的基本任务包括分类与预测、聚类分析、关联规则、奇异值检测和智能推荐等。通过完成这些任务，发现数据的潜在价值，指导商业和科研决策，给科学研究带来指导以及给商业带来新价值。Python 提供非常多的函数用来实现数据挖掘，所以是学习和开发数据挖掘算法的很好选择。

（六）数据可视化

数据可视化主要研究如何通过图形，展现数据中隐含的信息或者将令人乏味的数据变得生动有趣，更高效、更清晰地传达与沟通数据背后的信息。Python 中用于可视化的模块：Matplotlib、Plotly、Seaborn、Ggplot、Bokeh、Pyechart、Pygal。

（七）其他

Python 除了在大数据与云计算、人工智能、网络爬虫、数据分析、数据挖掘、数据可视化方面存在广泛应用外，也应用在其他领域，此处以应用开发与系统运维为例。

1. 应用开发

Python 可用于软件开发，在系统应用方面，使用 PyQt、PySide、wxPython、PyGTX 等模块，可快速开发桌面应用程序。

2. 系统运维

传统的网络运维方式多为人工检查，这种运维方式判断网络设备问题的依据是个人经验，因此，传统网络运维方式准确性低。但随着计算机网络的不断普及，网络内容和结构日益复杂，传统的网络运维方式已经无法满足运维的要求，而将 Python 设计语言应用于网络运维之中可以提高运维效率，降低运维成本。Python 在系统运维中具有以下特点。

（1）Python 具有较高的开发效率。

（2）Python 可以借助其他模块，提高运维的效果。此外，Python 的适用范围较广，且具备多种能力，将其作为依据编写的代码，可以在多种运维环境中使用。

（3）Python 可以为用户提供多种开发框架。运维人员可以利用 Python 代码编写运维脚本，提高自动化运维水平。

虽然 Python 拥有诸多优势，但在实际使用 Python 的过程中还存在一些不足。例如，运维人员在利用 Python 进行代码编写时，需要使用分号隔开多条命令，才能实现代码的连续编写。

二、Python 的常用模块

微课：Python 中的库与模块

在 Python 的官网中的帮助文档中，对"模块"的定义是包含 Python 定义和语句的文件。而之所以出现"模块"，则是为了方便维护程序，简化工作。

在实际应用中退出 Python 解释器后再次进入时，之前在 Python 解释器中定义的函数和变量就丢失了。因此，编写较长程序时，建议用文本编辑器代替解释器，执行文件中的输入内容，这就是编写"脚本"。如果程序很长，为了方便维护，最好把脚本拆分成多个文件。编写脚本还有一个好处，就是不同程序调用同一个函数时，不用每次把函数复制到各个程序。

为实现这些需求，Python 把各种定义存入一个文件，在脚本或解释器的交互式实例中使用。这个文件就是"模块"。模块中的定义可以导入其他模块或主模块（在顶层和计算器模式下，执行脚本中可访问的变量集）。

Python 有许多常用的模块，每个模块都有其特定的功能。以下是一些常用的模块。

（1）time 和 datetime 模块：time 模块用于提供时间相关的函数，如获取当前时间戳、时间格式化等；datetime 模块则提供了更丰富的日期和时间操作。

（2）random 模块：用于生成随机数，包括随机整数、随机浮点数等。

（3）os、sys 和 shutil 模块：os 模块用于与操作系统交互，如文件操作、环境变量等；sys 模块用于与 Python 解释器交互，如参数传递、系统信息获取等；shutil 模块提供了高级的文件操作，如复制、移动、删除等。

（4）json、pickle 和 shelve 模块：json 模块用于处理 JSON 格式的数据；pickle 模块用于序列化和反序列化 Python 对象结构；shelve 模块提供了简单的键值存储功能。

（5）hashlib 模块：用于提供各种哈希算法的实现，如 MD5、SHA1 等。

（6）subsprocess 模块：用于在 Python 中启动和管理子进程，支持多种通信方式。

（7）xml 和 yaml 处理：xml 和 yaml 模块提供了处理 XML 和 YAML 格式数据的工具。

（8）configparser 模块：用于解析配置文件，支持以 section 的方式存储配置信息。

（9）logging 模块：用于记录日志信息，支持多种日志级别、输出方式等。

（10）正则表达式 re 模块：用于处理正则表达式相关的操作，如匹配、查找、替换等。

以上是 Python 中常用的一些模块，每个模块都有其特定的功能和应用场景。通过使用这些模块，可以大大提高 Python 开发者的开发效率和代码质量。

📝 课堂探讨

小张认真梳理了 Python 的常见场景和常用模块，请根据这些梳理结果举例说明 Python 对人们日常生活的影响。

拓展训练

除了基础知识中提到的常见场景，请列举 Python 应用到的其他场景？

项目 4　应用 Python 进行商务数据分析

任务 4.3　Python 的常用库

■ 任务描述

小张发现 Python 是一种广泛使用的高级编程语言，拥有丰富的库和框架，覆盖了数据科学、Web 开发、自动化测试等多个领域，因此，想要更好的应用 Python，掌握常用库的主要作用和适用对象是必要的。

知识准备

一、Python 的库和模块的区别

模块是一个包含了代码的文件，可以通过 import 语句导入使用，是单独的代码单元。它可以包含变量、函数、类等定义，通常是一个独立的文件，以 .py 作为扩展名。模块的名称就是该 .py 文件的名称，可以被其他模块导入使用。

库是由多个相关的模块组合而成的，是一个更大的代码集合。库可能包含多个模块，每个模块都有特定的功能。库可以由多个模块组成，可以是一个文件夹或一个压缩文件。在 Python 中，具有某些功能的模块和包都可以被称作库。库的概念是具有相关功能模块的集合，Python 中的库着重强调其功能性。

总之，模块是构成库的基本单元，它们之间的关系是包含和被包含的关系。在实际使用中，可以通过导入模块或库来使用其中的函数、类等。如需了解更多关于两者的区别，可以查阅 Python 编程语言的官方文档或相关学习资料。

二、NumPy 库简介

NumPy 是 Python 的一个开源的数值计算扩展库，提供了多维数组对象、各种派生对象（如掩码数组和矩阵）等工具，可以用来存储和处理大型矩阵，比 Python 自身的嵌套列表结构要高效得多。NumPy 支持大量的维度数组与矩阵运算，也针对数组运算提供大量的数学函数库，包括数学、逻辑、形状操作、排序、选择、输入输出、离散傅里叶变换、基本线性代数、基本统计运算和随机模拟等。

Numpy 库主要是用于处理数组（矩阵）运算的，它提供了非常多功能实用的函数，最常见的功能：生成数组、查看数组大小、数组索引、数组元素计算、生成随机数。

三、Pandas 库基础

Pandas 库是 Python 的一个数据分析库，提供了高性能、易于使用的数据结构和大量函数和方法，可以快速便捷地处理数据。Pandas 的核心数据结构有两种，即一维数组的 Series 对象和二维表格型的 DataFrame 对象，所有的数据处理操作都是围绕这两种对象进

89

行的。Pandas 库基于 NumPy 库开发，可以与 Python 的科学计算库配合使用，极大地增强了 Python 的数据分析能力。Pandas 库在数据分析领域应用广泛，被用于金融、统计学、社会科学、建筑工程等多个领域。

Pandas 库的主要功能包括序列和数据表，以及可视化函数。Pandas 中的 plot( )，包括折线图、柱形图等。需要画不同的图，就用对应的函数，折线图为 line，箱线图为 box，还有许多其他的画图函数，在不同的情况下分析所需的展示形式。

四、Matplotlib 库基础

它提供了一组丰富的 API，用于绘制各种静态、动态、交互式的可视化图形，包括折线图、散点图、柱形图、饼图、直方图、箱形图、小提琴图等。Matplotlib 库是 Python 数据可视化的基础库之一，被广泛应用于数据分析和机器学习等领域。通常在导入后用 plt 命名它，如表 4-1 所示。

表 4-1　常用图形对应函数

图　形	函　数
柱形图	plt.bar( )
条形图	plt.barh( )
折线图	plt.line( )
饼图	plt.pie( )
散点图	plt.scatter( )

📝 课堂探讨

1. 了解 NumPY 库其功能。

2. 小张重新熟悉了 Python 的三个最常用库。请你比较 Pandas 库和 Matplotlib 库，讨论其适用情况。

☁ 拓展训练

在实训平台中，输入常见商务数据，分别画出折线图和饼图。

任务 4.4　Python 文件操作

■ 任务描述

小张查询相关网站发现，如果想要获取网站上的相关数据，需要通过一定的技术手段，如使用 Python 代码来对网站进行爬取。除了需要网络爬虫的相关知识外，还需要了解关于文件的知识和文件读写的操作，以及如果报错，如何找出问题并解决，于是他开始了关于文件的学习和实操。

知识准备

一、文件概述

文件是数据的集合和抽象,类似地,函数是程序的概念和抽象,用文件形式组织和表达数据更有效且更灵活。文件一般包含两种类型:文本文件和二进制文件,此处仅讨论文本文件。

文本文件一般由单一特定编码的字符组成,如 UTF-8 编码,内容易读写。大部分文本文件都可以通过文本编辑软件或文字处理软件进行创建、修改和阅读。

二、了解常见 Python 文件操作

Python 中常见的文件操作包括以下四种。

1. 打开文件

使用内置的 open() 打开文件,并返回一个文件对象。例如,要打开一个名为 example.txt 的文本文件,可以使用以下语句:

```
file = open('example.txt', 'r')
```

上述语句实现以只读模式打开文件,如果要写入文件,可以使用 'w' 模式。

2. 读取文件内容

使用 read() 读取文件内容。例如,要读取刚刚打开的 example.txt 文件的内容,可以使用以下语句:

```
content = file.read()
```

上述语句实现读取整个文件的内容,并将其存储在 content 变量中。

3. 写入文件内容

使用 write() 将内容写入文件。例如,要将一些文本写入刚刚打开的 example.txt 文件中,可以使用以下语句:

```
file.write('Hello, world!')
```

上述语句实现在文件的当前位置插入文本。如果要写入文件的开头或结尾,可以使用 seek() 移动文件指针。

4. 关闭文件

使用 close() 关闭文件。例如,要关闭刚刚打开的 example.txt 文件,可以使用以下语句:

```
file.close()
```

上述语句实现释放与文件相关的资源。另外,也可以使用 with 语句来自动关闭文件,

例如：

```
# 文件在 with 语句块结束时自动关闭
with open('example.txt', 'r') as file:
    content = file.read()
```

使用 with 语句可以简化文件关闭的过程，并确保在处理完文件后自动关闭文件。Python 文件操作对象的分类，如图 4-6 所示。

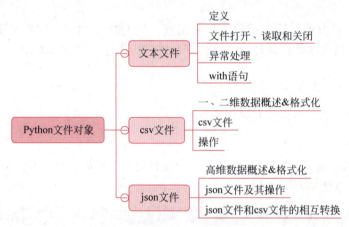

图 4-6　Python 文件操作分类

课堂探讨

小张简单温习了 Python 的常用文件操作内容，请结合上述内容谈谈 Python 文件操作包括哪些类型？

拓展训练

在实训平台中，如何爬取数据？

任务 4.5　使用 Python 采集数据

■ 案例背景

在简单梳理了 Python 文件的基本知识后，小张决定再了解一下应用 Python 采集数据的原理。他决定拿一个网站练手，先从获取网页端的具体内容开始，经过网查找后发现，获取网站数据需要用到 Python 的第三方库 Requests。

■ 任务要求

了解网络爬虫的分类、工作原理，以及 Requests 库的相关函数。

知识准备

一、认识网络爬虫

网络爬虫按照系统结构和实现技术，可以分为以下几种类型：通用网络爬虫（general purpose web crawler）、聚焦网络爬虫（focused web crawler）、增量式网络爬虫（incremental web crawler）、深层网络爬虫（deep web crawler）。实际的网络爬虫系统通常是几种爬虫技术相结合实现的。

（一）通用网络爬虫

通用网络爬虫又称全网爬虫（scalable web crawler），爬行对象从一些种子 URL 扩充到整个 Web，主要为门户站点搜索引擎和大型 Web 服务提供商采集数据。由于商业原因，它们的技术细节很少公布出来。这类网络爬虫的爬行范围和数量巨大，对爬行速度和存储空间要求较高，对爬行页面的顺序要求相对较低，同时由于待刷新的页面太多，通常采用并行工作方式，但需要较长时间才能刷新一次页面。虽然存在一定缺陷，但是通用网络爬虫适用于为搜索引擎搜索广泛的主题，有较强的应用价值。

通用网络爬虫的结构大致可以分为页面爬行模块、页面分析模块、链接过滤模块、页面数据库、URL 队列、初始 URL 集合几个部分。为提高工作效率，通用网络爬虫会采取一定的爬行策略。常用的爬行策略有以下两种。

（1）深度优先策略：按照网页深度由低到高的顺序，依次访问下一级网页链接，直到不能再深入为止。网络爬虫在完成一个爬行分支后，返回到上一链接节点进一步搜索其他链接。当所有链接遍历完后，爬行任务结束。这种策略比较适合垂直搜索或站内搜索，但爬行页面内容层次较深的站点时会造成资源的巨大浪费。

（2）广度优先策略：按照网页内容层次深浅来爬行页面，处于较浅层次的页面首先被爬行。当同一层次中的页面爬行完毕后，爬虫再深入下一层继续爬行。这种策略能够有效控制页面的爬行深度，避免遇到一个无穷深层分支时无法结束爬行的问题，实现方便，无须存储大量中间节点，不足之处在于需较长时间才能爬行到目录层次较深的页面。

（二）聚焦网络爬虫

聚焦网络爬虫又称主题网络爬虫（topical crawler），是指选择性地爬行那些与预先定义好的主题相关页面的网络爬虫。和通用网络爬虫相比，聚焦爬虫只需要爬行与主题相关的页面，极大地节省了硬件和网络资源，保存的页面也由于数量少而更新快，还可以很好地满足一些特定人群对特定领域信息的需求。

聚焦网络爬虫和通用网络爬虫相比，增加了链接评价模块以及内容评价模块。聚焦爬虫爬行策略实现的关键是评价页面内容和链接的重要性，不同的方法计算出的重要性不同，由此导致链接的访问顺序也不同。聚焦网络爬虫包含以下四种爬行策略。

（1）基于内容评价的爬行策略：DeBra 将文本相似度的计算方法引入网络爬虫中，提出了 Fish Search 算法，它将用户输入的查询词作为主题，包含查询词的页面被视为与主题相关，其局限性在于无法评价页面与主题相关度的高低。Herseovic 对 Fish Search 算法

进行了改进，提出了 Sharksearch 算法，利用空间向量模型计算页面与主题的相关度大小。

（2）基于链接结构评价的爬行策略：Web 页面作为一种半结构化文档，包含很多结构信息，可用来评价链接重要性。PageRank 算法最初用于搜索引擎信息检索中对查询结果的排序，也可用于评价链接重要性，具体做法就是每次选择 PageRank 值较大页面中的链接来访问。另一个利用 Web 结构评价链接价值的方法是 HITS 方法，它通过计算每个已访问页面的 Authority 权重和 Hub 权重，来决定链接的访问顺序。

（3）基于增强学习的爬行策略：Rennie 和 McCallum 将增强学习引入聚焦爬虫，利用贝叶斯分类器，根据整个网页文本和链接文本对超链接进行分类，为每个链接计算出重要性，从而决定链接的访问顺序。

（4）基于语境图的爬行策略：Diligenti 等提出了一种通过建立语境图（Context Graphs）学习网页之间的相关度，训练一个机器学习系统。通过该系统可计算当前页面到相关 Web 页面的距离，距离越近的页面中的链接越被优先访问。印度理工大学和 IBM 研究中心的研究人员开发了一个典型的聚焦网络爬虫。该爬虫对主题的定义既不是采用关键词也不是加权矢量，而是一组具有相同主题的网页。它包含两个重要模块：一个是分类器，用来计算所爬行的页面与主题的相关度，确定是否与主题相关；另一个是净化器，用来识别通过较少链接连接到大量相关页面的中心页面。

（三）增量式网络爬虫

增量式网络爬虫是指对已下载网页采取增量式更新，只爬行新产生的或者已经发生变化网页的爬虫。它能够在一定程度上保证所爬行的页面是尽可能新的页面。与周期性爬行和刷新页面的网络爬虫相比，增量式爬虫只会在需要时爬行新产生或发生更新的页面，并不重新下载没有发生变化的页面。这样可有效减少数据下载量，及时更新已爬行的网页，减少时间和空间上的耗费，但也同时增加了爬行算法的复杂度和实现难度。增量式网络爬虫的体系结构包含爬行模块、排序模块、更新模块、本地页面集、待爬行 URL 集以及本地页面 URL 集。

增量式爬虫有两个目标：保持本地页面集中存储的页面为最新页面和提高本地页面集中页面的质量。

为实现第一个目标，增量式爬虫需要通过重新访问网页来更新本地页面集中页面内容，常用的方法有：①统一更新法，即爬虫以相同的频率访问所有网页，不考虑网页的改变频率；②个体更新法，即爬虫根据个体网页的改变频率来重新访问各页面；③基于分类的更新法，即爬虫根据网页改变频率将其分为更新较快网页子集和更新较慢网页子集两类，然后以不同的频率访问这两类网页。

为实现第二个目标，增量式爬虫需要对网页的重要性排序，常用的策略：广度优先策略、PageRank 优先策略等。IBM 开发的 WebFountain 是一个功能强大的增量式网络爬虫，它采用一个优化模型控制爬行过程，并没有对页面变化过程做任何统计假设，而是采用一种自适应的方法根据先前爬行周期里爬行结果和网页实际变化速度对页面更新频率进行调整。北京大学的天网增量爬行系统旨在将网页分为变化网页和新网页两类，对其分别采用不同的爬行策略。为缓解对大量网页变化历史维护导致的性能瓶颈，它根据网页变化时间局部性规律，在短时期内直接爬行多次变化的网页；为尽快获取新网页，它利用索引型网页跟踪新出现网页。

（四）深层网络爬虫

Web 页面按存在方式可以分为表层网页（Surface Web）和深层网页（Deep Web，也称 Invisible Web Pages 或 Hidden Web）。表层网页是指传统搜索引擎可以索引的页面，以超链接的静态网页为主构成的 Web 页面。深层网页是那些大部分内容不能通过静态链接获取的、隐藏在搜索表单后的，只有用户提交一些关键词才能获得的 Web 页面，如那些用户注册后内容才可见的网页就属于 Deep Web。2000 年 Bright Planet 指出，Deep Web 中可访问信息容量是 Surface Web 的几百倍，是互联网上最大、发展最快的新型信息资源。

深层网络爬虫体系结构包含六个基本功能模块（爬行控制器、解析器、表单分析器、表单处理器、响应分析器、LVS 控制器）和两个爬虫内部数据结构（URL 列表、LVS 表），其中 LVS（Label Value Set）表示标签/数值集合，用来表示填充表单的数据源。

深层网络爬虫爬行过程中最重要部分就是表单填写，包含以下两种类型。

1. 基于领域知识的表单填写

此方法一般会维持一个本体库，通过语义分析来选取合适的关键词填写表单。Yiyao Lu 等提出一种获取 Form 表单信息的多注解方法，将数据表单按语义分配到各个组中，对每组从多方面注解，结合各种注解结果来预测一个最终的注解标签；郑冬冬等利用一个预定义的领域本体知识库来识别 Deep Web 页面内容，同时利用一些来自 Web 站点导航模式来识别自动填写表单时所需进行的路径导航。

2. 基于网页结构分析的表单填写

此方法一般无领域知识或利用有限的领域知识，将网页表单表示成 DOM 树，从中提取表单各字段值。Desouky 等提出一种 LEHW 方法，该方法将 HTML 网页表示为 DOM 树形式，将表单区分为单属性表单和多属性表单，分别进行处理；孙彬等提出一种基于 XQuery 的搜索系统，它能够模拟表单和特殊页面标记切换，把网页关键字切换信息描述为三元组单元，按照一定规则排除无效表单，将 Web 文档构造成 DOM 树，利用 XQuery 将文字属性映射到表单字段。

Raghavan 等提出的 HIWE 系统中，爬行管理器负责管理整个爬行过程，分析下载的页面，将包含表单的页面提交表单处理器处理。表单处理器先从页面中提取表单，从预先准备好的数据集中选择数据自动填充并提交表单，由爬行控制器下载相应的结果页面。

（五）抓取目标分类

抓取目标的描述和定义是网页分析算法与候选 URL 搜索策略如何制订的基础。而网页分析算法和候选 URL 排序算法是决定搜索引擎所提供的服务形式和爬虫网页抓取行为的关键所在。这两部分的算法又是紧密相关的。

现有聚焦网络爬虫对抓取目标的描述可分为基于目标网页特征、基于目标数据模式和基于领域概念三种。

二、网页搜索策略

网页的搜索策略可以分为广度优先搜索、最佳优先搜索和深度优先搜索三种。深度优先在很多情况下会导致爬虫的陷入（trapped）问题，目前常见的是广度优先和最佳优先方法。

（一）广度优先搜索

广度优先搜索策略是指在抓取过程中，在完成当前层次的搜索后，才进行下一层次的搜索。该算法的设计和实现相对简单。为覆盖尽可能多的网页，一般使用广度优先搜索方法。也有很多研究将广度优先搜索策略应用于聚焦网络爬虫中。其基本思想是认为与初始 URL 在一定链接距离内的网页具有主题相关性的概率很大。另一种方法是将广度优先搜索与网页过滤技术结合使用，先用广度优先策略抓取网页，再将其中无关的网页过滤掉。这些方法的缺点在于，随着抓取网页的增多，大量的无关网页将被下载并过滤，算法的效率将变低。

（二）最佳优先搜索

最佳优先搜索策略按照一定的网页分析算法，预测候选 URL 与目标网页的相似度，或与主题的相关性，并选取评价最好的一个或几个 URL 进行抓取。它只访问经过网页分析算法预测为"有用"的网页。该策略存在的一个问题是，在爬虫抓取路径上的很多相关网页可能被忽略，因为最佳优先策略是一种局部最优搜索算法。因此需要将最佳优先结合具体的应用进行改进，以跳出局部最优点。研究表明，这样的闭环调整可以将无关网页数量降低 30%~90%。

（三）深度优先搜索

深度优先搜索策略从起始网页开始，选择一个 URL 进入，分析这个网页中的 URL，选择一个再进入。如此一个链接一个链接地抓取下去，直到处理完一条路线之后再处理下一条路线。深度优先策略设计较为简单，然而门户网站提供的链接往往最具价值，PageRank 值也很高，但每深入一层，网页价值和 PageRank 值都会相应地有所下降。这暗示了重要网页通常距离种子链接较近，而过度深入抓取到的网页却价值很低。同时，这种策略抓取深度直接影响着抓取命中率以及抓取效率，抓取深度是该种策略的关键。相对于其他两种策略而言，此种策略很少被使用。

三、网络爬虫基本流程

（一）发起请求

通过 HTTP 库向目标站点发起请求，即发送一个 Request，请求可以包含额外的 headers 等信息，等待服务器响应。

（二）获取响应内容

如果服务器能正常响应，会得到一个 Response。Response 的内容便是所要获取的页面内容，类型可能有 HTML、JSON 字符串、二进制数据（如图片视频）等类型。

（三）解析内容

得到的内容可能是 HTML，可以用正则表达式、网页解析库进行解析；也可能是

JSON，可以直接转为 JSON 对象解析；可能是二进制数据，可以做保存或者进一步的处理。

（四）保存数据

保存形式多样，可以存为文本，也可以保存至数据库，或者保存特定格式的文件（如 csv/json/xlsx）。

四、获取网页内容

使用 Requests 请求的相关函数获取网页内容。

（1）Requests.get(url，timeout=n)：对应 HTTP 的 get() 获取网页内容，其中，timeout 设定每次请求的超时时间，单位秒。该函数将网页的内容封装成一个 Response 对象并返回。

（2）Requests.post(url，data={'key':'value'})：对应 HTTP 的 post()，其中，字典 data 用于传递客户端数据。

（3）其他函数如表 4-2 所示。

表 4-2　Requests 请求的其他函数

方　　法	说　　明
Requests.request()	构造一个请求
Requests.head()	获取 HTML 网页头信息，对应 HTTP 的 head
Requests.put()	向 HTML 网页提交 put 请求的方法，对应于 HTTP 的 put
Requests.patch()	向 HTML 网页提交局部修改的请求，对应于 HTTP 的 patch
Requests.delete()	向 HTML 网页提交删除请求，对应于 HTTP 的 delete

注：Requests.head() 为请求头，包含请求时的头部信息，如 User-Agent、Host、Cookies 等信息。

五、解析网页内容

使用 BeautifulSoup 库解析网页内容。BeautifulSoup 作为一个 Python 库，可以从 HTML 或 XML 文件中提取数据。它能够通过转换器实现文档导航、查找、修改文档的方式，这使得 BeautifulSoup 成为从网页抓取数据的理想工具。

BeautifulSoup 库的主要功能如下。

（1）解析 HTML 和 XML：BeautifulSoup 可以将 HTML 或 XML 文档转化为树形结构，每个节点都是 Python 对象，可以很方便地找到并修改文档中的节点。

（2）搜索和导航：BeautifulSoup 提供了一些强大的方法来查找和导航文档，如 find()、find_all()、find_parent() 和 find_parents() 等。

（3）修改文档：BeautifulSoup 也提供了修改文档的功能，可以通过修改找到的节点来改变文档的结构。

（4）生成输出：BeautifulSoup 可以将解析后的文档重新格式化成 HTML 或 XML，也可以将解析后的文档转换为其他格式，如 json。

在 Python 中使用 BeautifulSoup 可以方便地处理和提取网页数据，极大地简化了网络数据抓取和解析的工作。同时，它也有一些不足之处，如对于 JavaScript 生成的内容处理起来比较困难，需要配合其他工具如 Selenium 等使用。

HTML 建立的 Web 页面一般非常复杂，除了有用的内容信息外，还包括大量用于页面格式的元素。直接解析一个 Web 网页需要深入了解 HTML 语法，而且比较复杂。BeautifulSoup 4 库是 Python 中是一个非常有用的库，用于解析 HTML 和 XML 文档，将专业的 Web 页面格式解析部分封装成函数，提供了若干有用且便捷的处理函数，使得从复杂的 HTML 或 XML 文档中提取信息变得相对简单。

以下是 BeautifulSoup 4 库中常用的函数。

（1）find()：用于在解析的文档中找到一个元素。它需要两个参数：标签名称和标签属性。例如，如果想找到第一个 <a> 标签，可以使用 find('a')；如果想找到具有特定属性（如 href）的 <a> 标签，可以使用 find('a', href='example.com')。

（2）find_all()：类似于 find()，但它会返回所有匹配的元素，而不仅仅是第一个。例如，find_all('a') 将返回文档中所有的 <a> 标签。

（3）get_text()：用于提取文档中的所有文本。这对于获取整个页面的文本内容非常有用。

（4）prettify()：将解析的文档重新格式化，使其更易于阅读。这对于查看解析后的 HTML 或 XML 结构非常有用。

（5）select()：允许使用 CSS 选择器来查找元素。可以非常精确地定位到 HTML 或 XML 文档中的特定部分。

以上这些函数只是 BeautifulSoup 4 库功能的一部分，它还提供了许多其他功能，如修改文档、查找嵌套元素等。

任务实施

（1）使用 Edge 或 Chrome 浏览器打开任意网站（本任务打开的网站是某汽车团购网站官网的销量部分），在网站的任意空白处右击，选中"查看页面源代码"（或按 Ctrl+U 组合键打开），如图 4-7 所示，可以查看网页的源代码，找到所需要爬取的部分。

（2）Chrome 浏览器提供了一个非常便利的开发者工具，供广大 Web 开发者使用。该工具提供包括查看网页元素、查看请求资源列表、调试 JS 等功能。单击浏览器右上角处的三个点，选择"更多工具"，然后选择"开发者工具"（或使用按 Ctrl+Shift+I 组合键），显示的界面即是与页面元素一一对应的代码块。再选择开发者工具页面左上角的箭头图标，就可以通过选择所需要的模块去对应代码块中的内容，如图 4-8 所示。

图 4-7　查看页面源代码

项目 4　应用 Python 进行商务数据分析

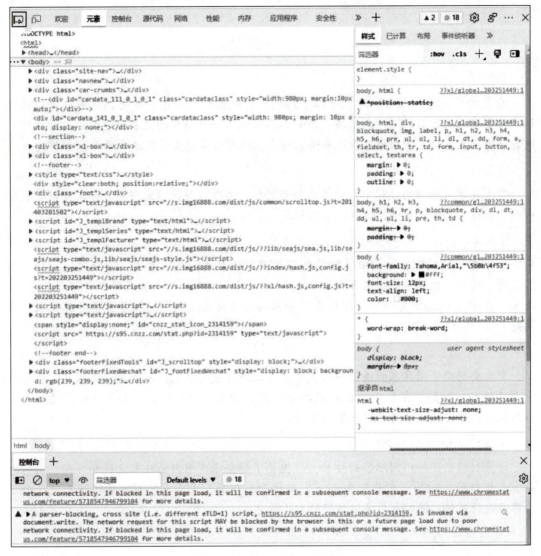

图 4-8　开发者工具操作示意图

课堂探讨

小张认为，了解应用 Python 采集数据的原理也是为了更好地理解实操，是很有意义的一件事。现要求：

1. 请谈谈你的观点。
2. 谈谈什么是遍历。

拓展训练

上网了解 cookie 协议。

◆ 素质提升加油站 ◆

1. 技术与人文

通过学习 Python 编程，学生可以了解到计算机编程的原理和技巧，同时也可以通过编程来实现人文问题的思考和解决。例如，通过编写一个简单的文本处理程序，学生可以更好地理解文学作品中的情感表达和语言特点，从而培养对文学艺术的欣赏和理解能力。

2. 创新与责任

学生在学习编程的过程中，要培养创新思维，不断寻找问题的解决方案。同时，也要明确使用技术时要遵守法律法规，不滥用技术。

3. 思辨与批判

学生在学习编程的过程中，要学会思考问题的本质和解决方法，不断追问为什么和怎么样。同时，他们也要具备批判思维的能力，对于他人的观点和代码进行评估和分析。例如，在学习 Python 算法时，学生要思考不同算法的优缺点，选择最合适的算法来解决问题。

4. 道德与伦理

学生要明确使用技术的道德底线，遵守互联网的使用规范，不传播虚假信息，不侵犯他人的隐私。例如，在学习 Python 数据分析时，学生要明确数据隐私保护的重要性，不滥用数据，不进行非法的数据收集和分析。

5. 全球视野与文化自信

计算机编程是一门国际性的技术，学生要了解全球范围内的技术发展和应用，同时也要有文化自信。例如，在学习 Python 图形界面编程时，学生要了解不同国家和地区的用户界面设计风格，同时也要展现我国的文化特色。

第 2 篇

商务数据分析流程

项目 5

大数据采集与清洗

 职业能力

- 能运用所学知识,做好大数据采集与清洗的全面准备工作;
- 掌握使用大数据采集工具采集所需数据;
- 能准确把握数据清洗的内容和目的。

 职业素养

- 能分析数据、定义清洗规则、搜寻并标识错误实例并纠正发现的错误;
- 具备数据清洗思维。

 项目重难点

项目内容	工作任务	建议学时	技能点	重 难 点	重要程度
大数据采集与清洗	任务 5.1 数据采集基础知识	2	陈述数据采集的要点以及数据源	数据采集的概念	★★★★☆
				数据采集的三大要点	★★★★★
				数据采集的数据源	★★★★★
	任务 5.2 认识数据采集工具与采集方法	2	利用软件工具或平台对数据进行数据采集	网络爬虫的功能和工作原理	★★★★★
				利用软件工具或平台对数据进行数据采集	★★★★☆
	任务 5.3 数据清洗	2	掌握数据清洗常规操作步骤	数据清洗相关知识	★★★☆☆
				数据清洗常规流程	★★★★★

任务 5.1 数据采集基础知识

■ 任务描述

小张即将应用公司购买的平台开展实际数据采集工作。他找到从前在校的任课老师，认真听讲并重温了数据采集的相关概念、要点，以及几类常见的数据源类型。

知识准备

一、数据采集的概念

数据采集又称数据获取，是使用特定的装置或技术，从系统外部或设备中收集数据并输入系统内部的过程。数据采集技术广泛应用在各个领域，如摄像头、麦克风，都是数据采集工具。在互联网行业快速发展的今天，数据采集技术已经被广泛应用于互联网及分布式领域。首先，分布式控制应用场景中的智能数据采集系统在国内外已经取得了长足的发展。其次，总线兼容型数据采集插件的数量不断增大，与个人计算机兼容的数据采集系统的数量也在增加。国内外各种数据采集机先后问世，将数据采集带入了一个全新的时代。

二、数据采集的三大要点

（一）全面性

数据采集的全面性是指采集到的数据应该数量足够多、范围足够广，以使数据量和数据面足够支撑数据分析。数据的来源广泛，包括内部数据库、外部公开数据、社交媒体、物联网设备等。为了获取更全面的数据，需要从多个来源获取数据，确保数据的多样性和代表性。同时，还需要关注不同来源数据的整合和兼容性，例如，对于"查看商品详情"这一行为，需要采集用户触发时的环境信息、会话以及用户 ID，最后还需要统计这一行为在某一时段触发的人数、次数、人均次数，计算出活跃比等。

（二）多维性

数据采集的多维性是指从多个角度、多个维度进行数据采集，以满足不同分析需求。在数据采集过程中，多维性体现在以下四个方面。

1. 采集指标的多样性

根据分析需求，数据采集的指标可能包括各种不同的度量，如销售额、客户数量、市场份额等。这些指标可以从多个维度进行采集，如时间维度、地域维度、产品维度等。

2. 采集数据的多样性

除了结构化数据，还可以采集非结构化数据，如文本、图像、音频等。这些数据可以从不同的角度提供更丰富的信息，帮助我们更全面地了解业务情况。

3. 采集来源的多样性

数据可以来自不同的来源，如内部数据库、外部公开数据、社交媒体、物联网设备等。通过从多个来源采集数据，可以获得更全面的数据视图，提高分析的准确性和有效性。

4. 采集时间的多样性

数据的采集时间可以是实时采集、定期采集或历史数据采集。根据分析需求，可以选择合适的时间段进行数据采集，以满足不同分析目标的要求。

例如，"查看商品详情"这一行为，通过埋点，才能知道用户查看的商品是什么，以及价格、类型、商品ID等多个属性，从而知道用户看过哪些商品、什么类型的商品被查看得多、某一个商品被查看了多少次，而不仅仅是知道用户进入了商品详情页。

（三）高效性

数据采集的高效性是指在进行数据采集时，能够以更快速、更准确、更稳定的方式获取所需数据。数据采集具有高效性，包含技术执行的高效性、团队内部成员协同的高效性以及数据分析需求和目标实现的高效性。也就是说，采集数据一定要明确采集目的，带着问题搜集信息，使信息采集更高效、更有针对性。此外，还应考虑数据的及时性。

三、数据采集的数据源

新一代数据体系中，将传统数据体系中没有考虑过的新数据源进行归纳与分类，可将其分为线上行为数据与内容数据两大类。其中，线上行为数据包括页面数据、交互数据、表单数据、会话数据等；内容数据包括应用日志、电子文档、机器数据、语音数据、社交媒体数据等。而大数据的主要来源则可以分为商业数据、互联网数据、传感器数据三大类。

（一）商业数据

商业数据是数据源的一种，主要来源于商业领域。这些数据可以包括各种类型的信息，如销售数据、库存数据、客户数据、市场趋势等。商业数据对企业来说具有非常重要的价值，因为它们可以帮助企业了解市场趋势、客户行为、销售情况等，从而更好地制订商业策略和决策。获取商业数据的方式有很多种，包括从企业内部数据库中提取数据、从第三方数据提供方购买数据、通过市场调研获取数据，或者从公司业务平台的日志文件以及业务处理系统中获取数据。

许多公司的业务平台每天都会产生大量的日志文件数据。日志文件数据一般由数据源系统产生，用于记录数据源的执行的各种操作活动，如网络监控的流量管理、金融应用的股票记账和Web服务器记录的用户访问行为。通过对这些日志信息进行采集，然后进行数据分析，就可以从公司业务平台日志数据中挖掘出具有潜在价值的信息，为公司决策和服务器平台性能评估提供可靠的数据保证。系统日志采集系统做的事情就是收集日志数据，用于离线和在线的实时分析。很多互联网企业都有自己的海量数据采集工具，多用于系统日志采集，如 Facebook 的 Scribe、Cloudera 的 Flume、Hadoop 的 Chukwa 等，这些工具均采用分布式架构，能满足每秒数百 MB 的日志数据采集和传输需求。

许多公司会使用传统的关系型数据库 MySQL 和 Oracle 等来存储业务系统数据，除此之外，Redis 和 MongoDB 这样的 NoSQL 数据库也常用于数据的存储。企业每时每刻产生的业务数据，以数据库的行记录形式被直接写入数据库中。企业可以借助 ETL（extract transform load）工具，把分散在企业不同位置的业务系统的数据，抽取、转换、加载到企业数据仓库中，以供后续的商务智能分析使用。通过采集不同业务系统的数据并统一保存到一个数据仓库中，就可以为分散在企业不同地方的商务数据提供一个统一的视图，满足企业的各种商务决策分析需求。

（二）互联网数据

互联网数据是数据采集的重要数据源之一。互联网数据包括各种在线服务、社交媒体、搜索引擎、新闻网站等产生的数据。这些数据涵盖了各种类型的信息，如用户行为、搜索关键词、网页浏览量、社交媒体互动等。通过互联网数据采集，可以获取大量的用户行为数据，了解用户的需求和偏好，从而帮助企业更好地了解市场动态和竞争情况，做出更加明智的决策。

※ **注意：** 互联网数据的采集需要借助网络爬虫等技术手段，从网页上采集非结构化数据，以结构化的方式存储。同时，对于数据的准确性和可靠性也需要进行充分的验证和处理。

（三）传感器数据

传感器数据是由感知设备或传感设备感受、测量及传输的数据。这些设备可以包括一个或多个传感器，实时和动态地收集大量的时序传感数据资源。在工作现场，会安装各种类型的传感器收集数据，如人身体数据、网络信号数据和气象数据等。

传感器对环境的适应能力很强，可以应对各种恶劣的工作环境。日常生活中，如温度计、传声器、DV 录像、手机拍照功能等都属于传感器数据采集的一部分，支持图片、音频、视频等文件或附件的采集工作。

课堂探讨

小张在老师的帮助下梳理了数据采集的相关知识，体会到数据源是数据采集的关键，也请谈谈你对各类数据源的理解。

拓展训练

请在互联网上查找有关数据采集的企业应用实例。

任务 5.2 认识数据采集工具与采集方法

■ 任务描述

小张在重点回顾数据采集的数据源后，要想获得有价值的数据，还必须有合适的数据采集工具与采集方法。本任务需要学生了解并掌握商业数据、互联网数据的采集工具及采集方法。

知识准备

一、日志收集系统

任务 5.1 中提到商业数据主要来源于公司业务平台的日志文件以及业务处理系统，如 Facebook 的 Scribe、Cloudera 的 Flume 和 Hadoop 的 Chukwa 等，接下来重点讲解这三种常用的日志收集系统。

（一）Scribe

Scribe 是一个分布式日志收集系统，它能够从各种日志源上收集日志，存储到一个中央存储系统（可以是 NFS、分布式文件系统等）上，以便进行集中统计分析处理。Scribe 为日志的"分布式收集、统一处理"提供了一个可扩展的、高容错的方案。当中央存储系统的网络或者机器出现故障时，Scribe 会将日志转存到本地或另一个位置，当中央存储系统恢复后，Scribe 会将转存的日志重新传输给中央存储系统。Scribe 通常与 Hadoop 结合使用，Scribe 用于向 HDFS 中推送日志，而 Hadoop 通过 MapReduce 作业进行定期处理。

Scribe 的体系架构主要包括以下五个部分。

（1）数据源：Scribe 可以从各种数据源上收集日志数据，如服务器、应用程序、网络设备等。

（2）Scribe 服务器：Scribe 的核心组件，负责接收来自数据源的日志数据，并将其存储到中央存储系统上。

（3）中央存储系统：Scribe 的存储组件，负责存储从 Scribe 服务器收集的日志数据。中央存储系统可以是分布式文件系统、NFS 等。

（4）数据传输：Scribe 使用 Thrift 框架进行数据传输。Thrift 是一个高效的远程过程调用（remote procedure call，RPC）框架，支持多种编程语言，并提供了跨语言的服务开发框架和应用运行环境。

（5）数据处理：Scribe 可以与 Hadoop 结合使用，将收集的日志数据通过 MapReduce 作业进行处理和分析。

（二）Flume

Flume 最早是 Cloudera 提供的日志收集系统，是 Apache 下的一个孵化项目。Flume 支持在日志系统中定制各类数据发送方，用于收集数据；同时，Flume 提供对数据进行简单处理，并写到各种数据接受方（可定制）的能力。Flume 提供了从 console（控制台）、RPC（Thrift-RPC）、text（文件）、tail（UNIX tail）、syslog（syslog 日志系统）、exec（命令执行）等数据源上收集数据的能力。Flume 主要由 Source、Channel、Sink 三个部分组成，这三部分共同构建了 Flume 的架构，实现了数据的采集、缓存和传输功能。

（三）Chukwa

Hadoop 是一个被业界广泛认可并加以应用的分布式存储和计算系统，很多大型企业都有其基于 Hadoop 的应用和扩展。当 1000 个节点以上的 Hadoop 集群变得常见时，Apache 推出了 Chukwa 系统用于数据采集与管理。Chukwa 是一个开源的、用于监控大型分布式系统的数据收集系统。这是构建在 Hadoop 的 HDFS 和 MapReduce 框架之上的，继承了 Hadoop 的可伸缩性和健壮性。Chukwa 还包含了一个强大和灵活的工具集，可用于展示、监控和分析已收集的数据。

Chukwa 主要部件包括：① agents，负责采集最原始的数据，并发送给 collectors；② adaptor，直接采集数据的接口和工具，一个 agent 可以管理多个 adaptor 的数据采集；③ collectors，负责收集 agents 收送来的数据，并定时写入集群中；④ map/reduce jobs，定时启动，负责把集群中的数据分类、排序、去重和合并；⑤ HICC，负责数据的展示相关设计。

二、网络爬虫

（一）Python 网络爬虫

网络爬虫是一个自动提取网页的程序，它为搜索引擎从互联网上下载网页，是搜索引擎的重要组成。传统网络爬虫从获得一个或若干个初始网页的 URL 开始，在抓取网页的过程中，不断从当前页面上抽取新的 URL 放入队列，直到满足一定的系统停止条件。聚焦网络爬虫是一种专注于特定内容或领域的爬虫，主要用于针对特定的主题进行网页抓取和信息收集，与通用爬虫相比更加有针对性和高效，可以更精确地获取特定主题的相关信息。其工作流程较为复杂，需要根据一定的网页分析算法过滤与主题无关的链接，保留有用的链接并将其放入等待抓取的 URL 队列，再根据一定的搜索策略从队列中选择下一步要抓取的网页 URL，并重复上述过程，直到满足系统的某一条件时停止。另外，所有被爬虫抓取的网页将会被系统存储，进行一定的分析、过滤，并建立索引，以便后续查询和检索。对于聚焦网络爬虫来说，这一过程所得到的分析结果还可能对以后的抓取过程给出反馈和指导。

（二）八爪鱼采集器

八爪鱼采集器是一款功能强大、操作简单的网页采集软件，可以满足各种采集需求，实现数据的自动化标准化采集和导出。它可以从不同网站中快速提取规范化数据，帮助用户实现数据的自动化采集、编辑以及规范化,降低工作成本。云采集是它的一大特色,相比其他采集软件,云采集能够做到更加精准、高效和大规模化。它通过模拟人的操作方式(如打开网页、单击网页中的某个按钮等)对网页数据进行全自动提取。

(三)集搜客采集器

集搜客采集器是一款简单易用的网页信息抓取软件,能够抓取网页文字、图表、超链接等多种网页元素。它同样可以通过简单可视化流程进行采集,服务于任何对数据有采集需求的人群。集搜客采集器由服务器和客户端两部分组成,服务器用来存储规则和线索(待抓网址),MS谋数台[①]用来制作网页抓取规则,DS打数机[②]用来采集网页数据。根据使用向导可对工作台进行设置,从而达到数据抓取的目的。

课堂探讨

通过对数据采集概念和要点的了解,小张感到选择数据采集工具也是一项重要决策。请结合本任务所学,比较三类网络爬虫在操作上的异同。

拓展训练

试用三类网络爬虫爬取同一数据源上的数据。

任务 5.3 数据清洗

■ 任务描述

小张回忆起数据清洗是一项非常重要的工作,而且往往操作内容多、用时长,是工作中的难点之一。他决定必须系统梳理数据清洗的相关知识、常见清洗步骤和操作流程。

知识准备

一、数据清洗的概念

数据清洗是一种对数据进行重新审查和校验的过程,目的在于将"脏数据"清洗干净。也就是通过数据清洗对数据进行审查和校验,发现不准确、不完整或不合理的数据,

---

① MS谋数台是定义抓取规则的软件工具。
② DS打数机负责采集网页数据,根据不同的使用方式分为四种窗口类型,分别是管理窗口、试抓窗口、集搜窗口、爬虫群窗口。

进而通过删除重复信息、纠正存在的错误等操作，最终保持数据的一致性、精确性、完整性和有效性，从而确保数据的质量，并为后续分析和可视化做准备。

二、"脏数据"的类型

"脏数据"最常见的有以下三种类型。

（一）残缺数据

残缺数据主要是一些缺失必要信息的数据，以及信息不一致造成的数据缺失，如供应方的名称、分公司的名称、客户的区域信息缺失，业务系统中主表与明细表不能匹配等。

（二）错误数据

错误数据是指在数据收集、处理或分析过程中出现的不准确、不完整或不一致的数据。常见的错误类型包括数据输入错误、数据处理错误（在数据处理过程中，由于算法或程序错误，导致数据计算结果不准确或出现异常值）、数据来源不一致（如数据来源不同、定义和测量方法不同等，导致数据对比和分析困难）。

（三）重复数据

重复数据是指在数据集中出现多次相同或相似的数据。重复数据的可能原因包括数据收集过程中重复输入、数据复制粘贴、数据合并（在多个数据源合并时，如果数据定义和测量方法不一致，可能会导致重复数据的出现）等。

总之，数据清洗是一个反复的过程，需要不断地发现问题、解决问题。

三、数据清洗的流程

数据清洗包括以下六部分。

（一）预处理阶段

数据预处理阶段主要是将数据导入处理工具，并查看数据。

（二）基础阶段的数据清洗

以残缺数据清洗为例，常见的清洗方法包括以下方法。

（1）插补方法：对于缺失的数据，可以采用插补方法进行填充。常用的插补方法有均值插补、中位数插补、回归插补等。这些方法都是基于已有的数据进行填充，可以保证数据的连续性和稳定性。

（2）删除法：如果缺失的数据量较大，且对分析结果影响较大，可以考虑删除含有缺失值的记录。但是这种方法可能会损失大量数据，因此需要谨慎使用。

（3）模型预测：对于缺失的数据，还可以利用已有的数据进行模型预测，对缺失值进行填补。常用的模型预测算法有回归分析、聚类分析、神经网络等。

（三）数据的格式内容清洗

如果数据是从系统日志中获取的，那么在格式和内容上采集的数据与元数据的描述保持一致。而如果数据是由人工收集或用户填写，则很可能在格式和内容上存在一些问题。常见的不一致性有如下三类。

1. 时间、日期、数值、全半角等显示格式不一致

该问题通常与输入端有关，在整合多来源数据时也有可能遇到。处理方式为将其整理成一致的某种格式。

2. 内容中含有不该存在的字符

例如，在姓名中存在数字符号、身份证号中出现汉字等问题。这种情况下，需要以"半自动校验、半人工"方式来找出可能存在的问题，并删除不需要的字符。

3. 内容与该字段应有内容不符

例如，在姓名栏中填写了性别，身份证号栏中填写了手机号等。此时不能简单地将错误数据进行删除，而需要对这类数据进行单独处理。造成这类问题的原因有：①人工填写错误；②前端没有校验；③导入数据时部分或全部存在列没有对齐的问题等，因此要详细识别问题类型，逐一进行处理。

（四）数据的逻辑错误清洗

这部分的工作是删掉一些使用简单逻辑推理就可以直接发现问题的数据，防止分析结果走偏。数据的逻辑错误清洗主要包含去重、去除不合理值以及修正矛盾内容。

1. 去重

当表格中出现两条或多条完全相同的数据时，应将重复值进行删除。

2. 去除不合理值

例如，用1~7级量表测量的变量出现了0值，体重出现了负数，都应视为超出正常值域范围。对这些不合理的数值应进行有针对性的删改。

3. 修正矛盾内容

有些字段是可以互相验证的。例如，许多调查对象说自己开车上班，又报告没有汽车；或者调查对象报告自己是某品牌的重度购买者和使用者，但同时又在熟悉程度量表上给了很低的分值。当发现不一致时，要列出问卷序号、记录序号、变量名称、错误类别等，便于进一步核对和纠正。

逻辑错误除了以上列举的情况，还有很多未列举的情况，在实际操作中要酌情处理。另外，这一步骤在之后的数据分析建模过程中有可能重复，因为即使问题很简单，也并非所有问题都能够一次找出。因此可以通过使用工具和方法，尽量减少问题出现的可能性，使分析过程更为高效。

（五）非需求数据清洗

在进行数据清洗时，人们往往会把看上去不需要但实际上对业务很重要的字段删除，又或者觉得某个字段有使用价值但不知如何使用，从而不知道是否该删除。此时，如果数据量没有大到不删该字段就无法处理，则能不删的字段尽量不删。此外，应该经常备份数

据，以免误删数据影响后续分析。

（六）数据关联性验证

如果数据有多个来源，则有必要进行关联性验证。例如，同时获得某品牌汽车的线下购买信息，以及相应汽车品牌的电话客服问卷信息，两者通过姓名和手机号关联。同一个人线下登记的车辆信息和线上问卷问出来的车辆信息如果不是同一辆，则该条数据需要调整或删除数据。

📝 课堂探讨

小张梳理了脏数据的常见类型和数据清洗常规流程，又回忆起数据清洗的常用工具正是之前在第一篇梳理的各类商务数据分析工具。请问还有哪些工具可以较方便地进行数据清洗？

☁ 拓展训练

试用 Excel 和 Power BI 进行数据清洗实操。

◆ 项目实训 1 商务数据采集 ◆

■ 实训背景

小张在学校老师的帮助下，经过一系列的复习和回顾，又可以熟练掌握并运用软件平台进行数据采集了，并且小张最近还接到了一个新的工作任务，需要他根据提供资料进行数据采集。

■ 实训要求

（1）熟悉常见的数据源和资料获取方式。
（2）了解常见的商务数据指标和分析方法。

📚 实训过程

一、登录虚拟仿真系统

在浏览器（建议使用谷歌浏览器）中输入本书提供的基于 Python 的虚拟仿真系统（以下简称虚拟仿真系统）网址，进入"大数据基础与实务课程实训平台"登录界面，如图 5-1 所示。

在登录界面中，输入账号、密码，单击"登录"按钮，或者通过微信扫码登录。单击"微信登录"按钮切换微信登录界面，进入虚拟仿真系统，如图 5-2 所示。

图 5-1 登录界面

案例背景

京东,中国自营式电商企业,创始人刘强东担任京东集团董事局主席兼首席执行官,旗下设有京东商城、京东金融、拍拍网、京东智能、O2O及海外事业部等。2013年正式获得虚拟运营商牌照。2014年5月在美国纳斯达克证券交易所正式挂牌上市。2015年7月,京东凭借高成长性入选纳斯达克100指数和纳斯达克100平均加权指数。2016年6月与沃尔玛达成深度战略合作,1号店并入京东。2017年4月25日,京东集团宣布正式组建京东物流子集团。2017年8月3日,2017年"中国互联网企业100强"榜单发布,京东排名第四位。2019年12月18日,人民日报发布中国品牌发展指数100榜单,京东排名第19位。2022年7月12日,2022年的《财富》中国500强排行榜出炉,京东排名第7位。

本实验案例选择京东作为研究对象,通过财务分析,挖掘京东近期的公司发展变化,判断京东在这几年经历的事件在财务报表中的变化。

案例思考

- 公开财务数据可以从哪里获取?获取方式包括哪些?
- 财务分析需要分析哪些指标?
- 每一指标的分析方法包括哪些?

图 5-2 进入虚拟仿真系统

二、数据采集具体操作

"京东"财务指标数据采集的操作步骤如下。

登录进入虚拟仿真系统后,选择项目"数据采集",进入"'京东'财务指标数据采集",如图 5-3 所示。

(1)单击图 5-3 所示的"2.3 技术需求转化"标签,打开图 5-4 所示界面,根据任务描述要求,对每一关键词填入正确的参数。

(2)单击图 5-3 所示的"2.4 需求实现"标签,查看完整代码,如图 5-5 所示。

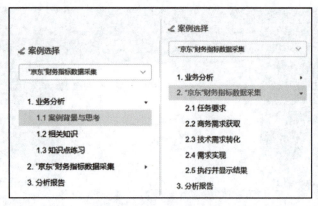

图 5-3 案例选择

图 5-4 "技术需求转化"界面

```
1   import xlwt
2   import requests
3   from parsel import Selector
4
5
6   def main_handler(event, context):
7       url = '根据MICD中的实际网址进行填写'
8       types = {'全部': 'zyzbTable', '年报': 'zyzbTable2', '单季报': 'zyzbTable3', '累计季报': 'zyzbTable4'}
9       html = requests.get(url).text
10      response = Selector(html)
11      workbook = xlwt.Workbook(encoding='utf-8-sig')
12      for ty in types.keys():
13          table = response.css(f'#{types[ty]} tr')
14          tr_1i = []
15          for tr in table:
16              tt = tr.css('td::text').extract()
17              tr_1i.append(tt)
18          sheet = workbook.add_sheet(f'{ty}')
19          for h in range(len(tr_1i)):
20              for l, da in enumerate(tr_1i[h]):
21                  sheet.write(h, 1, da)
22
23      workbook.save('[UserFolderPath]/学生自主命名.csv')
```

图 5-5 查看完整代码

（3）单击图 5-3 所示的"2.5 执行并显示结果"标签，查看代码执行结果。当执行状态为运行结束时，可在执行结果区域通过下载查看生成的表格，如图 5-6 所示。

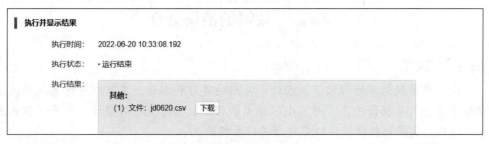

图 5-6　执行并显示结果

（4）生成的表格文件等还可在"数据中心"内进行下载。单击图 5-4 所示右上角的 按钮进入"数据中心"页面。在"项目名称"栏选择"数据采集"，在"案例名称"选择"'京东'财务指标数据采集"。如图 5-7 所示，单击"下载"按钮 ，将数据导出至本地。

图 5-7　导出数据

文件：导出数据结果　　　　文件：分析报告

课堂探讨

请大家讨论在熟悉平台操作的过程中，遇到了哪些困难，又是如何解决的。

拓展训练

1. 将采集的数据导入 Power BI 中，进行可视化呈现。
2. 思考如果要采集股票数据，数据一般来源于哪些地方？都具体包括哪些维度的数据？
3. 思考采用什么样的分析方法与指标才能体现分析行业产量的变化规律。
4. 思考哪里可以找到汽车产量的统计数据。
5. 国内新闻类网站有哪些？新闻类数据可以用来分析什么，一般使用怎样的分析方法？

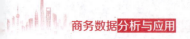

项目实训 2　商务数据清洗——"链家租房房源信息"数据的清洗处理

■ 实训背景

小张在学校老师的帮助下，经过一系列的复习和回顾，又可以熟练掌握并运用软件平台进行数据清洗了，并且小张重点回顾了数据清洗的必要性、常见流程和方法。这次，需要他根据提供给定资料进行数据清洗。

■ 实训要求

本案例将对采集到的"链家"平台数据进行数据清洗，以提升数据质量，为后续分析与可视化提供数据基础。

 实训过程

一、数据导入

登录虚拟仿真系统"大数据基础与实务课程实训平台"，在"项目选择"下拉列表中，选择"数据情况"，在"案例选择"下拉列表中，选择"链家租房数据清洗"，导入相关数据，如图 5-8 所示。

文件：原始数据

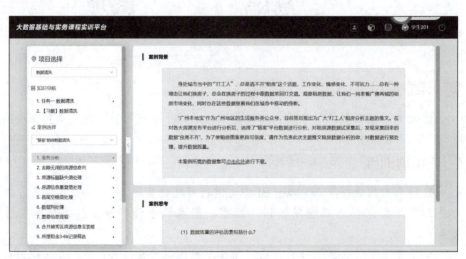

图 5-8　导入数据

二、数据清洗实操

图 5-9 所示包含数据清洗的常用步骤，除了"1.业务分析"外，依次操作并执行命令。

项目 5　大数据采集与清洗

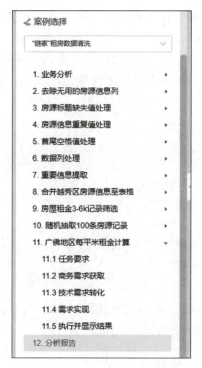

图 5-9　案例步骤及要求

任务一　**去除无用的房源信息列**

进入虚拟仿真系统后，在"项目选择"下拉列表中，选择"数据清洗"，阅读完"业务分析"标签中的内容后进入"去除无用的房源信息列"，具体任务要求如图 5-10 所示。

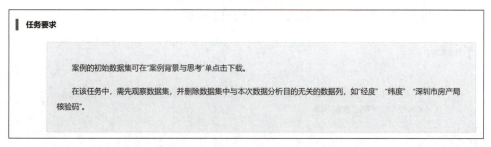

图 5-10　"去除无用的房源信息列"的任务要求

查看本案例的原始数据，可发现数据集中存在与本案例无关的内容。因此在该任务中，需要删除"链家租房源信息"数据集（单击可下载表格）中与本次数据分析目的无关的数据列，如"经度""纬度""深圳市房产局核验码"。

具体操作如下。

（1）单击 ![icon] 按钮进入"数据中心"页面；在"项目名称"栏中选择"数据清洗"，在"案例名称"下拉列表中选择"链家房源数据清洗"。可查看在该任务中生成的全部文件，通过下载或删除按钮可将选中文件导出至本地或删除。

117

☼ 说明：操作过程与项目实训 1 的操作大体一致，在此只进行简要描述，不展开进行详细描述。设置不同的表名时需使用不同的名称以示区别。

（2）单击当前任务名称，查看"任务要求"并完成"商务需求获取"题目。

（3）单击"技术需求转化"标签，根据任务描述要求，对每一关键词填入正确的参数，如图 5-11 所示。

文件：无用的信息列已被删除的结果

图 5-11　技术需求转化

（4）单击"需求实现"标签，查看完整代码。单击"执行并显示结果"按钮，查看代码执行结果。执行后会发现无用的信息列已被删除。

任务二　房源标题缺失值处理

通过查看删除无用数据后的数据集，观察数据集中表格可发现，"房源标题""房源上架""租赁方式""房型""楼层""面积""朝向""地铁""位置""房源介绍"列中均存在缺失情况，此时无法通过求均值等操作将缺失值填补完整。而缺失了"房源标题"信息的行数据往往也会缺失其他字段信息，这些异常情况都会对数据的质量造成影响，因此可删除房源标题为空的行数据，从而达到数据清洗的效果。

进入"房源标题缺失值处理"任务，如图 5-12 所示。

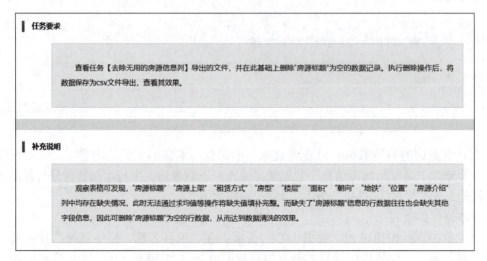

图 5-12　"房源标题缺失值处理"任务要求

实训具体操作类似任务一。

（1）单击当前任务名，查看任务要求并完成"商务需求获取"题目。

（2）在"技术需求转化"界面中，填写进行缺失值处理操作的相关参数，如图 5-13 所示。

图 5-13　技术需求转化

（3）单击"执行并显示结果"标签，执行代码并单击下载处理后的表格，查看表数据可知，原来的缺失值已被删除。

文件：缺失值已被删除的结果

任务三　房源信息重复值处理

进入"房源信息重复值处理"任务，如图 5-14 所示。

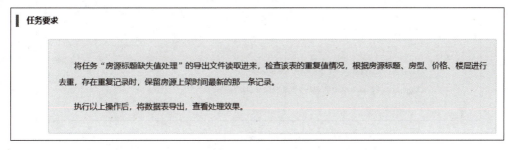

图 5-14　"房源信息重复值处理"任务要求

在该任务中，主要对"链家租房房源信息"表的重复值进行去重。由表可知，页面网址是表的主键（即每个数值都是唯一的），需查询页面网址是否有重复值。此外，对数据进行分析可知，在页面网址不同的情况下，房源还是存在较多的相同数据，可能不同"管家"重复上传了同一房源，所以需对房源标题进行查重。考虑可能存在同一小区同一栋楼的情况，加上"房型""价格""楼层"字段作为条件，判断房源数据是否重复。

具体操作如下。

（1）单击当前任务名，查看任务要求并完成"商务需求获取"题目。

（2）在"技术需求转化"窗口中，填写进行重复值去重操作的相关参数，如图 5-15 所示。

（3）单击"执行并显示结果"标签，执行代码并单击下载处理后的表格，通过高级筛选可知，表格内数据不存在重复值。

重复值去重结果

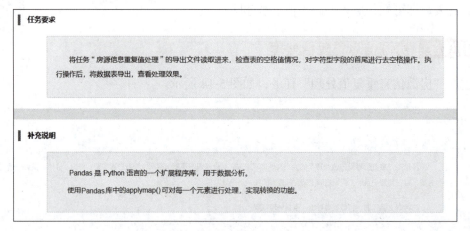

图 5-15　技术需求转化

任务四　首尾空格值处理

进入"首尾空格值处理"任务，如图 5-16 所示。

图 5-16　"首尾空格值处理"任务要求

在该任务中，主要对"链家租房房源信息"表的空格值进行去重。由于表中数据存在空格，为了让数据排列整齐，同时节省空间，对字符串类型的字段删除其首尾空格。

具体操作如下。

（1）单击当前任务名，查看任务要求并完成"商务需求获取"题目。

（2）在"技术需求转化"窗口中，填写进行空格删除操作的相关参数，如图 5-17 所示。

技术需求转化	
关键词	参数
处理重复值后的数据表表名	无重复值0620
对每一个数据进行处理	applymap
处理空格值后生成的新表名称	无空格值0620

图 5-17　技术需求转化

（3）执行代码，成功后，导出数据进行查看，可见首尾空格已被删除。

任务五　数据列处理

文件：首尾空格被删除结果

进入"数据列处理"任务，如图 5-18 所示。

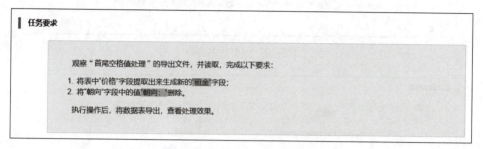

图 5-18　"数据列处理"任务要求

对数据进行简单处理后，可以看到，有些数据还是没办法直接使用的，如"价格"字段中的数据包括了"（月付价）、分享、关注的房源请在链家 App 中查看、关注"等无用数据，因此将价格中的金额单独提取处理，新增"租金"字段存储；"朝向"字段的值包括了"朝向："数据，为了更改直接对朝向这一字段进行分析，需删除此类脏数据。

具体操作如下。

（1）单击当前任务名，查看任务要求并完成"商务需求获取"题目。

（2）在"技术需求转化"窗口中，填写进行字段抽取操作的相关参数，如图 5-19 所示。

关键词	参数
处理空格值后的数据表表名	无空格值0620
新建"租金"列	租金
去除"朝向"列中的多余数据	朝向：
处理数据列后生成的新表名称	数据列处理后0620

图 5-19　技术需求转化

（3）执行代码，查看结果并导出数据。查看处理结果可知，表中"朝向"字段的脏数据已删除，同时新增了租金字段，作为具体的价格数值。

文件：数据列处理结果

任务六　重要信息提取

进入"重要信息提取"任务，如图 5-20 所示。

具体操作如下。

（1）单击当前任务名，查看任务要求并完成"商务需求获取"题目。

（2）在"技术需求转化"窗口中，填写进行记录合并操作的相关参数，如图 5-21 所示。

任务要求

在【数据列处理】的输出表格的基础上，观察发现"房源介绍"中含有较多信息需要提取：'维护', '入住', '电梯', '车位', '用水', '用电', '燃气', '租期', '看房', '配套设施'。而"页面网址"列中不存在重复值。

在当前任务中需提取这些信息，以"页面网址"为信息索引并临时保存在平台中。通过字段匹配的方式将提取的这些基本信息数据拼接回新表中，从而形成完整的数据集并导出，为后续数据分析与可视化提供高质量的数据。

图 5-20　重要信息提取

技术需求转化

关键词	参数
处理数据列后生成的数据表表名	数据列处理后0620
提取信息01	维护
提取信息02	入住
提取信息03	电梯
提取信息04	车位
提取信息05	用水
提取信息06	用电
提取信息07	燃气
提取信息08	租期
提取信息09	看房
提取信息10	配套设置
匹配字段	页面网址
被提取信息字段名	房源介绍
信息提取后生成的新表名称	提取后0620

图 5-21　技术需求转化

（3）执行代码，查看结果并导出数据，发现结果的表格右侧出现提取信息的列名称。

任务七　合并房源信息至表格

进入"合并越秀区房源信息至表格"任务，如图 5-22 所示。

文件：重要信息提取结果

任务要求

在任务【重要信息提取】的基础上，读取"链家租房房源信息（越秀区）"表，将两表进行合并，去除一些多余的信息后，合并数据存储到新表，执行操作后，将数据表导出，查看处理效果。

图 5-22　合并越秀区房源信息至表格

由于之前采集过广州越秀区的房源信息,为了方便后续的分析,将两张表合并起来。查看越秀区房源数据表可以发现,表格中存在部分无用数据,如"经度""纬度""深圳市房管局核验码",需要删除后形成完整的数据集,为后续数据分析与可视化提供高质量的数据。

具体操作如下。

(1)单击当前任务名,查看任务要求并完成"商务需求获取"题目。

(2)在"技术需求转化"窗口中,填写进行字段匹配操作的相关参数,如图5-23所示。

关键词	参数
信息提取后的数据表表名	提取后0620
无用信息01	经度
无用信息02	纬度
无用信息03	深圳市房产局核验码
数据合并后生成的新表名称	合并0620

图 5-23 技术需求转化

(3)执行代码,执行成功后,导出数据,查看数据合并成功。

任务八 房屋租金 3000 ～ 6000 元记录筛选

进入"房屋租金3000~6000元记录筛选"任务,如图5-24所示。

文件:合并越秀区房源信息至表格的结果

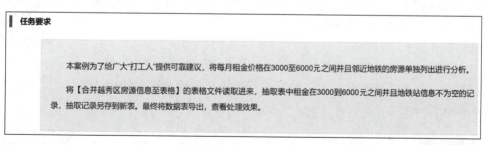

任务要求
本案例为了给广大"打工人"提供可靠建议,将每月租金价格在3000至6000元之间并且邻近地铁的房源单独列出进行分析。将【合并越秀区房源信息至表格】的表格文件读取进来,抽取表中租金在3000到6000元之间并且地铁站信息不为空的记录,抽取记录另存到新表。最终将数据表导出,查看处理效果。

图 5-24 房屋租金 3000 ～ 6000 元记录筛选

由于计划给预算在3000~6000元的"打工人"提供租房建议,将满足该条件的房源单独提取出来,同时,房源信息须包括地铁站信息,才能给"打工人"进行通勤时间判断提供支持。

具体操作如下。

(1)单击当前任务名,查看任务要求并完成"商务需求获取"题目。

(2)在"技术需求转化"窗口中,填写进行数据抽取操作的相关参数,如图5-25所示。

图 5-25 技术需求转化

（3）执行代码成功后，单击"查看结果"标签导出数据，可知筛选后满足条件的数据只有 56 条。

任务九 随机抽取 100 条房源记录

文件：房屋租金 3000～6000 元记录的筛选结果

进入"随机抽取 100 条房源记录"任务，如图 5-26 所示。

图 5-26 随机抽取 100 条房源记录

在数据分析中，为了查看数据的随机分布状况（如地铁、价格等），随机抽取 100 条存储到新表中进行分析。

具体操作如下。

（1）单击当前任务名，查看任务要求并完成"商务需求获取"题目。

（2）在"技术需求转化"中，填写进行随机记录抽取操作的相关参数，如图 5-27 所示。

文件：随机抽取 100 条房源记录

图 5-27 技术需求转化

（3）执行代码，查看结果并导出数据。

任务十　广佛地区每平方米租金计算

进入"广佛地区每平方米租金计算"任务,如图 5-28 所示。

任务要求

将【合并越秀区房源信息至表格】的导出文件读取进来,计算表中所有房源的每平方米租金(租金之和除以面积之和)。
执行操作后,导出数据表,查看计算结果。

图 5-28　广佛地区每平方米租金计算

通过计算,了解广佛地区的每平方米的租金。
具体操作如下。
(1)单击当前任务名,查看任务要求并完成"商务需求获取"题目。
(2)在"技术需求转化"窗口中,填写进行简单计算操作的相关参数,如图 5-29 所示。

技术需求转化

关键词	参数
任务九中生成的表名	请输入参数
字段1	请输入参数
求和函数	请输入参数
除法运算符	请输入参数
字段2	请输入参数

图 5-29　技术需求转化

(3)执行代码,执行成功后,查看结果,可知每平方米租金价格。

任务十一　分析报告

文件:数据清洗分析报告

导出分析报告,并在 Excel 中查看筛选后的房源信息表

📝 课堂探讨

在学校老师的帮助下,小张通过数据清洗实训项目再次巩固了数据清洗的常见流程和方法。对此,你是怎么理解的?

☁ 拓展训练

如果使用 Excel 或者 Power BI,怎样完成对链家租房数据的清洗?

拓展阅读

一、《互联网信息服务算法推荐管理规定》介绍

国家互联网信息办公室、工业和信息化部、公安部联合发布《互联网信息服务算法推荐管理规定》，自 2023 年 3 月 1 日起施行，用于规范算法提供方的行为。要求各类使用算法推荐机制的平台将用户的知情权、选择权和拒绝权有效落实在个性化广告推送业务中。例如，不得利用算法屏蔽信息、过度推荐和操纵榜单等干预信息呈现；不得根据消费者偏好、交易习惯等在交易条件上实施不合理的差别待遇；向用户提供不针对其个人特征的选项，或设置便捷的关闭方式；对算法推荐的进一步规范，意味着基于用户数据个性化广告的触达范围、点击率和传播效果等都会受到影响。

二、数据清洗与整理的实际应用与解决方案

（一）整数据清洗与整理的重要性

在数字化时代，海量的数据被不断地产生和积累，但这些数据往往存在着各种问题，如缺失数据、重复数据、错误数据等。这些问题不仅影响数据的质量，也会影响后续分析和决策的准确性。因此，进行数据清洗与整理是不可或缺的环节。

（二）数据清洗与整理的实际应用案例

1. 电商网站销售数据清洗与整理

对于一家电商网站来说，销售数据是其日常经营的核心内容。然而，这些销售数据往往包含着大量的错误和不一致之处。例如，商品名称的拼写错误、销售量为负值等。通过数据清洗与整理，可以将这些错误和不一致进行修正，从而提高数据的准确性和可用性。

2. 社交媒体用户数据清洗与整理

社交媒体平台上用户生成的数据庞大且多样化，但其中难免存在着大量的垃圾信息、假用户等。通过数据清洗与整理，可以剔除这些无效数据，保留真实有效的用户信息。这样可以提高社交媒体平台的用户质量和用户黏性。

（三）数据清洗与整理的解决方案

1. 数据清洗工具

目前市场上存在着多种数据清洗工具，如 OpenRefine、DataWrangler 等。这些工具提供了一系列的功能，如去除重复值、处理缺失值、格式规范化等。使用这些工具可以方便快捷地进行数据清洗与整理的操作。

2. 人工审核

除了工具的支持，人工审核仍然是数据清洗与整理的重要手段。在无法通过自动化工具进行处理的场景中，人工审核可以帮助发现和修复数据中的问题。通过人工审核，还可以集中专业知识和经验，对数据进行更深入的分析和处理。

3. 数据质量管理

在数据清洗与整理的过程中，建立数据质量管理体系是至关重要的。数据质量管理体系可以包括数据质量评估、数据质量监控、数据质量维护等环节。通过这些措施，可以有效地提升数据的质量和可用性。

总之，数据清洗与整理是保障数据质量的重要环节，广泛应用于各个领域。通过实际案例的分析，可以看出数据清洗与整理对于数据的准确性和可用性至关重要。在应用数据清洗与整理时，可以借助工具和人工审核的手段，同时建立数据质量管理体系，以保证数据质量的提升和数据处理结果的有效性。只有如此，数据才能发挥其应有的价值。

◆ 素质提升加油站 ◆

随着信息技术的快速发展，数据已经成为现代社会重要的资源。在数据采集与清洗的过程中，我们不仅需要关注技术层面的操作，还需要从思政的角度去思考和实践。

1. 实事求是的态度

数据采集与清洗需要实事求是的态度。数据的真实性和准确性是数据价值的基石，在采集和清洗数据时，我们要坚持客观、真实的原则，不夸大、不篡改，确保数据的真实性和准确性。

2. 数据质量的重要性

数据质量是数据采集与清洗的核心。高质量的数据是后续数据分析、挖掘和应用的基础。我们要高度重视数据质量，采取各种措施和方法，确保数据的准确性、完整性和一致性。

3. 责任与担当精神

在数据采集与清洗的过程中，我们需要有责任与担当精神。既要对自己的工作负责，又要对自己的行为负责。在出现问题时，要勇于承担责任，及时采取措施进行纠正和改进。

4. 持续改进的思想

数据采集与清洗是一个持续改进的过程。我们要不断反思和总结自己的工作，发现存在的问题和不足之处。同时，要积极学习和探索新的技术和方法，不断提高自己的能力和水平。

5. 遵守法律法规

在数据采集与清洗的过程中，我们必须遵守相关的法律法规和伦理规范。要尊重他人的权益和隐私，不侵犯他人的合法权益。同时，要关注数据的合规性和合法性，避免因违反法律法规而带来的风险和损失。

6. 团队合作意识

数据采集与清洗往往需要团队合作完成。我们要有强烈的团队合作意识，善于沟通、协调和合作。在团队中发挥自己的优势和特长，同时也要尊重他人的意见和建议，共同完成工作任务。

7. 追求卓越的精神

数据采集与清洗需要追求卓越的精神。我们要不断追求更高的标准和质量，努力提升自己的工作水平。同时，也要积极探索和创新，推动行业的进步和发展。

项目 6

大数据存储管理

 职业能力

- 能够区分传统的数据存储和管理技术与大数据时代的数据存储和管理技术；
- 熟悉常见的数据库管理软件：了解不同类型和版本的数据库管理软件的特点、使用方法，能够根据需要选择合适的软件进行数据存储管理。

 职业素养

- 养成对数据进行存储与管理的职业习惯；
- 养成对事物分析的客观、敏感的职业思维方式；
- 具备良好的沟通能力和团队合作能力：能够与其他技术人员和业务人员进行有效的沟通和协作，共同完成数据存储管理的任务。

项目重难点

项目内容	工作任务	建议学时	技能点	重难点	重要程度
大数据存储管理	任务 6.1 认识数据存储	2	三种存储方式的比较	数据存储的概念	★★★★☆
				数据存储的方式	★★★★★
				SAN 存储区域网络的应用场景	★★★★★
	任务 6.2 传统的数据存储管理	2	传统数据存储的工作原理	文件系统	★★★★★
				并行数据库	★★★★☆
	任务 6.3 大数据时代的数据存储管理	2	大数据时代数据存储工作原理与方法	分布式文件系统	★★★☆☆
				云数据库	★★★★★

任务 6.1　认识数据存储

■ 任务描述

自人类诞生以来,数据的存储就一直伴随在人们左右。早期原始人类采用结绳记事的方式实现数据的记录与存储;到了商代,人们利用甲骨文记录信息;西周和春秋时期则利用竹简作为信息记录的载体;再到东汉造纸术的发明,这些都体现了数据存储对人类生活的重要性。公元 1900 年至今,人们先后经历了机器打孔、电子存储计算器、在线数据库、关系型数据库、多类型数据处理五个阶段后,现如今正式进入了大数据处理阶段。

小张认为数据存储是比较好理解的一个部分,但还是需要对其概念、方式进行回顾。

一、数据存储的概念

数据存储是指数据流在加工过程中,产生的临时文件或加工过程中需要查找的信息。

数据以某种格式记录在计算机内部或外部存储介质上,常用的存储介质为磁盘,在磁盘上数据可按使用要求采用顺序存取或直接存取方式。数据存储方式与数据文件组织密切相关,其关键在于建立记录的逻辑与物理顺序间的对应关系,确定存储地址,以提高数据存取速度。数据存储要命名,这种命名则反映信息特征的组成含义。数据流反映了系统中流动的数据,表现出动态数据的特征;数据存储反映系统中静止的数据,表现出静态数据的特征。

广泛应用的硬盘可以存储大量的数据,但只能在室温下使用大约 10 年的时间。这是因为硬盘的磁能势垒较低,因此在一段时间后,其上面储存的信息就会逐渐丢失。

二、数据存储的方式

(一)直接附加存储

直接附加存储(direct attached storage,DAS)存储方式与普通的 PC 存储架构一样,外部存储设备都是直接挂接在服务器内部总线上,数据存储设备是整个服务器结构的一部分。

1. DAS 存储方式适用的环境

1)小型网络

因为网络规模较小,数据存储量小,复杂程度低,采用这种存储方式对服务器的影响不会很大。并且这种存储方式也十分经济,适合拥有小型网络的企业用户。

2）地理位置分散的网络

虽然企业总体网络规模较大，但在地理分布上很分散，通过其他方式在它们之间进行互联非常困难，此时各分支机构的服务器也可采用 DAS 存储方式，这样可以降低成本。

3）特殊应用服务器

在一些特殊应用服务器上，如微软的集群服务器或某些数据库使用的原始分区，均要求存储设备直接连接到应用服务器。

2. DAS 存储性能的提升

在服务器与存储的各种连接方式中，DAS 曾被认为是一种低效率的结构，而且也不方便进行数据保护。直联存储无法共享，因此经常出现的情况是某台服务器的存储空间不足，而其他一些服务器却有大量的存储空间处于闲置状态无法利用。如果存储不能共享，也就谈不上容量分配与使用需求之间的平衡。

DAS 结构下的数据保护流程相对复杂，如果做网络备份，那么每台服务器都必须单独进行备份，而且所有的数据流都要通过网络传输；如果不做网络备份，那么就要为每台服务器都配一套备份软件和磁带设备，所以说备份流程的复杂度会大大增加。想要拥有可用性高的 DAS 存储，就要首先能够降低解决方案的成本，例如，LSI 公司的 12GB/s SAS，在它有 DAS 直联存储，通过 DAS 能够很好地为大型数据中心提供支持。对于大型的数据中心、云计算、存储和大数据，所有这一切都对 DAS 存储性能提出了更高的要求，云计算、云存储和企业数据中心数据的爆炸性增长也推动了市场对于可支持更高速数据访问的高性能存储接口的需求，因而 LSI 公司的 12GB/s SAS 正好能够满足这种性能增长的要求。它可以提供更高的 IOPS（input/output operations per second，每秒进行读/写操作的次数）和更高的吞吐能力，12GB/s SAS 提高了更高的写入的性能，并且提高了 RAID（redundant arrays of independent disks，磁盘阵列）的整个综合性能。

（二）网络附加存储

网络附加存储（network attached storage，NAS）方式则全面改进了以前低效的 DAS 存储方式。NAS 是通过网线连接的磁盘阵列，具备磁盘阵列的所有主要特征：高容量、高效能、高可靠，是部件级的存储方法。NAS 将存储设备通过标准的网络拓扑结构连接到一群计算机上，所以 NAS 可以无须服务器直接联网。它不依赖通用的操作系统，而是采用一个面向用户设计的、专门用于数据存储的简化操作系统，内置了与网络连接所需的协议，因此使整个系统的设置和管理较为简单，是真正即插即用的产品。并且 NAS 的物理位置灵活，可放置在工作组内，也可放在其他地点与网络连接，管理容易且成本低。它采用独立于服务器，单独为网络数据存储而开发的一种文件服务器来连接所存储设备，再形成一个网络。这样数据存储就不再是服务器的附属，而是作为独立网络节点存在于网络之中，可由所有的网络用户共享。NAS 数据存储方式是基于现有的企业以太网而设计的，按照 TCP/IP 协议进行通信，以文件的 I/O 方式进行数据传输。

（三）存储区域网络

存储区域网络（storage area network，SAN）存储方式创造了存储网络化，顺应了计算机服务器体系结构网络化的趋势。SAN 的支撑技术是光纤通道（fiber channel，FC）

技术，是 ANSL 为网络和通道 I/O 接口建立的一个标准集成，具有更高的存储带宽，存储性能明显提高。SAN 的光纤通道使用全双工串行通信原理传输数据，传输速率高达 1062.5MB/s。FC 技术支持 HIPP、IP、SCSIIP、ATM 等各种高级协议，其最大特性是将网络和设备的通信协议与传输物理介质隔离开，这样各种协议可在同一个物理连接上同时传送。SAN 的硬件基础设施是光纤通道，用光纤通道构建的 SAN 由以下三个部分组成：①存储和备份设备，包括磁带、磁盘和光盘库等；②光纤通道网络连接部件，包括主机总线适配卡、驱动程序、光缆、集线器、交换机、光纤通道和 SCSI 间的桥接器；③应用和管理软件，包括备份软件、存储资源管理软件和存储设备管理软件。由于 SAN 采用了网络结构，扩展能力更强，光纤接口提供了 10 千米的传输距离，这使得在 SAN 模式下实现物理上分离的、不在本地机房的存储变得非常容易。

三、数据存储的方式比较

DAS、NAS 和 SAN 三种存储方式，存储应用最大的特点是没有标准的体系结构，这三种存储方式共存，互相补充，可以很好地满足企业信息化应用。

从连接方式上看，DAS 采用了存储设备直接连接应用服务器的方式，具有一定的灵活性和限制性；NAS 通过网络（TCP/IP、ATMFDD）技术连接存储设备和应用服务器，存储设备位置灵活，随着万兆网的出现，传输速率有了很大的提高；SAN 则是通过光纤通道技术连接存储设备和应用服务器，具有很好的传输速率和扩展性能。三种存储方式各有优势，相互依存，占到了磁盘存储市场的 70% 以上。相较而言，SAN 和 NAS 产品的价格仍然远远高于 DAS。

SAN 和 NAS 可共存于一个系统网络中，但 NAS 通过一个公共的接口实现空间的管理和资源共享，SAN 仅是为服务器存储数据提供一个专门的快速后方通道。在空间的利用上，SAN 和 NAS 也有不同之处，SAN 是只能独享的数据存储池，NAS 是共享与独享兼顾的数据存储池。因此，NAS 与 SAN 的关系也可以表述为：NAS 是网络外挂式，而 SAN 是通道外挂式。区分 SAN 与 NAS 最简单的方法是想象二者在技术上是如何实施的。NAS 通常是一个服务器群包括应用服务器、邮件服务器等，存储设备易于附加在这个系统上；SAN 多部署于电子商务应用中，大量的数据备份和其他业务需要在网络上频繁地存储和传输，它可以从主网上卸掉大量的数据流量，使以太网从数据拥塞中解脱出来。

在技术上比较，SAN 高效可控，NAS 简单灵活。客观地说，SAN 和 NAS 系统已经可以利用类似自动精简配置这样的技术来弥补早期存储分配不灵活的短板。然而，之前它们消耗了太多的时间来解决存储分配的问题，以至于给 DAS 留有足够的时间在数据中心领域站稳脚跟。

📝 课堂探讨

数据存储方式的变化给人们的生活带来了哪些变化？

☁ 拓展训练

简述你所了解的生活中数据存储的情形。

任务 6.2　传统的数据存储管理

■ 任务描述

小张认为，海量、异构的数据不仅改变人们的生活，也带来了数据存储技术的变革与发展。在传统的数据存储中用到的管理技术也体现了对于数据存储的管理理念，所以他也想梳理一下传统的数据存储管理都包含了哪些内容。

知识准备

一、文件系统

文件系统是操作系统用于明确存储设备（常见的是磁盘，也有基于 Nand-flash 的固态硬盘）或分区上文件的方法和数据结构，即在存储设备上组织文件的方法。系统中负责管理和存储文件信息的组织称为文件管理系统，简称文件系统，它由文件系统的接口、对对象操纵和管理的软件集合、对象及属性三部分组成。从系统角度来看，文件系统是对文件存储设备的空间进行组织和分配，负责文件存储并对存入的文件进行保护和检索的系统。具体地说，它负责为用户建立文件，存入、读出、修改、转储文件，控制文件的存取，当用户不再使用时撤销文件等。

二、关系数据库

目前市场上常见的关系数据库软件包括 Oracle、SQL Server、MySQL、DB2 等。一个关系数据库可以看成是许多关系表的集合，每个关系表可以看成一张二维表格，如表 6-1 所示。

表 6-1　学生信息表

学　　号	姓　　名	性　　别	年　　龄	考试成绩 / 分
95001	张三	男	21	88
95002	李四	男	22	95
95003	王梅	女	22	73
95004	林莉	女	21	96

关系数据库的特点具体体现在以下几个方面。

（一）存储方式

关系数据库采用表格的存储方式，数据以行和列的方式进行存储，读取和查询都十分方便。

（二）存储结构

关系数据库按照结构化的方法存储数据，每个数据表的结构都必须事先定义好（如表的名称、字段名称、字段类型、约束等），然后根据表的结构存入数据。这样做的好处就是，由于数据的形式和内容在存入数据之前就已经定义好了，所以，整个数据表的可靠性和稳定性都比较高；但是带来的问题就是，数据模型不够灵活，一旦存入数据后，如果需要修改数据表的结构就不太方便。

（三）存储规范

关系数据库为了规范化数据、减少重复数据以及充分利用好存储空间，把数据按照最小关系表的形式进行存储，这样数据管理就可以变得很清晰。当存在多个表时，表和表之间通过主外键关系发生关联，并通过连接查询获得相关结果。

（四）扩展方式

关系数据库将数据存储在数据表中，当同时进行多张数据表操作时数据操作的瓶颈就会出现，而且数据表越多这个问题越严重。如果要缓解这个问题，只能提高处理能力，也就是选择速度更快、性能更高的计算机。这样虽然具有一定的拓展空间，但是拓展空间是非常有限的，一般关系型数据库只具备有限的纵向扩展能力。

（五）查询方式

关系数据库采用结构化查询语言（structured query language，SQL）来对数据库进行查询。结构化查询语言是高级的非过程化编程语言，允许用户在高层数据结构上工作。它不要求用户指定数据的存放方法，也不需要用户了解具体的数据存放方式，所以各种具有完全不同底层结构的数据库系统，可以使用相同的结构化查询语言作为数据输入与管理的接口。结构化查询语言语句可以嵌套，这使关系数据库具有极大的灵活性和强大的功能性。

（六）事务性

关系数据库可以支持事务的ACID特性，即原子性（atomicity）、一致性（consistency）、隔离性（isolation）、持久性（durability）。当事务被提交给了数据库管理系统（database management system，DBMS），则DBMS需要确保该事务中的所有操作都成功完成，且其结果被永久保存在数据库中。如果事务中有的操作没有成功完成，则所有操作都需要被回滚，回到事务执行前的状态，从而确保数据库状态的一致性。

（七）连接方式

不同的关系数据库产品都遵守一个统一的数据库连接接口标准，即ODBC（open database connectivity），其显著优点是，用它生成的程序与具体的数据库产品无关，这样可以为数据库用户和开发人员屏蔽不同数据库异构环境的复杂性。ODBC提供了数据库访问的统一接口，为应用程序实现与平台的无关性和可移植性提供了基础，因而获得了广泛的支持和应用。

三、数据仓库

数据仓库（data warehouse）是一个面向主题的、集成的、相对稳定的、反映历史变化的数据集合，用于支持管理决策。

（一）面向主题

关系型数据库的数据组织面向事务处理任务，而数据仓库中的数据是按照一定的主题域进行组织。主题是指用户使用数据仓库进行决策时所关心的重点方面，一个主题通常与多个操作型信息系统相关。

（二）集成

数据仓库的数据来自分散的数据，所需要的数据需从原来的数据中抽取出来，进行加工与集成、统一与综合之后才能进入数据仓库。

（三）相对稳定

数据仓库是不可更新的，主要是为决策分析提供数据，所涉及的操作主要是数据的查询。

（四）反映历史变化

在构建数据仓库时，会每隔一段时间（如每周、每天或每小时）从数据源中抽取数据并加载到数据仓库中。一个典型的数据仓库系统通常包含数据源、数据存储和管理、OLAP 服务器、前端工具和应用四个部分。

> **小贴士**
>
> OLAP 服务器（联机分析处理）是共享多维信息的、针对特定问题的联机数据访问和分析的快速软件技术，常用于数据仓库系统。

四、并行数据库

并行数据库是指那些在无共享体系结构中进行数据操作的数据库系统。这些系统大部分采用了关系数据模型并且支持 SQL 语句查询，但为了能够并行执行 SQL 的查询操作，系统中采用了两项关键技术：关系表的水平划分和 SQL 查询的分区执行。并行数据库系统的目标是高性能和高可用性，它通过多个节点并行执行数据库任务，以提高整个数据库系统的性能和可用性。

并行数据库系统的主要缺点是没有较好的弹性，但这种特性对中小型企业和初创企业是有利的。人们在对并行数据库进行设计和优化时，认为集群中节点的数量是固定的，若需要对集群进行扩展和收缩，则必须为数据转移过程制订周全的计划。这种数据转移的代价是昂贵的，并且会导致系统在某段时间内不可访问，而这种较差的灵活性直接影响到并行数据库的弹性以及现用现付类商业模式的实用性。

并行数据库的另一个缺点是系统的容错性较差。过去人们认为节点故障是个特例，并不经常出现，因此系统只提供事务级别的容错功能，如果在查询过程中节点发生故障，那么整个查询都要从头开始重新执行。这种重启任务的策略使得并行数据库难以在拥有数以千个节点的集群上处理较长的查询，因为在这类集群中节点的故障经常发生。

基于以上分析，并行数据库只适合资源需求相对固定的应用程序。但总体来说，并行数据库的许多设计原则为其他海量数据系统的设计和优化提供了比较好的借鉴价值。

📝 课堂探讨

思考一下传统存储管理存在哪些局限？

☁ 拓展训练

简述你所了解的传统数据存储的形式。

任务 6.3　大数据时代的数据存储管理

■ 任务描述

存储本身就是大数据的一个很重要的组成部分。随着大数据技术的到来，对于结构化、半结构化、非结构化的数据存储呈现出新的要求，特别是对统一存储的要求也有了新的变化。大数据集容易消耗巨大的时间和成本，从而造成非结构化数据的崩塌。换句话说，如果没有合适的大数据存储方式，就不能轻松访问或部署大量数据。

小张重点回顾了大数据时代的新型数据存储管理。

📚 知识准备

一、分布式文件系统

分布式文件系统（distributed file system）是一种通过网络实现文件在多台主机上进行分布式存储的文件系统。计算机通过文件系统来管理、存储数据，而信息爆炸时代，人们可以获取的数据呈指数级的增长，因此仅仅通过增加硬盘个数来扩展计算机文件系统的存储容量，这种方式在容量大小、容量增长速度、数据备份、数据安全等方面的表现都不尽如人意。

分布式文件系统可以有效解决大数据的存储和管理难题：将固定于某个地点的某个文件系统，扩展到任意多个地点、多个文件系统，众多的节点组成一个文件系统。每个节点可以分布在不同的地点，通过网络进行节点间的通信和数据传输。人们在使用分布式文件系统时，无须关心数据是存储在哪个节点或者是从哪个节点获取的，只需像使用本地文件系统一样管理和存储文件系统中的数据即可。

分布式文件系统是建立在客户机、服务器技术基础之上的，一个或多个文件服务器与客户机文件系统协同操作，这样客户机就能够访问由服务器管理的文件。分布式文件系统的发展大体上经历了三个阶段：第一阶段是网络文件系统；第二阶段是共享 SAN 文件系统；第三阶段是面向对象的并行文件系统。

分布式文件系统把大量数据分散到不同节点上进行存储，大大减小了数据丢失的风险。分布式文件系统具有冗余性，部分节点的故障并不影响整体的正常运行，而且即使出现故障的节点中存储的数据已经损坏，也可以由其他节点将损坏的数据恢复出来。因此，安全性是分布式文件系统最主要的特征。分布式文件系统通过网络将大量零散的计算机连接在一起，形成一个巨大的计算机集群，使各主机均可以充分发挥其价值。此外，集群之外的计算机只需要经过简单地配置，就可以加入分布式文件系统中，从而实现极强的可扩展能力。

二、NewSQL 和 NoSQL 数据库

（一）NewSQL 数据库

NewSQL 数据库是对各种新的可扩展、高性能数据库的简称，这类数据库不仅具有对海量数据的存储管理能力，还保持了传统数据库支持 ACID 和 SQL 等特性。

微课：文件系统、数据库等区别

（二）NoSQL 数据库

NoSQL 数据库是一种不同于关系数据库的数据库管理系统设计方式，是对非关系型数据库的统称。它所采用的数据模型并非传统关系数据库的关系模型，而是类似键/值、列族、文档等非关系模型。

NoSQL 数据库没有固定的表结构，通常也不存在连接操作，也没有严格遵守 ACID 约束，因此，与关系数据库相比，NoSQL 数据库具有灵活的水平可扩展性，可以支持海量数据存储。

三、云数据库

互联网数据中心（Internet data center，IDC）预言，大数据将按照每年 60% 的速度增加，其中包含结构化和非结构化数据。如何方便、快捷、低成本地存储这些海量数据，是许多企业和机构面临的一个严峻挑战。云数据库就是一个非常好的解决方案，目前云服务提供方正通过云技术推出更多可在公有云中托管数据库的方法，将用户从烦琐的数据库硬件定制中解放出来，同时让用户拥有强大的数据库扩展能力，满足海量数据的存储需求。此外，云数据库还能够很好地满足企业动态变化的数据存储需求和中小企业的低成本数据存储需求。可以说，在大数据时代，云数据库将成为许多企业数据的目的地。

📝 课堂探讨

比较传统的数据存储与管理技术与大数据时代的数据存储与管理技术，两者的异同。

☁️ 拓展训练

请在互联网上查找有关大数据时代数据存储与管理技术的应用实例。

◆ 项目实训　使用百度网盘存储服务 ◆

■ 实训背景

网盘是一种在线存储服务，能为用户提供存储、访问、备份、共享等文件管理功能。自2012年百度推出百度网盘之后，各大互联网公司陆续推出了自己的网盘服务，如腾讯微云、金山快盘、华为网盘等，网盘服务极大地方便了信息化时代人们的生活。

将数据存储在云端是一件非常方便的事情，小张时常听同学们说起百度云，但在实际使用过程中却发现"百度云"与"百度网盘"并不等同。

■ 实训要求

了解"百度云"与"百度网盘"的区别，并使用百度网盘完成相应文件上传与下载操作。

实施指导

一、百度云与百度网盘的区别

百度云于2015年正式对外开放运营，是基于百度公司多年技术沉淀打造的智能云计算品牌，致力于为用户提供全球领先的人工智能、大数据和云计算服务。其凭借先进的技术和丰富的解决方案，全面赋能各行业，加速产业智能化。百度云为金融、城市、医疗、客服与营销、能源、制造、电信、文娱、交通等众多领域的领军企业提供服务，包括中国联通、国家电网、南方电网、浦发银行、成都高新减灾研究所、央视网、携程、四川航空等诸多客户。2019年4月，百度云品牌全面升级为"百度智能云"。

百度网盘（原百度云）是百度公司推出的一项云存储服务，已覆盖主流 PC 和手机操作系统，包含 Windows 版、Mac 版、Android 版和 iPhone 版。用户可以轻松地将自己的文件上传到百度网盘上，并可跨终端随时随地查看和分享。

由此可见，百度网盘是一项面向个人的云存储服务，而百度云不仅包含了数据存储功能还包含其他云服务。

二、百度网盘的功能

百度网盘是百度面向个人用户的网盘存储服务。为满足用户工作生活各类需求，已上线的产品包括网盘、个人主页、群组功能、通讯录备份、相册、人脸识别、文章、记事本、短信和信息同步等，具体有以下功能。

（一）网盘

百度网盘提供多元化数据存储服务，支持最大 2TB 容量空间，用户可自由管理网盘存储文件。

（二）个人主页

个人主页提供个性化分享功能，用户可通过关注功能获得好友分享动态，实现文件共享。

（三）群组功能

百度网盘推出多人群组功能，既能够点对点，也可以一对多、多对多的直接对话。

（四）相册

用户可以通过云相册来便利地存储、浏览、分享、管理自己的照片，用照片记录和分享生活中的美好。

（五）人脸识别

百度网盘不仅能实现图片智能分类、自动去重等功能，还能以图搜图，在海量图片中精准定位目标。

（六）通讯录备份

百度网盘手机 App 提供通讯录同步、短信备份功能。iPhone 用户可实现通讯录同步；Android 用户可同步通迅录，备份恢复手机短信。

（七）手机找回

手机找回为百度网盘 Android 版独有功能。用户设置找回功能后，在手机遗失时，可通过百度网盘 Web 版在线锁定手机避免信息泄露，同时可发出警报、追踪定位提升手机找回的可能性。

（八）信息同步

用户需要在 Android 手机上安装百度网盘 App，同时在 PC 端安装百度网盘 PC 版。当百度网盘 App 和百度网盘 PC 版中的"发现—手机忘带"功能同时处于开启状态时，手机上的通信信息能自动同步到百度网盘 PC 版。用户通过百度网盘 PC 版发起需求，即可查询近三天手机上的通话记录、短信。

（九）记事本

百度网盘具有网络记事功能，支持文字、图片、语音三种类型记事。可在线编辑文档，直接保存至百度网盘。

（1）在浏览器中输入百度网盘网址，并登录百度网盘。可选用账号密码登录，也可通过扫描二维码的方式进行登录，进入百度网盘用户首页。

（2）单击"上传"按钮将已准备好的文件"演示文稿.pptx"上传至网盘中。

（3）将鼠标光标移至想要下载的文件，单击"..."按钮，选择"下载"，既可将该文件下载至本地，也可通过该方法对文件进行管理，如移动或复制到其他文件夹、重命名与删除。

 课堂探讨

请登录百度智能云网站，了解相关云服务及相应产品。

 拓展训练

请上网查询其他云服务（如腾讯云）的相关资料。

拓展阅读

一、数据存储管理应用

（一）需求分析

需求分析是数据存储管理的第一步，需要深入了解企业的业务需求和数据类型，确定数据存储的需求量、数据增长量、数据访问频率和数据安全性要求等。通过对企业业务需求和数据类型的分析，可以确定存储系统的性能要求、存储容量和可靠性要求等。

（二）数据模型设计

数据模型设计是数据存储管理的核心环节，需要根据需求分析的结果设计数据模型，包括逻辑模型和物理模型：逻辑模型需要考虑数据的结构、关系和约束条件等；物理模型需要考虑数据的存储方式、存储格式和存储介质等。设计良好的数据模型可以提高数据存储的效率和管理性。

（三）存储硬件选择

存储硬件是数据存储的基础设施，需要根据数据模型和性能要求选择合适的存储硬件。需要考虑的因素包括存储设备的容量、性能、可靠性和可扩展性等。此外，还需要考虑存储设备的可维护性和成本效益等因素。选择合适的存储硬件可以提高数据存储的可靠性和性能。

（四）存储软件配置

存储软件是实现数据存储的核心软件，需要根据数据模型和硬件环境进行配置。配置内容包括文件系统、卷管理器、快照技术、备份恢复软件等。此外，还需要考虑软件的兼容性、可扩展性和安全性等因素。配置合理的存储软件可以提高数据存储的效率和可靠性。

（五）数据备份与恢复

数据备份与恢复是数据存储管理的重要环节，需要建立完善的数据备份和恢复机制，以保障数据的可靠性和完整性。备份策略需要根据数据的重要性和业务需求进行制定，可以采用全量备份、增量备份或差异备份等方式。恢复策略需要根据备份策略进行制定，可以采用冷备份、热备份或温备份等方式。同时，还需要定期进行备份和恢复演练，以确保备份和恢复策略的有效性。

（六）数据安全保障

数据安全保障是数据存储管理的重要方面，需要采取多种措施保障数据的机密性、完整性和可用性。

二、华为存储解决方案

华为为全球用户提供可靠、高效的存储解决方案，广泛应用于各个行业和领域。以下是华为存储解决方案的详细介绍，包括硬件架构、软件功能、集成与兼容性、可扩展性、安全性、高可用性、节能环保和专业服务等方面。

（一）硬件架构

华为存储解决方案采用先进的硬件架构，包括高性能处理器、高速缓存和冗余组件等，确保系统稳定可靠。此外，华为存储解决方案还支持多种RAID级别数据保护技术，以满足不同用户的需求。

（二）软件功能

华为存储解决方案提供丰富的软件功能，包括数据备份、恢复、压缩、加密和快照等。这些功能可以帮助用户提高数据的安全性和可靠性，同时降低存储成本。此外，华为存储解决方案还支持各种主流操作系统和文件系统，方便用户进行数据管理和维护。

（三）集成与兼容性

华为存储解决方案具有强大的集成与兼容性，支持多种协议和接口，如 NFS、CIFS、iSCSI 和 FCP 等，方便用户进行数据共享和迁移。此外，华为存储解决方案还支持与其他华为产品和解决方案的集成，为用户提供更加完善的解决方案。

（四）可扩展性

华为存储解决方案具有良好的可扩展性，支持在线扩容和横向扩展，方便用户根据业务需求进行灵活配置。此外，华为存储解决方案还支持自动精简配置和自动容量均衡等功能，帮助用户实现高效的数据管理和存储。

（五）安全性

华为存储解决方案注重数据的安全性，采用多种安全措施和技术，如数据加密、访问控制和安全审计等，确保数据的机密性和完整性。此外，华为存储解决方案还支持各种安全协议和标准，满足用户对数据安全的不同需求。

（六）高可用性

华为存储解决方案具备高可用性，采用负载均衡、容错和热备份等技术，确保系统的稳定运行和数据的安全性。此外，华为存储解决方案还支持多种冗余配置和故障切换功能，降低系统故障对业务的影响。

（七）节能环保

华为存储解决方案注重节能环保，采用低功耗硬件和智能散热技术，减少能源消耗。此外，华为存储解决方案还支持自动休眠和唤醒等功能，进一步提高能源利用效率。

（八）专业服务

华为提供全面的专业服务体系，包括售前咨询、方案设计、安装调试、售后支持和培训等。华为的专业服务团队具备丰富的经验和技能，能够为用户提供高效、专业的服务支持。

总之，华为存储解决方案在硬件架构、软件功能、集成与兼容性、可扩展性、安全性、高可用性、节能环保和专业服务等方面具有显著的优势。选择华为存储解决方案，用户可以获得可靠、高效的数据存储和管理体验。

三、企业级数据容灾解决方案

（一）方案目标与原则

企业级数据容灾解决方案旨在确保企业在面临各种灾难性事件时，能够快速、准确地恢复数据，最小化业务中断，保障企业的持续运营。方案的设计和实施需遵循以下几点原则。

（1）数据安全原则：确保数据的安全性和完整性，防止数据丢失或损坏。
（2）高可用性原则：提供高可用性的数据存储和管理，确保业务连续性。
（3）灾难恢复原则：制订和实施灾难恢复计划，以应对不可抗力事件。
（4）经济有效性原则：在保证数据安全和业务连续性的前提下，尽量降低成本。

（二）数据备份与恢复

为确保数据的可靠性和完整性，企业需要建立完善的数据备份与恢复机制。备份策略应包括全量备份、增量备份和差异备份等多种方式，以适应不同场景的需求。同时，应定期进行备份数据的验证和恢复演练，确保备份数据的可用性和恢复流程的有效性。

（三）高可用性设计

高可用性设计是保障企业业务连续性的关键。通过采用分布式架构、负载均衡、数据冗余等技术手段，降低单点故障的风险。此外，应定期进行系统健康检查和性能优化，确保系统的稳定性和可用性。

（四）灾难恢复计划

制订详细的灾难恢复计划，明确各部门的职责和操作流程。灾难恢复计划应包括数据备份与恢复、系统恢复、业务恢复等多个方面，并根据企业的实际情况进行定期的演练和更新。

（五）测试与验证

为确保企业级数据容灾解决方案的有效性，需要进行充分的测试与验证。测试内容应包括备份数据的恢复、系统故障的切换、灾难恢复计划的演练等，以确保解决方案在真实场景中的可靠性和有效性。

（六）数据安全与隐私保护

在数据存储和管理过程中，应采取必要的安全措施，防止数据泄露和未经授权的访问。同时，应严格遵守相关的法律法规和政策要求，确保数据的合规性和隐私保护。

（七）人员培训与组织文化

为提高员工的数据安全意识和技能水平，应定期进行数据安全培训和技能提升课程教学。同时，应建立重视数据安全的企业文化，明确各级员工在数据安全方面的职责和要求，增强全员的参与意识。

（八）持续监控与优化

实施持续的数据监控机制，及时发现和处理潜在的安全隐患和性能问题。根据业务发展和系统变化，定期对解决方案进行评估和优化，确保其始终能反映企业的实际需求和应对不断变化的业务环境。

（九）投资回报率评估

企业级数据容灾解决方案是一项长期的投资，需对其投资回报率进行全面评估。通过对比实施前后企业在数据安全、业务连续性等方面的表现，以及相应的成本投入，综合评估解决方案的经济效益和社会效益。同时，根据评估结果，不断优化解决方案，以提高投资回报率。

◆ 素质提升加油站 ◆

1. 保护国家信息安全

大数据时代，数据已经成为国家重要的战略资源。数据存储的安全性直接关系到国家信息安全，因此需要加强对数据存储的监管和管理，防止数据泄露和被攻击。

2. 促进社会公平正义

数据存储的应用涉及社会各个领域，如医疗、教育、金融等。在这些领域中，数据存储的公正性和透明度是维护社会公平正义的重要保障。因此，在数据存储过程中，需要遵循法律法规和伦理规范，确保数据的公正性和透明度。

3. 培养公民信息素养

数据存储和信息处理技术的发展，要求人们具备更高的信息素养。公民信息素养的提高有助于人们更好地应对信息社会的挑战，提高信息处理能力和应对信息安全风险的能力。

4. 弘扬社会主义核心价值观

数据存储技术的发展为弘扬社会主义核心价值观提供了新的途径和方式。通过数据存储技术，可以将社会主义核心价值观融入各种数字产品和信息服务中，传播正能量，引导社会风尚。

总之，数据存储不仅是一种技术手段，过程中更体现了一种社会责任和担当。在数据存储过程中，需要充分考虑到其对社会、国家、公民等方面的影响，以实现数据存储的可持续发展和社会价值的最大化。

项目 7

大数据挖掘与分析

 职业能力

- 能够掌握数据挖掘和机器学习的含义；
- 能够掌握大数据处理与分析技术；
- 会运用数据挖掘技术解决实际问题。

 职业素养

- 养成对大数据挖掘和分析的职业习惯；
- 养成对事物分析的客观、敏感的职业思维方式。

 项目重难点

项目内容	工作任务	建议学时	技能点	重难点	重要指数
大数据挖掘与分析	任务 7.1 运用数据挖掘与机器学习算法	2	数据挖掘技术	数据挖掘的概念和流程	★★★★☆
				数据挖掘的分类	★★★★★
				机器学习的方法	★★★☆☆
	任务 7.2 运用大数据分析技术	2	大数据分析模型	数据模型	★★★★★
				业务模型	★★★☆☆

任务 7.1　运用数据挖掘与机器学习算法

■ 任务描述

小张经常去超市购物,他发现在购物清单上列举的某些商品可能会被超市理货员摆放在相邻的区域。例如,面包柜台旁边会摆上黄油、面条柜台附近一定会有老干妈等。这样的物品摆放会让他的购物过程更加快捷、轻松。

若想知道哪些商品该摆放在一起,用户在购买某一个商品的情况下购买另一个商品的概率有多大,诸如此类的问题,这就要利用关联数据挖掘的相关算法来解决。

知识准备

《中华人民共和国国民经济和社会发展第十四个五年规划和 2035 年远景目标纲要》提出,迎接数字时代,激活数据要素潜能,推进网络强国建设,加快建设数字经济、数字社会、数字政府,以数字化转型整体驱动生产方式、生活方式和治理方式变革。未来,智能数据挖掘将不断深入人民生产、生活各个领域和环节,全面助力数字中国建设。

一、数据挖掘

(一)数据挖掘的概念

数据挖掘又称知识发现,是指从大量的数据中通过算法搜索隐藏于其中的信息的过程。数据挖掘通常与计算机科学有关,并通过统计、在线分析处理、情报检索、机器学习、专家系统和模式识别等诸多方法来实现上述目标,其体系如图 7-1 所示。

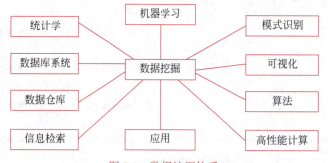

图 7-1　数据挖掘体系

微课:数据挖掘

数据挖掘是一门涉及面很广的交叉技术,在处理各种问题时,只有清楚了相关业务逻辑才可以将遇到的问题转换为相应的数据挖掘问题。数据挖掘的处理过程一般包括数据预处理、数据仓库与联机分析处理,使用各种算法(主要是机器学习的算法)进行挖掘以及最后的评估工作。

简单来说，数据挖掘是一系列的数据处理过程，最终的目的是从数据中挖掘出想要的或者意外收获的信息。

（二）数据挖掘的流程

数据挖掘的一般流程如下。

（1）数据清理：消除噪声和删除不一致数据。

（2）数据集成：将多种数据源组合在一起。

（3）数据选择：从数据库中提取与分析任务相关的数据。

（4）数据变换：通过汇总或聚集操作，把数据变换、统一成适合挖掘的形式。

（5）数据挖掘：使用一定的模型算法提取数据模式。

（6）模式评估：根据某种兴趣度量，识别代表知识的真正有趣的模式。这一过程涉及对从数据集中发现的不同模式进行评估和分析，以确定哪些模式对特定的应用或业务问题是真正有趣和有价值的。

（7）知识表示：使用可视化和知识表示技术，向用户提供挖掘的知识。数据挖掘被视为知识发现过程的一个步骤。

（三）数据挖掘的分类

1. 直接数据挖掘

直接数据挖掘目标是利用可用的数据建立一个模型，这个模型是对剩余的数据，即一个特定的变量进行描述。

2. 间接数据挖掘

间接数据挖掘的目标中没有选出某一具体的变量，而是在所有的变量中建立起某种关系。

（四）数据挖掘技术的实现

在技术上可以根据数据挖掘工作过程分为：数据的抽取、数据的存储和管理、数据的展现等关键技术。

1. 数据的抽取

数据的抽取是数据进入仓库的入口。数据仓库是一个独立的数据环境，需要通过抽取过程将数据从联机事务处理系统、外部数据源、脱机的数据存储介质中导入数据仓库。数据抽取在技术上主要涉及互连、复制、增量、转换、调度和监控等几个方面的处理。

2. 数据的存储和管理

数据仓库的组织管理方式决定了它有别于传统数据库的特性，也决定了其对外部数据的表现形式。数据仓库管理所涉及的数据量比传统事务处理大得多，且随时间的推移而快速累积。在数据仓库的数据存储和管理中需要解决的是如何管理大量的数据、如何并行处理大量的数据、如何优化查询等。

3. 数据的展现

数据展现的主要方式有如下几种。

（1）查询：实现预定义查询、动态查询、OLAP 查询与决策支持智能查询。

（2）报表：产生关系数据表格、复杂表格、OLAP 表格、报告以及各种综合报表。

（3）可视化：用易于理解的点线图、直方图、饼图、网状图、交互式可视化、动态模拟、计算机图形技术表现复杂数据及其相互关系。

（4）统计：进行平均值、最大值、最小值、期望、方差、汇总、排序等各种统计分析。

（5）挖掘：利用数据挖掘等方法，从数据中得到关于数据关系和模式的知识。

（五）数据挖掘的应用

1. 市场营销领域

1）目标市场

市场营销学者们曾提出应当把消费者看作一个特定的群体，这样的群体被称为目标市场。通过市场细分，有利于明确目标市场，然后有针对性地应用市场营销策略，满足目标市场的需要。

数据挖掘能帮助市场营销人员进行市场分析，开拓市场，确定公司的目标市场，准确制订市场营销活动，使营销活动更能满足顾客的需求以及对商品的期望。如果顾客的数据信息比较完整，数据挖掘可以模拟实际的顾客行为，找出与当前营销问题相符的模型，辅助制订有效的营销计划。

2）交叉销售

交叉销售在传统银行业和保险业等领域的作用最为明显，因为消费者在购买这些产品或服务时必须提交真实的个人资料。这些数据一方面可以作为市场调研的基础，从而有针对性地为顾客提供更多更好的服务；另一方面也可以在保护用户个人隐私的前提下，将这些用户资源与其他具有互补型产品的企业共享，有针对性地开展营销活动。

采用数据挖掘相关技术手段，一方面可以发现能给企业带来最大利润的顾客群；依据数据统计和顾客的消费模型，可以发展和保持与这些顾客的关系，既能发现他们的现有需求，也能预测他们的未来需求并加以满足，使这些顾客群带给企业的利润达到最大化。另一方面，由数据挖掘得到的信息可以扩展顾客对公司产品和服务的需求；依据关联分析，顾客的现有消费需求可能会产生与此相关的其他需求，企业如果能满足这些扩展需求，就能在现有的顾客利润基础上找到新的利润点。

2. 风险管理领域

1）用户风险来源分析

用户风险是指因借款人或交易对手违约而导致损失的可能性。假定可将用户风险分为高管风险、股权风险、财务风险、担保风险、行业风险、政策风险、法律风险、价格风险八类风险。对用户风险数据从上述八类风险维度进行主成分分析和聚类分析，可得到用户风险的主要来源，从而有针对性地进行风险防范。

2）存款外流风险分析

存款外流是指由于储户提取现金或要求支付而引起的存款减少。存款外流会影响银行的流动性管理和负债管理。假设主要的存款来源有企业存款、财政存款、事业单位存款、同业存款、特种存款、其他存款六种。影响存款外流的因素包括利率政策、汇率、股票价格、房地产价格、企业投资情况、渠道、存款品种、存款利率、贷款便利性、激励机制、营销活动十一种。运用因子分析法建立模型，估算影响存款外流的主要因素，从而有针对性地进行存款营销活动，增加相应的存款。

3. 文本挖掘

文本挖掘是指从大量文本数据中抽取事先未知的、可理解的、最终可用的知识的过程，同时运用这些知识更好地组织信息以便将来参考。直观地说，当数据挖掘的对象完全由文本这种数据类型组成时，这个过程就称为文本挖掘，文本挖掘也称为文本数据挖掘。

1）社交媒体文本分析

各大社交媒体，如新浪微博，小红书、抖音等是大多数非结构化数据的聚集地，企业可以使用这些非结构化数据去分析和预测用户需求并了解用户对其品牌的看法。通过分析大量非结构化数据，能够提取意见，了解情感和公司产品之间的关系，以帮助公司的发展。

2）垃圾信息过滤

日常生活中常见的垃圾信息有手机诈骗短信、骚扰短信、电子邮件中的广告邮件等。文本挖掘可以有效地识别有用信息的需求，自动对短信、电子邮件等进行分类，帮助用户更好地专注于对自己有价值的信息上，而不需要为无关的内容耗费精力。同时，该技术也降低了用户被"骚扰"或被"欺骗"的系统风险。

3）文本情感分析

文本情感分析又称意见挖掘、倾向性分析等，是对带有情感色彩的主观性文本进行分析、处理、归纳和推理的过程。互联网上产生了大量针对各个人物、各类型事件、各类产品等有价值的评论信息，这些评论信息表达了人们的各种情感色彩和情感倾向性，如喜、怒、哀、惧、憎、忧等。政府部门可以通过舆情监控系统对敏感事件进行监控，防止事态进一步扩大造成不良影响，企业可以通过浏览这些主观色彩的评论来了解大众舆论对于某产品的看法，便于后续开展相关工作。

二、机器学习

（一）机器学习的概念

机器学习是一种涉及概率论、统计学、逼近论、凸分析、算法复杂度理论等多门学科的多领域交叉技术。它是人工智能的核心，也是使计算机具有智能的根本途径，其应用遍及人工智能的各个领域。利用机器学习的模型算法，可以从现实世界的海量数据里提炼出有价值的知识、规则和模式，并应用到前台系统，辅助业务的进行。例如，用户推荐、预测结果、精准分类等，使业务能产生更大的效益。

（二）机器学习的几种主要方法

1. 监督学习

监督学习（supervised learning）是指利用一组已知类别的样本调整分类器的参数，使其达到所要求性能的过程，也被称为监督训练或有导师训练。

微课：监督学习与非监督学习

2. 无监督学习

在无监督学习（unsupervised learning）中，数据并不被标识，学习模型是为了推断出数据的一些内在结构。

3. 半监督学习

半监督学习（semi-supervised learning）是监督学习与无监督学习相结合的一种机器学习方法，主要考虑如何利用少量的标注样本和大量的未标注样本进行训练和分类的问题。其主要算法有五类：①基于概率的算法；②在现有监督算法基础上做修改的方法；③直接依赖于聚类假设的方法；④基于多视图的方法；⑤基于图的方法。

4. 强化学习

强化学习（reinforcement learning）不像监督学习，输入数据仅仅作为一个检查模型对错的方式，而将输入数据作为对模型的反馈。在强化学习下，输入数据直接反馈到模型，模型必须对此立刻做出调整。常见的应用场景包括动态系统、机器人控制等。强化学习常见算法有 Q-learning、PPO（proximal policy optimization）算法。

三、数据挖掘和机器学习的异同

（一）相同点

数据挖掘和机器学习都使用数据，都用于解决复杂的问题，并且均属于数据科学的范畴。机器学习有时被用作进行数据挖掘的一种手段，因此部分人将这两个术语互换使用，这两个概念之间的界限不是很明显。

（二）不同点

1. 产生时间

数据挖掘出现于 20 世纪 30 年代，比机器学习早 20 年。机器学习首次出现在棋盘游戏程序中，它最初被称为数据库中的知识发现。而在某些领域，数据挖掘仍然被称为数据库的知识发现。

2. 目的

数据挖掘是为了从大量数据中提取规则，而机器学习则是教计算机如何学习和理解给定的参数。换句话说，数据挖掘根据收集的数据总量来确定特定的结果，只是一种研究方法。而机器学习训练一个系统去执行复杂的任务，并利用收集到的数据和经验变得更聪明，是一种应用方法。

3. 使用对象

数据挖掘依赖于大量的数据存储（如大数据），而这些数据反过来又被用来为企业和其他组织做出预测。而机器学习使用的是算法，而不是原始数据。

4. 影响因素

数据挖掘依赖于人为干预，最终是为使用而创建的。而机器学习可以自学，而不依赖于人类的影响或行动。如果没有人使用并与之交互，数据挖掘就无法正常工作。而人类与机器学习的接触，很大程度上仅限于建立初始算法，然后顺其自然，就像"设置好，然后忘记"的过程。人们照看数据挖掘，这些系统通过机器学习来照顾自己。

5. 联系

机器学习和数据挖掘是一个包含两个元素的过程：数据库和机器学习。数据库提供数据管理技术，而机器学习提供数据分析技术。因此，虽然数据挖掘需要机器学习，但机器学习并不一定需要数据挖掘。但在某些情况下，机器学习需要来自数据挖掘的信息来查看之间的关系连接。总体来看，通过数据挖掘收集和处理的信息可以帮助机器学习，但这不是必需的。

6. 能力

数据挖掘无法自动学习或适应所搜集的数据，而这正是机器学习的全部意义所在。数据挖掘遵循预先设定的规则，是静态的；而机器学习则根据合适的情况调整算法，是动态的。数据挖掘只有在用户输入参数时才算智能，机器学习可以使计算机变得越来越智能。

7. 实用性

数据挖掘应用于零售业时，可以了解用户的购买习惯，从而帮助企业制定更成功的销售策略。社交媒体是数据挖掘的沃土，因为从用户档案、查询、关键字和共享中收集的信息可以放在一起，数据挖掘将帮助广告商组织相关的促销活动。金融界使用数据挖掘来研究潜在的投资机会、初创企业成功的可能性、收集这些信息有助于投资者决定是否要投资新项目。

📝 课堂探讨

小张写了一段程序让计算机自己进行一个学习过程，直到达到一个满意程度。那么请同学们讨论一下学习的目的是什么？怎样学习？满意程度又是如何定义的？

☁ 拓展训练

1. 阐述数据挖掘的概念。
2. 阐述机器学习领域有几种主要学习方式。
3. 阐述数据挖掘和机器学习的关系。

任务 7.2　运用大数据分析技术

任务描述

小张觉得要想提高公司产品的销量，就得从数据背后挖掘、分析用户的行为习惯和喜好，找出更符合用户喜好的产品和服务，并结合用户需求有针对性地调整和优化产品和服务。简单地说，如果拥有了用户大量的信息，就能从收集到的信息中了解用户的消费习惯和消费方向，通过这些数据分析出自身产品有哪些缺失，可以及时改变策略，而不是盲目地生产一些用户并不喜欢的产品增加自身成本。所以，接下来小张想进一步学习大数据分析相关知识和技能。

知识准备

一、认识大数据分析

大数据分析技术主要包括已有数据的分布式统计分析技术和未知数据的分布式挖掘、深度学习技术。分布式统计分析可由数据处理技术完成，分布式挖掘和深度学习技术则在大数据分析阶段完成，包括聚类与分类、关联分析、深度学习等，它可挖掘大数据集中的数据关联性，形成对事物的描述模式或属性规则，可通过构建机器学习模型和海量训练数据提升数据分析与预测的准确性。

二、大数据分析模型

常见的大数据分析模型可以从数据模型和业务模型两个角度来区分。

（一）数据模型

统计数据视角的数据模型通常指的是统计分析或大数据挖掘、深度学习、人工智能技术等种类的实体模型，这些模型是从科学研究视角去界定的。数据模型包括以下几类方法。

1. 降维

对大规模数据进行数据挖掘时，往往会面临"维度灾害"。数据集的维度在无限地增加，但计算机的处理能力和速度有限。此外，数据集的多个维度之间可能存在共同的线性关系，这会立即造成学习模型的可扩展性不足，乃至许多优化算法结果会无效。所以，人们必须减少层面总数并减少层面间共线性危害。

数据降维也被称为数据归约或数据约减，其目的是减少数据计算和建模中涉及的维数。目前主要有两种数据降维思想：一种是基于特征选择的降维；另一种是基于维度变换的降维。

2. 回归

回归是一种大数据分析方法，研究自变量 X 对因变量 Y 的数据分析。回归分析中，只包括一个自变量和一个因变量，且二者的关系可用一条直线近似表示，这种回归分析称为一元线性回归分析。如果回归分析中包括两个或两个以上的自变量，且因变量和自变量之间是线性关系，则称为多元线性回归分析。根据影响是否是线性的，可以分为线性回归和非线性回归。

3. 聚类

简单来说，"物以类聚"这一成语就是聚类分析的基本思想。聚类分析法是数据挖掘和测算的基础任务，它是将很多统计数据集中具备"类似"特点的统计数据点区划为一致类型，并最后转化成好几个类的方式。大量数据集中必须有相似的数据点。基于这一假设，可以区分数据，并且可以找到每个数据集的特征。

4. 分类

分类算法是解决分类问题的一种方法，是数据挖掘、机器学习和模式识别的一个重要研究领域。分类在于根据其特性将数据"分门别类"，所以在许多领域都有广泛的应用。例如，在银行业务中，可以构建一个用户分类模型，对用户按照贷款风险的大小进行分类；在图像处理中，分类可以用来检测图像中是否有人脸出现；在手写识别中，分类可以用于识别手写的数字；在互联网搜索中，网页的分类可以帮助网页的抓取、索引与排序。

5. 关联

关联是根据寻找最能解释数据变量之间关系的规则，在大量多元数据集中找到有用的关联规则。这是一种从大量数据中找出各种数据之间关系的方法。此外，它还可以挖掘基于时间序列的各种数据之间的关系。

6. 时间序列

时间序列是一种用于研究数据随时间变化的算法，是一种常用的回归预测方法。其原则是事物的连续性。所谓连续性，是指客观事物的发展具有规律的连续性。事物的发展是按照其内在规律进行的，在一定的条件下，只要规则作用的条件不发生质的变化，事物的基本发展趋势就会持续到未来。

7. 异常数据检测

在大多数数据挖掘或数据工作中，异常数据将被视为"噪声"，并在数据预处理过程中被消除，以避免其对整体数据评估和分析挖掘的影响。在某些情况下，如果数据工作的目标是关注异常值，这些异常值将成为数据工作的焦点。

数据集中的异常数据通常被称为异常点、异常值或孤立点等。典型的特征是这些数据的特征或规则与大多数数据不一致，表现出"异常"的特征。检测这些数据的方法称为异常检测。

（二）业务模型

业务模型是一类根据业务情景而定，用于解决某一具体问题的实体模型。这种实体模型跟数据分析的实体模型的区别在于其情景化的运用。

1. 会员数据化运营分析模型

老用户或者会员用户对企业来说是非常重要的收入来源。由于拓展新用户的成本是老用户的数倍，所以提高老用户的活跃度是有必要的。会员数据化运营是企业运营的重要基础，了解会员数据化运营的角度、相关指标、方法、模型等，建立较为系统的思考逻辑是非常重要的。

2. 商品数据化运营分析模型

数据在商品运营过程扮演着非常重要的角色，从销售预测到库存管理，从商品结构优化到动销管理，从捆绑策略到捆绑组合等各方面都需要数据支持。如何在海量商品数据和复杂的用户购物需求中，通过数据来发现销售规律已经成为商品运营的关键。

商品数据化运营关键指标主要包括销售指标、促销指标和供应链指标，主要应用场景包括销售预测、库存分析、市场分析、促销分析等。

3. 流量数据化运营分析模型

媒体信息时代，在用户行为移动化、需求个性化的复杂背景下，企业想要获得用户关注越来越困难，并且随着营销成本的增加，精准营销需求日益突出。流量数据化运营需要解决的本质问题是提高转化率，流量数据运营指标主要包括站外营销推广指标和网站流量质量指标。

4. 内容数据化运营分析模型

内容运营是指基于内容的策划、编辑、发布、优化、营销等一系列工作，主要集中在互联网、媒体等以内容为主的行业领域。内容运营根据内容生产方式的不同可分为 UGC、PGC 和 OGC 三种。

（1）UGC（user-generated content，用户生产内容）是论坛、贴吧、微博时代的主要内容生产方式，内容主要由参与内容载体的用户产生，运营方本身不产生任何实质性内容。这些用户一般都是非专业"写手"，通常基于共同的兴趣、爱好等而自发形成内容。

（2）PGC（professionally-generated content，专业生产内容）也是由用户产生内容，但是这里的用户主要是指有专业背景、资历的用户，包括行业领袖、知识专家、书籍作者等，这些人通常能产生非常高质量的专业内容。现在很多知识性网站都是基于此类形式进行内容生产的，例如知乎、个人微信、公众号等。

（3）OGC（occupationally-generated content，职业生产内容）与 PGC 在内容专业度上相当，但 OGC 的特点是将内容生产作为一门"职业"，从内容生产中获取收入是这一类型的显著性特征。OGC 的代表是各个新闻类网站和媒体，一般都以付费投稿、分成等方式吸引高质量的"写手"参与内容生产。除了邀请外部专家参与内容生产，这类网站自身也拥有很多职业内容生产者。

三、大数据分析的作用

（一）现状分析

现状分析是指分析企业目前阶段的整体运营情况，并通过各种运营指标来衡量企业当前的运营状况，指出存在的优势与不足。还可以通过分析企业每个业务的组成，了解企业每个业务的发展和变化情况，以及企业的业务状态。

现状分析通常是以报告形式呈现，如每日、每周和每月报告。

（二）原因分析

在对现状进行分析之后，对公司的运营有了基本的了解，但是仍不知道是什么因素促使该公司保持现有的优势，又是什么导致了公司存在这样的不足。这时需要进行进一步分析，以确定业务变更的具体原因。

原因分析通常通过主题分析进行，即根据企业的经营情况，根据一定的现状进行分析。

（三）预测分析

在了解公司运营的现状和进行原因分析后，有时需要对公司的未来发展趋势进行预测，为公司制订业务目标，并提供有效的战略和决策依据，以确保公司的持续健康发展。

预测分析通常是通过主题分析来完成的，主题分析一般在制订公司的季度和年度计划时进行。

四、大数据分析的应用

随着大数据的发展，大数据分析已经渗透到各行各业，特别是互联网、电子商务、金融三大行业。同时，大数据分析在电信、旅游、医疗卫生等领域有着广泛的应用。

（一）大数据分析在互联网中的应用

随着移动互联网技术的发展，利用移动终端（如手机）接收新闻、听音乐、看电视是众多消费者的第一选择。想要在激烈的市场竞争中占据一席之地，就需要对海量用户数据进行挖掘分析，在此基础上发现用户的个性喜好，并将其与业务支撑系统数据结合进行分析，展现用户动态与静态数据的互补性，为市场营销人员寻找目标用户打下良好的基础，提升营销准确率。

（二）大数据分析在电商中的应用

就电子商务行业来说，大数据分析在企业内部非常重要，营销管理、用户管理等环节都需要应用数据分析的结果，利用大数据分析发现企业内部管理的不足、营销手段的不足、用户体验的不足等，并可以利用数据分析挖掘出用户的内在需求，如用户喜欢哪种类型的商品就推荐给他。

（三）大数据分析在金融中的应用

数据技术对金融行业的影响巨大，金融业对信息系统的实际应用前景非常大，金融业对信息系统的实用性要求很高，且积累了大量的用户交易数据。目前金融业的大数据分析主要包括用户行为分析、防堵诈骗分析、金融分析等。

（四）大数据分析在其他行业中的应用

大数据分析可以进行人流、车流量等统计分析，使旅游行业中的企业可以更好地了解用户的想法和需求；大数据分析可以帮助电信行业进行增值业务推荐和新套餐科学定价分析；大数据分析还可以帮助房地产行业作出投资决策建议等。

课堂探讨

小张学习了大数据分析技术，也请同学们说一说如何正确看待大数据分析和数据分析之间的关系？

拓展训练

1. 针对大数据处理的主要计算模型有哪些？
2. 大数据分析技术主要包括有哪些？

项目实训　大数据挖掘与分析应用——基于"决策树"模型的流失用户分析

实训背景

某服装公司1年前搭建了网上购物商城，经过1年的运营，用户量达到400多万，商城的服装种类达到20多种，服装款式累计万余种。在今年的第二季度中，商城的整体营收环比上升缓慢，通过运营日报发现每天活跃用户没有显著上升，且用户构成中新用户比率逐渐上升，老用户的留存率逐步下降。数据分析人员接到运营组的需求，决定对平台上购买用户的流失情况做一个专题数据分析，主要包括识别平台流失用户、定位用户流失原因、预警即将流失用户并提供用户分群名单给运营人员做重点运营。用户行为数据集表结构如表7-1所示。

表7-1　用户行为数据集表结构

字　　段	字段定义	备　　注
user_id	用户id	
gender_id	用户性别	1：男性，0：女性
latest_visit	最后一次访问距今时间	以天为单位
visit_cnt	访问次数	
visit_pv	访问页面数	
visit_times	访问时长	以分钟为单位
visit_days	访问天数	
search_cnt	搜索次数	
sum_orders	有效订单数	
sum_paid	付费订单数	
sum_money	付费订单金额	
is_churn	是否流失用户	1：流失，0：非流失

项目 7　大数据挖掘与分析

实训要求

1. 任务思考

（1）用户在电商平台的行为包括什么？

（2）如需要对流失用户的行为进行分析，需要哪些数据？这些数据一般从哪里可以获取？

（3）对用户分类可以采取什么办法？

2. 实验操作

根据虚拟仿真实训平台的提示和要求完成用户行为数据的转载，并对用户进行建模，识别流失用户的特征。根据建模分析结果，对平台运营提出建议（在 Word 文档中编写并提交）。

实训过程

1. 导入数据

代码模板已自动加载在服务器中的"用户行为数据.xlsx"数据集，请在开始实验前查看下发的数据集，预先了解数据特征。加载数据后，将字段修改为中文（见表 7-1），方便后面进行分析。

2. 建模和预测

使用 sklearn 决策树分类器进行训练与预测，使用"信息增益"算法进行训练，设置分类分裂节点时最小样本数（开始分类的最小样本数）、叶子节点最小样本数（停止分类的最小样本数）以及最大深度（决策树的层数）。

3. 结果可视化

通过绘制树状图，查看流失用户的特征。

4. 具体操作

（1）单击当前任务名，查看任务要求并完成"商务需求获取"题目。

（2）在"技术需求转化"窗口中，填写进行决策树建模分析操作的相关参数，如图 7-2 所示。

通过查看数据集可知，用户数据共有 1000 余条，在进行数据拆分时，分裂节点时最小样本数（开始分类的最小样本数）和叶子节点最小样本数（停止分类的最小样本数）无须设置太高。由于用户类别只有两种，决策树的最大深度不需要太多层级，控制在 2~3 级即可。

（3）执行代码。执行成功后，单击查看结果，查看树状图（见图 7-3），并对树状图进行解析。

技术需求转化	
关键词	参数
决策树分类器	请输入参数
决策树建模—分裂节点指标参数	请输入参数
决策树建模—树的最大深度参数	请输入参数
决策树建模—内部节点最小样本数参数	请输入参数
决策树建模—叶子节点分裂最小样本数参数	请输入参数
决策树可视化	请输入参数

图 7-2 技术需求转化

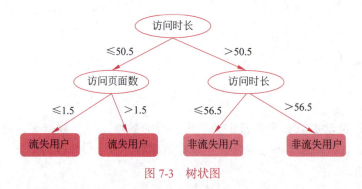

图 7-3 树状图

树状图整体解读：树状图的结构表示了决策树的层级关系。根节点位于最顶部，其下方是两个二级节点，分别对应不同的划分条件。每个二级节点又连接到末端叶子结点，表示最终的分类结果。

根据图 7-3 树状图中的 4 个末端叶子节点可得出 4 条判断规则，从左至右依次如下：
- 访问时长 ≤ 50.5 且访问页面数 ≤ 1.5 的用户为流失用户；
- 访问时长 ≤ 50.5 且访问页面数 > 1.5 的用户为流失用户；
- 访问时长 > 50.5 且访问时长 ≤ 56.5 的用户为非流失用户；
- 访问时长 > 50.5 且访问时长 > 56.5 的用户为非流失用户。

整理规则可得访问时长 ≤ 50.5 的用户为流失用户这一结论。

课堂探讨

1. 数据挖掘与分析还有哪些应用领域，请分类列举。
2. 怎样应用 Python 实训平台加以处理？
3. 对于商科出身的小张来说，你对他未来工作中的学习准备有什么建议？

拓展训练

请应用基于 Python 的实训平台继续完成基于高斯贝叶斯的模型的鸢尾花分类、逻辑回归应用之泰坦尼克生还分析、基于 KNN 分类算法的红酒分类、决策树案例分析、基于关联规则的购物篮分析、基于聚类模型的 RFM 客户分层、基于"层次聚类"的主要进出口国家及地区分析和 K-means 案例分析等实践项目内容。

◆ 素质提升加油站 ◆

随着大数据技术的不断发展，数据挖掘与分析在各个领域的应用越来越广泛。在这个过程中，我们需要从职业素养的角度去思考和实践，以确保数据的合理使用和社会的可持续发展。

1. 数据隐私与伦理

在大数据挖掘与分析的过程中，我们需要高度重视数据隐私与伦理。要尊重他人的隐私权和个人信息，避免滥用和泄露他人的个人信息。同时，在数据采集和使用时，要遵守相关的伦理规范和法律法规，确保数据的合法性和合规性。

2. 数据分析中的政治偏向

在大数据挖掘与分析的过程中，我们需要警惕政治偏向的影响。数据分析的结果往往会受到数据来源、数据筛选和分析方法的影响。因此，在数据分析过程中，我们需要保持客观、中立的态度，避免将个人或团体的偏见和利益渗透到数据分析中。

3. 数据驱动的社会影响

数据挖掘与分析的结果往往会对社会产生深远的影响。我们需要认识到数据驱动决策的力量，同时也需要关注数据驱动决策可能带来的风险和问题。在数据使用过程中，我们需要积极思考和探索数据驱动决策的合理性和可持续性，确保数据的正面社会影响。

4. 数据的公正性与公平性

在数据挖掘与分析的过程中，我们需要关注数据的公正性与公平性，要避免因为数据偏见或歧视而导致的决策不公和不平等。同时，在数据使用过程中，我们需要积极寻求解决数据不公和不平等的方法和途径，推动社会的公平公正。

5. 数据在决策中的作用

数据挖掘与分析的结果往往成为决策的重要依据。我们需要认识到数据在决策中的重要作用，同时也需要关注数据的质量和可靠性。在数据使用过程中，我们需要加强数据的监测和评估，确保数据的准确性和可信度。

6. 数据的真实性与可靠性

数据的真实性与可靠性是数据挖掘与分析的基础。我们需要采取有效的措施和方法，确保数据的真实性和可靠性。同时，在数据使用过程中，我们需要加强数据的校验和审核，避免因数据错误或不实而产生不良后果。

7. 数据与媒体传播的关系

数据挖掘与分析的结果往往成为媒体传播的重要内容。我们需要关注数据与媒体传播的关系，避免因媒体传播不当而导致的数据误用和误解。同时，在数据使用过程中，我们需要加强数据的解释和说明，提高公众对数据的认知和理解。

8. 数据在市场研究中的应用

数据挖掘与分析在市场研究中的应用越来越广泛。我们需要关注数据的质量和市场研究的合规性，避免因数据不实或不公而产生不良影响。同时，在市场研究中，我们需要加强数据的监测和评估，提高市场研究的准确性和可信度。

9. 数据在公共服务中的价值

数据挖掘与分析的结果可以为公共服务提供重要的支持。我们需要关注数据在公共服务中的价值，同时也要关注数据的安全性和隐私保护。在公共服务中，我们需要加强数据的监管和管理，确保数据的合法性和合规性。

项目 8

大数据安全

 职业能力

- 能区分大数据安全与传统数据安全的不同；
- 能够根据个人信息安全存在的问题，提出相应对策和建议；
- 能够根据国家安全存在的问题，提出对策和建议。

 职业素养

- 对数据安全保持应有的重视；
- 对可能存在的安全问题能提出预警。

 项目重难点

项目内容	工作任务	建议学时	技 能 点	重 难 点	重要指数
大数据安全	任务 8.1 区分大数据安全与传统数据安全	2	区分大数据安全与传统数据安全	大数据安全和传统安全的概念	★★★☆☆
				大数据安全与传统数据安全差异	★★★★☆
	任务 8.2 关注隐私和个人信息安全问题与原因分析	2	掌握个人信息安全对策	个人信息安全问题及原因	★★★☆☆
				个人信息安全对策	★★★★☆
	任务 8.3 关注国家安全问题与对策	2	掌握大数据时代国家安全的对策	大数据时代国家安全问题的对策建议	★★★★☆

任务 8.1　区分大数据安全与传统数据安全

微课：大数据安全

■ 任务描述

当前，全球大数据产业正值活跃发展期，技术演进和应用创新并行加速推进，非关系型数据库、分布式并行计算、机器学习和深度挖掘等新型数据存储、计算和分析关键技术应运而生并快速演进，数据挖掘和分析在电信、互联网、金融、交通、医疗等行业创造商业价值和应用价值的同时，开始向传统第一、第二产业传导渗透，大数据逐步成为国家基础战略资源和社会基础生产要素。与此同时，大数据安全问题逐渐暴露。大数据因其蕴藏的巨大价值和集中化的存储管理模式成为网络攻击的重点目标。针对大数据的勒索攻击和数据泄露问题日趋严重，如重要财务数据等商业机密的泄露会给企业带来不可估量的损失，全球大数据安全事件呈频发态势等。相应地，虽然大数据安全需求催生了相关安全技术、解决方案及产品的研发和生产，但与产业发展相比，仍然存在滞后现象。

因此，小张想了解到底什么是数据安全，大数据安全与传统数据安全有什么不同之处。

■ 知识准备

数据安全并不是一个新概念，从第一款具有代表性的数据安全产品——数据防泄露产品（DLP）诞生至今近三十年，数据安全及相关产品已逐渐为人接受。近几年得益于数字化转型和大数据的兴起，数据安全已成为热门话题。尽管大数据的概念早在 2005 年就已提出，但一直没有从量到质的飞跃，直至近几年物联网和智慧城市的建设，让大数据迅速成为现实，进而大数据的安全也随之成为一个严肃的课题。

一、大数据安全的概念

数据安全防护是指平台为支撑数据流动安全所提供的安全功能，包括数据分类分级、元数据管理、质量管理、数据加密、数据隔离、防泄露、追踪溯源、数据销毁等内容。

大数据安全包括保障大数据安全和大数据技术应用安全。保障大数据安全是指保障大数据计算过程、数据形态、应用价值的处理技术，涉及大数据自身的安全问题；大数据技术应用安全是利用大数据技术提升信息系统安全效能和能力的方法，涉及如何解决信息系统安全问题。

大数据促使数据生命周期由传统的单链条形态逐渐演变成为复杂得多链条形态，增加了共享、交易等环节，且数据应用场景和参与角色越加多样化，在复杂的应用环境下，保证国家重要数据、企业机密数据以及用户个人隐私数据等不发生外泄，是保障数据安全的首要需求。海量多源数据在大数据平台汇聚，一个数据资源池同时服务于多个数据提供者和数据使用者，强化数据隔离和访问控制，实现数据"可用不可见"，是大数据环境下数据安全的新需求。利用大数据技术对海量数据进行挖掘分析，所得结果可能涉及国家安全、经济运行、社会治理等信息，需要对分析结果的共享和披露加强安全管理。

二、传统数据安全的概念

传统数据安全或传统信息安全有两方面含义：一是数据本身的安全，主要是指采用现代密码算法对数据进行主动保护，如数据保密、数据完整性、双向强身份认证等；二是数据防护的安全，主要是采用现代信息存储手段对数据进行主动防护，如通过磁盘阵列、数据备份、异地容灾等手段保证数据的安全。数据安全是一种主动的保护措施，数据本身的安全必须基于可靠的加密算法与安全体系，主要有对称算法与公开密钥密码体系两种。

数据处理的安全是指如何有效地防止数据在录入、处理、统计或打印中由于硬件故障、断电、死机、人为误操作、程序缺陷、病毒或黑客等造成的数据库损坏或数据丢失现象，某些敏感或保密的数据可能被不具备资格的人员或操作员阅读，而造成数据泄漏等后果。

数据存储的安全是指数据库在系统运行之外的可读性。一旦数据库被盗，即使没有原来的系统程序，照样可以另外编写程序对盗取的数据库进行查看或修改。从这个角度来说，不加密的数据库是不安全的，容易造成商业泄漏，所以衍生出数据防泄漏这一概念，这就涉及了计算机网络通信的保密、安全及软件保护等问题。

三、大数据安全与传统数据安全的差异

大数据安全与传统数据安全的差异可以从目标、对象、理念、手段和融合五个方面进行对比，如表 8-1 所示。

表 8-1 大数据安全与传统数据安全的差异比较

项目	大数据安全	传统数据安全
目标	以大数据的安全使用为目标	以数据的安全防护、数据不受攻击为目标
对象	面向内部或准内部人员，以这些人员行为的安全管控为主要对象	面向外部黑客，以对外部黑客或入侵者的防控为主要对象
理念	以数据分级分类为基础，以信息合理、安全流动为目标	以区域隔离，安全区域划分为目标
手段	以信息使用过程的安全管理和技术支撑为手段	以边界防护为主要安全手段
融合	安全技术和流程管理深度整合	管理与技术相对分离

小张区分开了大数据安全与传统数据安全。请同学们讨论下如何正确看待大数据安全和传统数据安全之间的关系。

请分别举例大数据安全和传统数据安全。

任务 8.2 关注隐私和个人信息安全问题与原因分析

■ 任务描述

小张最近关注某演员在个人微博中指出其发现某文化传媒公司存在违约行为，公司不仅拖欠了很多原本应付的演艺相关报酬，而且没有按照合同给某演员账单明细。在他提出异议后，公司试图停止其一切工作，某演员多次提出了和平解约，但是公司不同意，因此他只能提出仲裁，希望公司可以付清其报酬。但是某文化传媒有限公司也提出了仲裁，让某演员赔偿公司 3000 余万元。某文化传媒有限公司取得了某演员在银行近两年的流水，但这是在未取得他银行卡、身份证以及司法机关调查令的情况下进行的。某演员称，在公司寄给他的案件材料里面，竟然发现了自己在银行中的个人账户交易明细，这着实让人措手不及。对此，银行回复："这是配合大客户要求。"消息一经流出，得到广泛关注。

毋庸置疑，某演员隐私数据遭银行泄露一事看似偶然，但事件揭露出的数据安全问题实则掩藏已久，这背后是更多"沉默"的受害者，那些处于聚光灯之外的阴影中、立在倾斜天平翘起的一端、深受数据泄露之害的群体，他们是不曾被关注的。

看到这条新闻后，小张想要知道隐私与个人信息安全都存在哪些问题，并如何去防止这类问题出现。

一、隐私和个人信息安全问题

在日常生活中，即使是安装 App 软件，软件也要求用户同意数十项用户隐私获取权限。被迫无奈用隐私换取便利，已经成为大众对当前我国个人隐私保护现状的共识。随着互联网应用日益融入大众生活，大量个人信息在各类网络服务平台上留痕。作为数字经济时代个人最为宝贵的数字资产，对个人信息加强保护，不仅事关个人权益的维护，更关系到网络社会时代个人的幸福感和获得感。

（一）个人信息滥采、滥用现象十分严重

在国内，个人信息滥采、滥用问题主要表现在以下几个方面：一是个人信息滥采现象十分严重，目前大部分App软件在安装过程中都或多或少存在获取与软件应用功能无关的个人信息现象，主要包括个人通讯录、地理位置、个人相册等众多信息访问权限。以手机手电筒App软件为例，除了要求获取电池和摄像头访问权限之外，还要求访问用户通讯录和地理位置等与软件功能无关的个人信息。二是企业通过软件服务获取用户个人信息后，究竟如何使用这些个人信息，是否存在信息倒卖或者过度挖掘等行为，用户完全不知，也无法掌控。三是用户许可协议流于形式，尽管许多软件在安装过程中都有用户许可协议步骤，但许可协议存在条款冗长难以阅读、霸王条款强迫用户等行为。

（二）个人对企业间个人信息纠纷没有发言权

2014年8月，微博起诉脉脉抓取使用微博用户信息；2017年8月，腾讯指控华为荣耀Magic手机侵害了微信用户的数据；2017年6月，顺丰和菜鸟数据断交门等大量类似事件中，双方企业围绕用户数据的使用唇枪舌剑，但是作为数据所有者的用户却没有任何发言权。企业间个人信息之争，普遍暴露了当前个人信息保护存在的问题：一是个人信息被企业收集之后的交易、流通情况个人是不掌握的；二是企业收集的个人信息，究竟谁能用，谁又不能用，作为主角的个人并没有发言权；三是个人信息被企业采集后进行开发利用，企业只关心自身的利益，而个人用户体验居次位。

二、产生问题的原因分析

（一）法律法规不完善

一是《网络安全法》和《电信和互联网用户个人信息保护规定》中尽管对个人信息保护做了大量规定，但大多属于方向性约束条款，缺乏可量化、可操作的执行细则，导致企业在条款落实上有很大打擦边球空间，监管部门在执法上还有很大裁量空间余地。二是在互联网信息服务等各类互联网行业管理办法中，对个人信息保护重视不够甚至尚未提及，导致行业主管部门在行业管理时，只注重业务的行业合规性，轻视对个人信息的保护。三是违法成本太低，处罚力度太小，几万元甚至几十万元的罚款处罚措施，对大型互联网平台型企业而言，其威慑力度严重不足。

（二）标准规范缺失

一是个人信息范围、权属和使用权限等标准缺失，尤其是针对网络平台和大数据挖掘情况下个人信息的界定和使用，没有统一的国家或行业标准，致使很多个人信息开发利用处在灰色地段。二是个人信息采集、存储、清洗、使用等环节的操作流程、业务规范、防护要求等没有统一的标准，导致企业在个人信息开发、利用、保护等环节缺乏合规合法对标尺度，个人信息滥采和滥用现象十分严重，风险隐患较大。三是缺乏个人信息开发利用负面清单制度，导致许多企业在个人信息采集、开发、利用和保护中，都是以试探政府

和社会反应为依据，来推进个人信息开发利用的创新，企业业务创新风险极大。四是缺乏统一、规范、标准的个人信息采集和使用用户承诺书，导致许多企业制定用户承诺书，都是以考虑企业利益最大化为目标，无限制强化自身权利，对个体保护自身信息极大不公平。

（三）安全防护措施薄弱

一是部分政府部门和企业在个人信息的采集、存储和使用中安全防护基础措施保障不到位，难以应对复杂网络、新技术应用、技术服务外包等各种条件下的个人信息保护需求。二是个人信息保护技术攻关研究和推广应用步伐滞后，尤其是在移动互联网、云计算、大数据、物联网、人工智能等条件下，个人信息保护技术支撑能力不足，技术存在不成熟、未体系化等一系列问题。三是政府和企业信息系统以及网络平台个人信息保护制度不完善，网络、技术、人员、外包等多个环节制度不健全、不系统、不精细，个人信息泄露和滥用风险极大。四是个人信息保护透明度不高，政府部门和企业对个人信息开发、利用和保护等工作主动披露意识不强。

（四）政府监督检查手段滞后

一是政府监督检查手段滞后，技术支撑保障能力不足，传统线下检查手段难以应对数字化、网络化和在线化服务中个人信息采集和使用监管需要。二是针对含有大量个人信息的信息系统和网络平台，缺乏专业性、系统性、针对性的个人信息保护测评和个人信息等级保护制度。三是尚未依据个人信息内容和规模实行分级分类使用许可制度，导致不具备安全防护和风险管控能力，以及采集和使用个人信息的机构没有规范采集和使用流程，风险隐患极大。

（五）行业自律尚未发挥作用

一是技术研发、应用推广等方面致力于推动企业发展的联盟很多，但属于约束企业行为的个人信息保护行业自律联盟缺乏，尽管这些联盟是由政府部门牵头少量企业成立，但重点企业的积极性和主动性不足。二是缺乏个人信息保护行业自律公约，重点企业和重点行业在个人信息保护方面的引导和示范作用尚未发挥。三是缺乏个人信息保护行业自律发展水平评估，行业个人信息保护状态缺乏摸底评估，大量企业个人信息保护透明度不高。

📝 课堂探讨

小张学习了关注隐私和个人信息安全问题与对策，请同学们讨论侵害隐私权的行为有哪些方面。

☁ 拓展训练

目前国内个人信息保护存在哪些问题？主要原因是什么？

任务 8.3 关注国家安全问题与对策

> **任务描述**
>
> 小张看到一条危害国家安全消息：一名科研人员，在赴国外大学做访问学者期间，被境外间谍情报机关人员一步步拉拢策反，出卖科研进展情况，严重危害我国国家安全。起初，对方只是约他吃饭出游、赠送礼物。随着双方关系拉近，对方不时向他询问一些敏感问题，并支付不菲的咨询费用。随后，该间谍情报机关为该科研人员配备了专用 u 盘和网站，用于下达任务指令和回传情报信息。访学结束回国后，他在国内多地继续与该国间谍情报机关人员多次见面，通过当面交谈及专用网站传递等方式向对方提供了大量涉密资料，并以现金形式收受间谍经费。不久后，这名科研人员的间谍行为引起了国家安全机关注意。2019 年 6 月，北京市国家安全机关依法对该人员采取强制措施。2022 年 8 月，人民法院以间谍罪判处该人员有期徒刑 7 年，剥夺政治权利 3 年，并处没收个人财产 20 万元人民币。小张想知道如何避免这类问题出现。

知识准备

数据信息作为一种社会资源，不仅给互联网领域带来变革，同时也给全球的政治、经济、军事、文化、生态等带来影响。但数据信息是一把"双刃剑"，加之在互联网等各个领域流通的过程中安全防护措施效能差，存在潜在的威胁，如果被恶意利用，便会危及国家安全。

习近平总书记在中共中央政治局第二次集体学习时强调，要切实保障国家数据安全。一要加强关键信息基础设施安全保护，强化国家关键数据资源保护能力，增强数据安全预警和溯源能力。二要加强政策、监管、法律的统筹协调，加快法规制度建设。三要制定数据资源确权、开放、流通、交易相关制度，完善数据产权保护制度。四要加大对技术专利、数字版权、数字内容产品及个人隐私等的保护力度，维护广大人民群众利益、国家安全和社会稳定。五要加强国际数据治理政策储备和治理规则研究，提出中国方案。

随着我国发展进入战略机遇和风险挑战并存、不确定因素增多的新阶段，国家安全的内涵和外延越来越丰富，时空领域更加宽广。党的二十大报告强调，全面加强国家安全教育，提高各级领导干部统筹发展和安全能力，增强全民国家安全意识和素养，筑牢国家安全人民防线。大数据时代下我国国家安全面临的挑战有如下几方面。

一、大数据战略博弈全球化趋势，冲击国家信息安全

我国的 PC 端、移动终端及其操作系统大多由国外开发引进，缺少我国自主"控股、控牌、控技"的制造商。我国大数据平台的基础软硬件系统尚未实现自主研发，许多关系

到国民经济命脉的战略性行业的大数据服务器、数据库皆由美国等少数国家企业控制，这如同给数据窃取者开了一扇难以关上的后门。微软、谷歌、苹果、Adobe 等世界主流互联网企业生产的软件产品均存在安全漏洞，这些漏洞对于国家信息安全均存在一定的安全隐患。

大数据战略博弈全球化趋势对国家信息安全产生了重要的影响和挑战。

首先，大数据战略博弈全球化趋势使得数据流动更加频繁和广泛，这增加了国家信息安全的难度。数据跨境流动涉及不同国家和地区的数据保护法规和监管要求，需要遵守各种复杂的法律和政策，这给国家信息安全带来了挑战。

其次，大数据战略博弈全球化趋势也使得国家之间的数据竞争加剧。各国在数据资源、技术创新和应用方面展开了激烈的竞争，试图在大数据领域占据领先地位。这种竞争不仅涉及商业领域，也涉及国家安全和主权等方面，因此需要采取有效的措施来保障国家信息安全。

二、自媒体平台的良莠不齐冲击主流发布的权威性，影响国家意识形态安全

大数据时代的到来重塑着媒体表达方式，传统媒体不再一枝独秀，通过微博、微信等即时性强的网络媒体渠道，每个人都是自由发声的独立媒体，在网络平台有发表自己观点的权利。由于自媒体的门槛低、即时推送、互动性强，且具有一定的隐蔽性，导致其发展良莠不齐，也由于受到半结构化表达方式的限制，一些自媒体为了追求点击率，不惜突破道德底线发布虚假信息，受众群体难以分辨真伪，冲击了主流发布的权威性。

三、大数据社会问题冲击地方政府传统社会治理思维

大数据时代，整合、应用信息技术的革新程度考验着政府的有效运转。为了顺应时代发展趋势，政府着力提升电子政务水平，且实现了阶段性成果，为大数据时代下国家数据信息安全奠定了基础。但是由于传统的地方政府运用数据信息整合决策的水平相对滞后，目前无法应对大数据时代的发展形势，由此反映出一系列社会问题，如各地方政府之间资源共享程度低、问题预警意识弱化、决策滞后、社会监督体系不完善、危机预警系统失衡等。数据信息的有效整合，能够为政府决策提供依据，提高信息化建设水平，因此，革新技术与转变思维是社会转型阶段需要直面的挑战。

四、数据信息安全相关法律法规建设有待完善

现在全国各地对发展大数据积极性很高，竞相出台优惠政策给予鼓励，但如何防范大数据安全和大数据带来的负面影响，往往研究不深、考虑不够、缺乏预案，甚至出现了安全问题也不知如何解决。对此，国家应提出明确要求，把大数据安全作为发展大数据产业的前置条件，纳入有关部门领导的政绩考核体系。

课堂探讨

小张了解了国家安全问题与对策，请同学们讨论如何应对数据泄露问题？

项目 8　大数据安全

拓展训练

目前国家安全保护存在哪些问题？主要的原因是什么？

◆ 项目实训　使用WPS文档加密 ◆

■ 实训背景

小张的公司有很多重要的文档，公司要求他给文档加密，提供防泄密的解决方案。小张上网查询发现 WPS 是一款功能强大的办公软件，它集成了加密技术，可以为文档提供高级的安全保障。使用 WPS 可以对文档进行密码保护，只有得到正确的密码才能打开文件。WPS 加密功能还可以防止文件被非法复制和修改，保证文档的完整性。

■ 实训要求

完成对 WPS 文档的加密与解密，掌握文档加密的方法与步骤。

实训过程

（1）打开需要加密的文件，WPS 打开文件的界面如图 8-1 所示。
（2）单击"文件"菜单，在下拉列表找到"文档加密"命令，如图 8-2 所示。

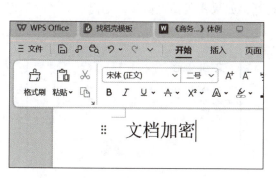

图 8-1　WPS 打开文件的界面

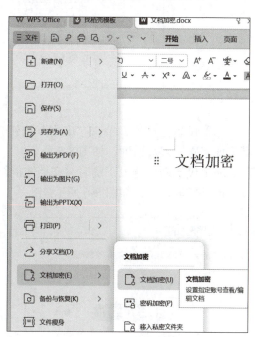

图 8-2　文件加密命令

（3）单击"文档加密"命令，出现如图 8-3 所示的对话框，在该对话框中可设置"文档权限""私密文档保护"以及"指定人"。本实训将对文件的打开权限进行设置。

图 8-3 "文档权限"对话框

（4）在"密码加密"对话框中进行打开文件密码设置，如图 8-4 所示。注意密码一旦遗忘，则无法恢复。

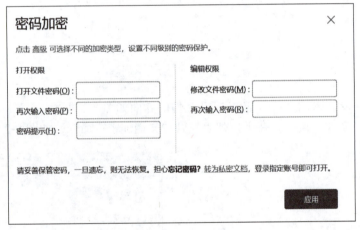

图 8-4 "密码加密"对话框

（5）设置完成后，单击"应用"按钮，关闭对话框并保存文件。再次打开该文档时，则出现密码输入对话框，如图 8-5 所示。

（6）仅当密码输入正确时，文档才能被打开，如果密码输入错误，则提示"密码不正确，请重新输入。"，如图 8-6 所示。

图 8-5 密码输入对话框

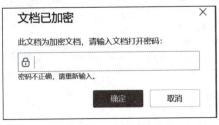

图 8-6 密码不正确对话框

（7）密码输入正确后，文档打开，如图8-7所示。

图8-7　加密文档打开

课堂探讨

请尝试对文档的编辑权限进行设置。

拓展训练

1. 请对文档的打开/编辑权限进行设置，选择仅指定人可查看/编辑文档。

2. 请上网查询其他文档加密的方法或工具，并尝试使用至少一种工具对文档进行加密设置。

第 3 篇

商务数据分析实践

项目 9

电商大数据分析与应用

职业能力

- 能够运用大数据技术解决实际问题；
- 能收集和下载商品信息，选择分析工具；
- 能整理和汇总分析结果，形成分析报告。

职业素养

- 运用大数据思维分析实际问题。
- 具备商务数据分析与应用平台的实践能力。

项目重难点

项目内容	工作任务	建议学时	技能点	重难点	重要指数
电商大数据分析与应用	任务 9.1 市场分析	4	子行业选择和子行业分析技能	数据采集	★★★★☆
				市场容量分析	★★★★★
				市场趋势分析	★★★★★
				市场潜力分析	★★★★★
	任务 9.2 客户数据分析	2	客群分析技能	数据处理	★★★★☆
				客群分析	★★★★★
	任务 9.3 数字化选品	2	数字化选品技能	数据可视化	★★★★☆
				搜索关键词分析	★★★★★
				数据排序处理	★★★★☆

任务 9.1 市场分析

任务描述

小张所在公司要对"鲜花速递/花卉仿真/绿植园艺"市场进行数据分析，结合数据抓取、清洗、挖掘、分析等大数据手段，对商品数据进行不同角度的分析，呈现有价值的数据参考。

小张为了更好地参与到任务中，先借助商务数据分析与应用平台学习，针对淘宝新手卖家对市场行情不了解的问题，通过对"鲜花速递/花卉仿真/绿植园艺"市场下的各个子行业数据进行分析，给出市场分析结论，为新手卖家做决策提供数据支持。

任务实施

在浏览器中输入虚拟仿真平台"商务数据分析与应用平台"网址，进入系统登录界面，如图 9-1 所示。

图 9-1 系统登录界面

在登录界面，输入账号、密码并单击"登录"按钮。登录成功后，进入系统首页（见图 9-2），系统默认进入"实验列表"页面，单击"兰花淘宝电商数据分析"，进入具体的任务列表，如图 9-3 所示。

项目9 电商大数据分析与应用

图9-2 系统首页

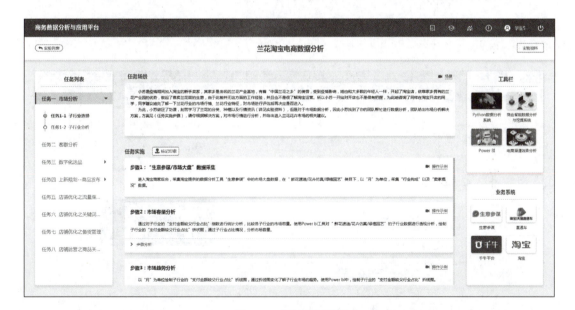

图9-3 实验任务页面

如图9-3所示,在实验任务页面,左边为任务列表,可单击选择任务进行实训;页面中间区域为任务实施步骤描述区域,展示每一任务的具体场景与实施操作过程,学生根据实施步骤完成任务操作;右边区域为工具栏与业务系统区域,在业务系统中获取业务数据,并使用提供的工具完成任务的数据处理工作。

登录系统后,默认进入"子行业选择"任务的实施指导页面,如图9-4所示。

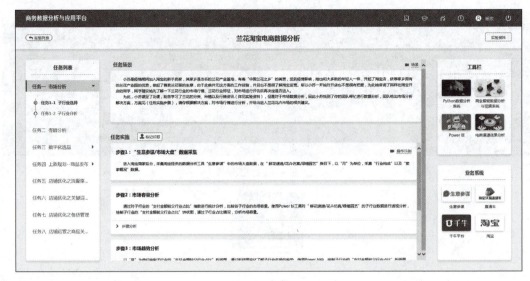

图 9-4 子行业选择

一、"生意参谋/市场大盘"数据采集

在图 9-4 的"业务系统"中,选择"生意参谋"系统,如图 9-5 所示,跳转进入"生意参谋"首页。

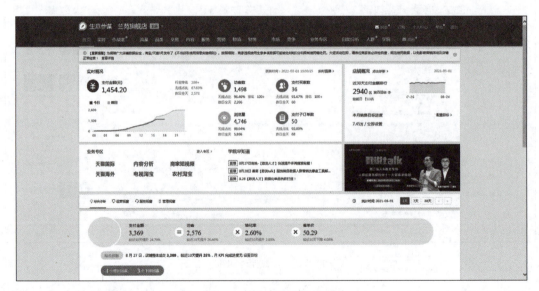

图 9-5 "生意参谋"首页

在"生意参谋"系统首页,单击进入"市场"页面,下载"行业构成"与"买家概况"数据,将数据保存到本地。

二、市场容量分析

将下载的"行业构成"数据,导入 Power BI 软件中,在"报表"区域绘制"市场容量饼图"。

在 Power BI 软件中将"行业构成"数据导入，如图 9-6 所示。

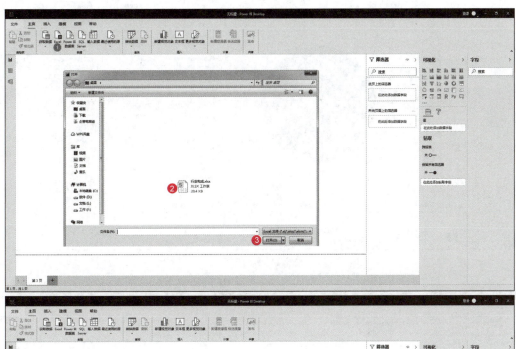

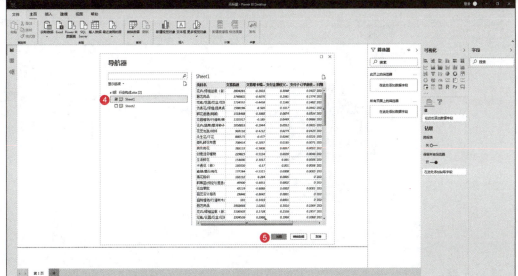

图 9-6 将"行业构成"数据导入 Power BI 中

数据导入以后，开始绘制"市场容量"饼图，如图 9-7 所示。

（1）在 Power BI 工作界面的"可视化"模块中，选择"饼图"，将图形加载到画布中。

（2）在"字段"模块中，将"子行业"字段拖动到"图例"处，将"支付金额较父行业占比"字段拖动到"值"处。

（3）在画布中，选择图形，可拖曳图形放大缩小，方便查看图形数据。此外，可以通过设置图形的"格式"，修改图形的标题、图例文字大小、是否显示数据标签等，如图 9-8 所示。

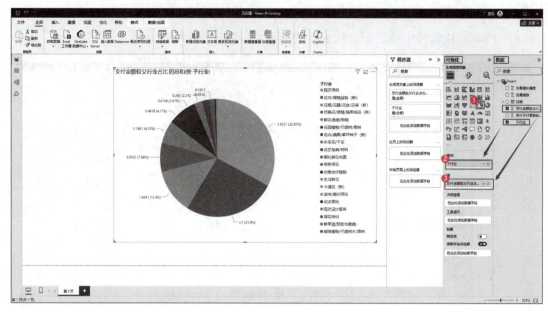

图 9-7 饼图设置

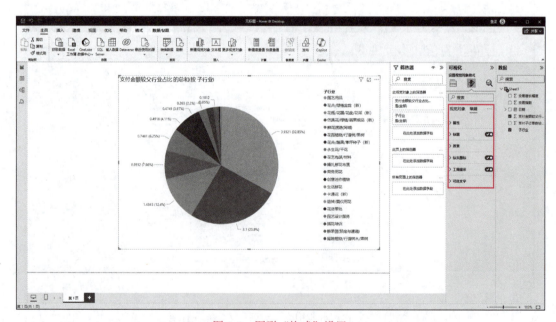

图 9-8 图形"格式"设置

步骤分析：根据绘制的子行业的"支付金额较父行业占比"饼图可知，占比最大的子行业是"花卉/绿植盆栽（新）"和"园艺用品"。

三、市场趋势分析

通过绘制各子行业的"支付金额较父行业占比"指数的折线图及折线图的变化，了解子行业市场的发展趋势。具体操作如下。

（1）在 Power BI Desktop 工作界面的"可视化"模块中，选择"折线图"，将图形加载到画布中。

（2）在"字段"模块中，将"日期"字段拖动到"轴"处，将"子行业"字段拖动到"图例"处，将"支付金额较父行业占比"字段拖动到"值"处。

（3）通过"筛选器"，查看每一子行业的行业发展趋势。在筛选器中，单击"子行业"筛选器，然后在开展的类目信息里面，取消"全选"，接着勾选"需要单选"，然后分别选择子行业，查看行业的走势，如图 9-9 所示。

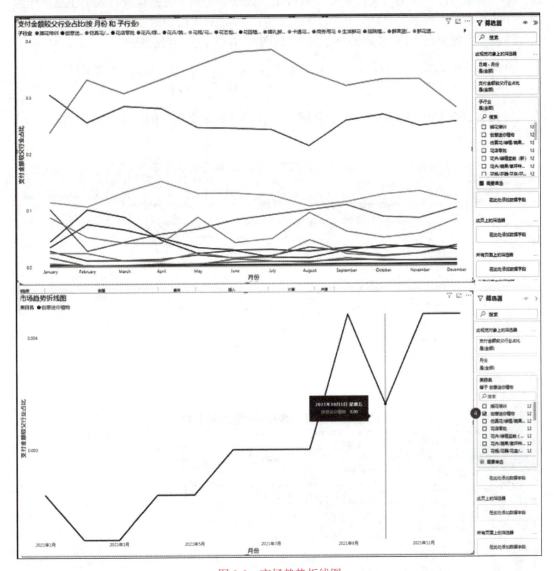

图 9-9　市场趋势折线图

步骤分析：根据绘制的折线图可知，"花艺包装/材料""商务用花""卡通花（新）"与"追悼/奠仪用花"的趋势是呈上升趋势的。

四、市场潜力分析

通过生成"蛋糕指数"判断市场是否有发展的潜力，其中蛋糕指数＝支付金额较父行业占比÷父行业卖家数占比。需合并"行业构成"与"卖家概况"表中的数据，再生成新的"蛋糕指数"字段，然后绘制各子行业的雷达图。具体操作如下。

（1）新建"蛋糕指数"Excel 表，将"行业构成"Excel 表中的"日期""子行业"和"支付金额较父行业占比"字段复制到"蛋糕指数"表中，然后通过 VLOOKUP 函数，将"卖家概况"中的"父行业卖家数占比"数据合并到"蛋糕指数"表（注意，作为 VLOOKUP 函数条件的"日期"和"子行业"的字段排列先后顺序需要保持一致，即"日期"放在"卖家概况"Excel 表的第一列），如图 9-10 所示。参考公式如下：

```
=VLOOKUP(A2&B2,IF({1,0},'[2.卖家概况.xlsx]Sheet1'!$A:$A&'[2.卖家概况.xlsx]Sheet1'!$B:$B,'[2.卖家概况.xlsx]Sheet1'!$D:$D),2,0)
```

输入公式后，按 Ctrl＋Shift＋Enter 组合键，即可将"卖家概况"的"父行业卖家数占比"数据匹配到表中。

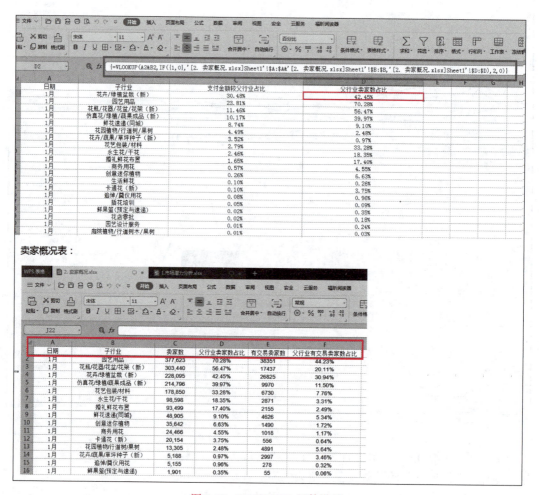

图 9-10　VLOOKUP 函数设置

项目 9 电商大数据分析与应用

(2) 在表中新增衍生字段"蛋糕指数",如图 9-11 所示。

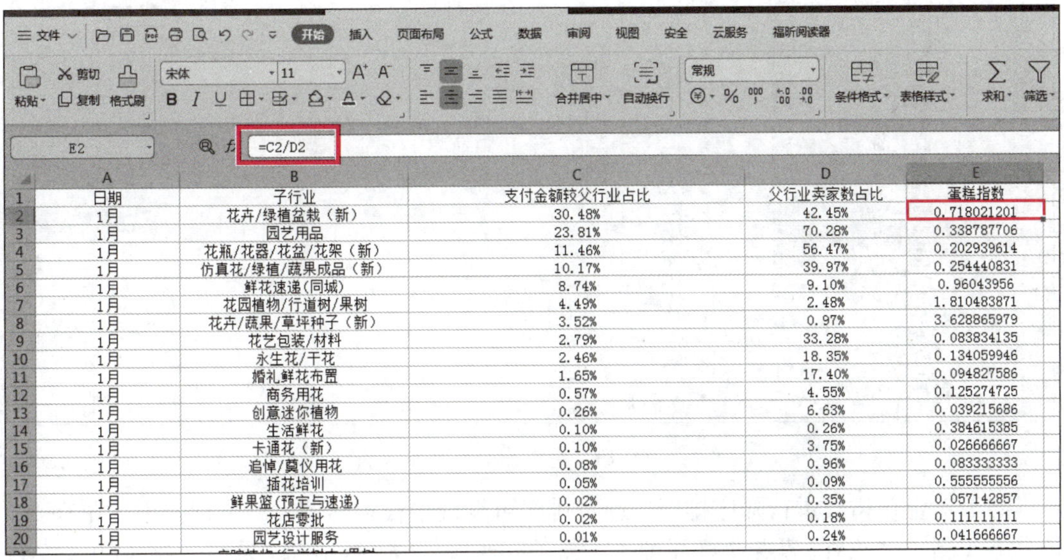

图 9-11 新增"蛋糕指数"字段

(3) 在 Excel 中,在"数据"选项卡中,单击"数据透视表"命令,然后选择单元格数据,见图 9-12,单击"确定"按钮生成透视表。

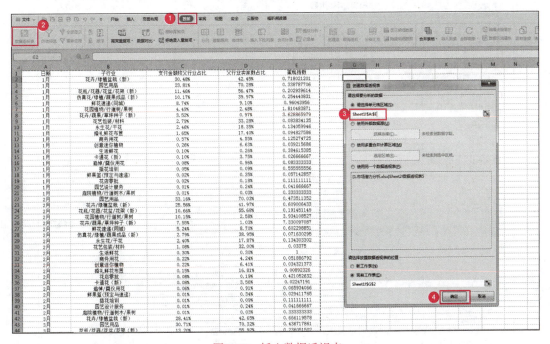

图 9-12 插入数据透视表

(4) 选择"子行业"和"蛋糕指数"两个字段,生成数据透视表,如图 9-13 所示。

183

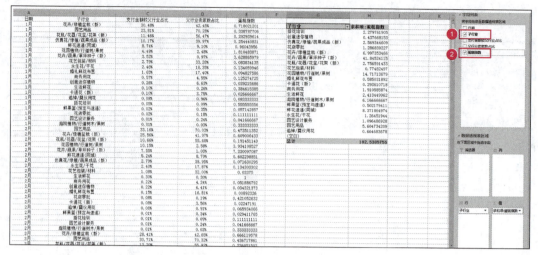

图 9-13 生成数据透视表

（5）对蛋糕指数进行降序排序，通过排序可发现蛋糕指标较大的子行业为"花卉/绿植盆栽（新）""花卉/蔬果/草坪种子（新）""花园植物/行道树/果树""庭院植物/行道树木/果树"和"鲜花速递（同城）"，所以可对透视表的子行业进行筛选，选择这5个子行业绘制雷达图，如图 9-14 和图 9-15 所示。

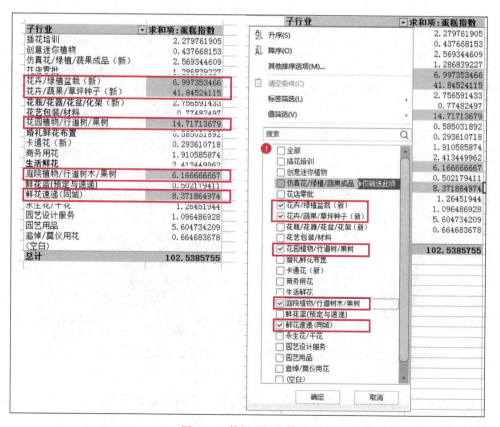

图 9-14 数据透视表筛选

子行业	支付金额较父行业占比	父行业卖家数占比	蛋糕指数		子行业	求和项:蛋糕指数
卡通花（新）	0.03%	3.52%	0.008522727		花卉/绿植盆栽（新）	6.997353466
鲜果篮(预定与速递)	0.01%	1.17%	0.008547009		花卉/蔬果/草坪种子（新）	41.84524115
婚礼鲜花布置	0.15%	16.81%	0.00892326		花园植物/行道树/果树	14.71713679
卡通花（新）	0.03%	3.20%	0.009375		庭院植物/行道树木/果树	6.166666667
婚礼鲜花布置	0.22%	16.62%	0.013237064		鲜花速递（同城）	8.371864974
鲜果篮(预定与速递)	0.02%	1.35%	0.014814815		总计	78.09826305
花店零批	0.03%	1.74%	0.017241379			
卡通花（新）	0.10%	5.57%	0.017953321			
花店零批	0.03%	1.62%	0.018518519			
鲜果篮(预定与速递)	0.01%	0.51%	0.019607843			
婚礼鲜花布置	0.30%	14.90%	0.020134228			
卡通花（新）	0.09%	4.34%	0.020737327			
卡通花（新）	0.08%	3.56%	0.02247191			
卡通花（新）	0.08%	3.01%	0.026578073			
卡通花（新）	0.10%	3.75%	0.026666667			
卡通花（新）	0.08%	2.99%	0.026755853			
卡通花（新）	0.10%	3.72%	0.02688172			
卡通花（新）	0.09%	3.09%	0.029126214			
鲜果篮(预定与速递)	0.01%	0.34%	0.029411765			
追悼/奠仪用花	0.08%	2.65%	0.030188679			
创意迷你植物	0.42%	13.11%	0.032036613			
创意迷你植物	0.22%	6.82%	0.032258065			
婚礼鲜花布置	0.50%	15.46%	0.032341527			

图 9-15　数据透视表

（6）雷达图绘制：选中数据透视表，然后在"插入"选项卡中，单击"图表"命令，选择"雷达图"，如图 9-16 所示，单击"确定"按钮，完成雷达图绘制，如图 9-17 所示。

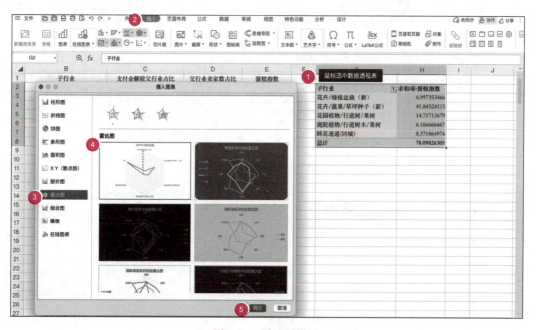

图 9-16　雷达图设置

为了解子行业的蛋糕指数变化，在数据透视表中，插入切片器。选中数据透视表，然后在"插入"选项卡中，单击"切片器"命令，选择"日期"字段，单击"确定"按钮后插入切片器，如图 9-18 所示。

单击插片器中的日期，可调整蛋糕指数的雷达图（见图 9-19）。

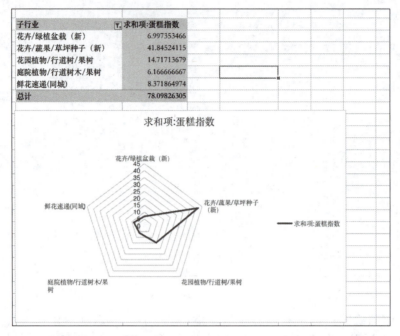

图 9-17 雷达图生成

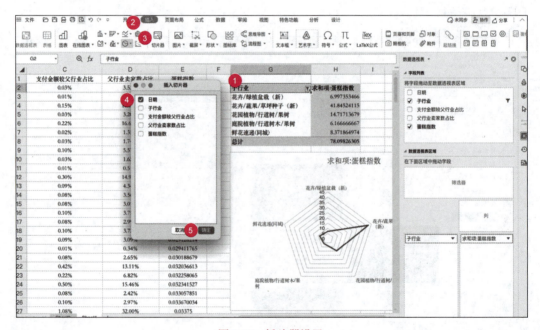

图 9-18 插片器设置

❋ **步骤分析**：根据蛋糕指数雷达图可知，排名靠前的行业为"花卉/蔬果/草坪种子（新）""花园植物/行道树/果树""鲜花速递（同城）"以及"生活鲜花"等子行业。但是根据市场容量数据可知，以上行业容量占比非常小，约占 15% 的市场。蛋糕指数排行紧随其后的就是"花卉/绿植盆栽（新）"和"园艺用品"这两个子行业，根据市场趋势分析数据可知，这两个行业发展较为平稳，应该可以初步考虑进入这两个行业。

项目 9　电商大数据分析与应用

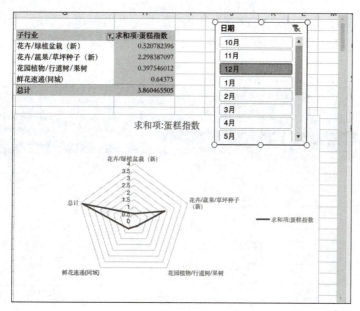

图 9-19　插片器生成

五、行业集中性分析

选定进入"花卉 / 绿植盆栽（新）"子行业后，需对其进行集中度分析，判断行业是否被顶部商家所占领。具体操作如下。

（1）数据采集：在页面的"业务系统"中，选择"生意参谋"系统，跳转进入生意参谋页面，在生意参谋页面，单击"市场"进入市场页面，在市场页面的左边侧边栏中，单击"市场排行"标签，然后在"品牌排行"中单击"下载"按钮，下载排名前 50 的品牌交易指数数据，如图 9-20 所示。

图 9-20　品牌交易指数数据下载

（2）数据处理：在下载的"品牌"Excel表中，求出每个品牌的"市场份额（交易指数/总和）""市场份额平方值""行业集中度（市场份额平方值求和）"，具体公式见图 9-21。

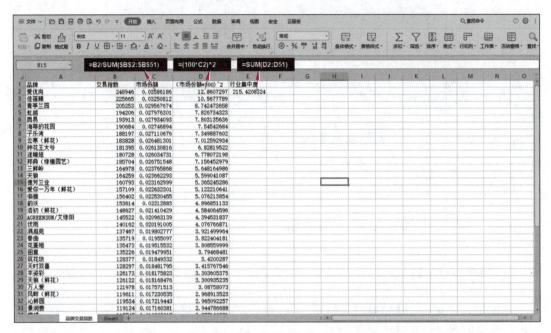

图 9-21　品牌交易指数数据预处理

💬 **步骤分析**：通过对头部商家数据分析，可知市场集中度比较小，行业未被头部商家占领，仍有发挥空间。

行业集中度集中体现了市场的竞争和垄断程度，经常使用的集中度计量指标有：行业集中度、赫尔芬达尔—赫希曼指数 HHI。这里使用 HHI 指数，将相关市场上的所有企业的市场份额的平方后再相加的总和，计算公式如下：

$$HI = SUM(100 * X_i / X)^2$$

式中，X_i 为某个品牌的市场份额；X 为市场份额总和。

评价指标：低度集中市场，$HI < 1000$；中度集中市场，$HI = 1000 - 1800$；高市场集中度，$HI > 1800$。

📝 **课堂探讨**

小张通过电子商务数据分析实训平台进行了兰花商品的市场分析，请同学们讨论市场分析都包括哪些内容。

☁️ **拓展训练**

请同学们登录电子商务数据分析实训平台进行商品的市场分析。

项目 9　电商大数据分析与应用

任务 9.2　客户数据分析

■ 任务描述

小张前期借助电子商务数据分析实训平台学习了市场分析的相关知识和具体操作，接下来他想在对市场进行分析评估后，对选择的行业的客户数据进行分析，全面掌握客户的特征与需求，这些是做好客户管理的必要条件。

一、客户特征分析

客户特征分析是通过分析客户信息、总结客户全貌的过程。通过分析客户特征，运营者可以了解客户的消费行为特点，掌握客户的购买需求，从而更好地实现精准营销。

二、客户群体特征分析

客户群体特征分析是从不同维度对客户进行分析，然后总结客户群体特征的过程。通过分析客户群体特征，运营者能够从整体上了解客户的特点，然后根据客户群体特征制定选品策略和营销策略。

运营者可以采用"七问"分析法来实施客户群体特征分析，分析思路如表 9-1 所示。

表 9-1　客户群体特征分析思路

"七问"分析法	说　　明
何事（what）	分析客户浏览、收藏或购买最多的商品是什么，可重点关注店铺内各款商品的浏览量、收藏量和销售量等
何因（why）	分析客户为什么浏览、收藏或购买这些商品，运营者是否为这些商品实施了推广，可重点关注各款商品参与促销活动或付费推广活动的数量
何人（who）	分析购买店铺内商品的客户是谁，即客户的具体信息如客户的性别比例、年龄结构、地域分布、职业特征等
何时（when）	分析大多数客户喜欢在什么时候下单并付款，例如，什么时间段是客户访问高峰期、什么时间段是客户下单高峰期等
何地（where）	分析大多数客户是在移动端购物，还是在 PC 端购物，可重点关注 PC 端和移动端的访问数、成交客户数、成交金额、客单价等
如何做（how）	分析大多数客户购物时习惯先加入购物车，还是习惯直接下单付款；是习惯静默下单，还是习惯咨询客服后再下单；是习惯使用支付宝付款，还是使用其他方式付款等
何价（how much）	分析大多数客户喜欢购买什么价位的商品，每次购买的数量是多少，每次花费的金额是多少。可重点关注店铺不同价位商品的成交客户数、成交金额，以及店铺的客单价等

189

三、客户画像

客户画像是根据客户的社会属性、生活习惯及消费行为等信息而生成的一个标签化的客户模型。

1. 明确客户画像的方向

在进行客户画像之前，运营者首先要明确几个问题，即给哪些客户画像？给这些客户画什么像？给这些客户画像的目的是什么？客户画像的分类和预期结果是怎样的？这些问题并不是由大数据系统自动产生的，而是由运营者提出来的。如果运营者没有明确的客户画像的方向，漫无目的地搜集无疑会做很多无用功。

虽然在足够多数据做支撑的前提下，运营者可以运用相关软件自动生成客户画像，但为了提高客户画像的体系化和应用性，运营者应采取人工和软件相结合的方式构建客户画像。人工设计客户画像的方向和分类体系，再运用相关软件进行数据库、建模和分析。

明确客户画像的方向是构建客户画像的第一步，就像打地基和房屋初始设计，有了方向做指导，后续数据的收集与分析工作才能有的放矢。

2. 收集客户信息

明确了客户画像的方向后，接下来是收集客户的相关信息。运营者要做到比客户还了解他们自己，这样才能让所售商品和营销策略更符合客户的心理需求。

运营者在收集客户信息时，应以客户为主体，而不是以自己的业务为主体。要先站在客户的角度，分析哪些信息可能与交易有关系。一般来说，运营者待收集的客户信息主要有 3 种，如表 9-2 所示。

表 9-2 客户信息类型及其内容

客户信息类型	具 体 内 容
基本面信息	姓名、性别、联系方式、出生日期、收入水平、职业、所在地区、婚姻状况等
形为面信息	风格喜好、品牌倾向、消费方式倾向、价格敏感度、社交爱好等
交易面信息	点击、发表评论、点赞、搜索、下单、消费水平、已购商品类型、购物频次、购买渠道等

3. 构建标签体系并为客户贴标签

客户画像的核心工作是为了客户打标签。标签是体现客户的基本属性、行为倾向、兴趣偏好等某一维度的数据标识，是一种概括性很强的关键词，可用于简洁的描述和分类人群，如"学生""90 后""宝妈""白领""单身"等。

一般来说，为了全面、立体地描述客户的特性，运营者可以从基础属性、社会 / 生活属性、行为习惯、兴趣偏好 / 倾向、心理学属性及客户关系 6 个维度来构建客户标签体系，具体的标签内容如表 9-3 所示。

表 9-3 构建客户标签体系的维度及标签内容

维 度	标 签 内 容
基础属性	性别、年龄、地域、教育水平、出生日期、收入水平、健康状况等
社会 / 生活属性	职业、职务（如职员、管理者等）、婚姻状况、社交 / 信息渠道偏好、房屋居住情况（如是租房还是自有房）、车辆使用情况（如有车还是无车）、孩子状况（如是否有孩子，孩子的年龄段等）

项目 9 电商大数据分析与应用

续表

维　度	标签内容
行为习惯	常住的城市、日常作息时间、常用的交方式、经济理财特征、餐饮习惯、购物习惯（如购物渠道、品牌偏好、购买的商品品类等）、浏览访问的媒体、浏览访问时长等
兴趣偏好 / 倾向	浏览 / 收藏内容偏好（如浏览视频、文章的类型，浏览电视剧、电影的类型等）、音乐偏好（如音乐的类型、歌手等）、旅游偏好（如跟团游、自驾游、穷游、国内游、出境游等）
心理学属性	生活方式（如作息规律、喜欢化妆、喜欢素食、关注健身等）、个性（如性格外向、文艺青年、特立独行、敢于尝新等）、价值观（如崇尚自然、勇于冒险、关注性价比、关注品质等）
客户关系	客户状态（如新客户、活跃客户、流失客户等）、会员状态（如是否是会员、会员等级等）

4. 客户画像验证

客户画像验证，就是验证给客户贴的标签是否正确。这里所说的准确有两种类型：一种是有事实标准的，如性别，可以用标准的数据集验证模型的准确性；另一种是没有事实标准的，如客户的忠诚度，需要运营者通过一些有效的测试方法进行验证。

任务实施

登录电子商务数据分析实训平台系统后，进入"客群分析"任务的实施指导页面。

一、"生意参谋 / 市场大盘"数据采集

根据步骤描述，在"生意参谋"系统中，查看计划进入的子行业的客群数据。

具体操作：在页面的"业务系统"模块中，选择"生意参谋"系统，进入生意参谋页面。单击"市场"进入市场页面，然后单击左边侧边栏的"行业客群"，可查看客群的属性画像，如图 9-22 所示。

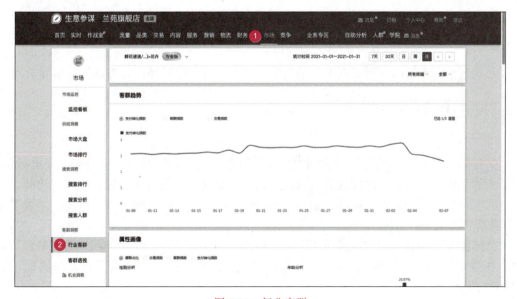

图 9-22　行业客群

二、客群分析

对生意参谋的属性画像、购买偏好等客群数据进行分析。通过客群的用户数据进行分析可知，客户的年龄分布在 40~49 岁，客户的职业主要是"公司职员"，支付偏好价格分布在 0~40 元，偏好时段集中在 20:00—22:00。

📝 课堂探讨

小张通过电子商务数据实训平台进行了兰花商品的客群分析，请同学们讨论客群分析画像的基本步骤有哪些。

☁ 拓展训练

请同学们登录电子商务数据实训平台进行商品的客群分析任务。

任务 9.3　数字化选品

■ 任务描述

小张前期借助电子商务数据分析实训平台对市场现有的兰花商品与用户搜索数据进行分析，接下来小张要分析受欢迎的商品与竞争度小的商品，为店家提供选品建议。

📎 任务实施

登录电子商务数据分析实训平台系统后，进入"数字化选品"任务的实施指导页面。

一、兰花商品数据分析

1. 兰花商品数据采集

采集淘宝平台中"兰花"搜索词中的宝贝数据，包括店铺名称、宝贝 id、宝贝标题、购买人数、售价、运费、评价人数、收藏人数、下架时间、属性（地址、品牌、功能、适用空间、颜色分类、是否含花盆、植物类别、开花季节、植物品种、难易程度、是否带花苞/花箭）等信息。

具体操作：在页面的"业务系统"中，单击"淘宝"系统，跳转进入"淘宝平台"页面，在搜索框中，首先输入"兰花"，然后单击"搜索"按钮，进入兰花商品页面，如图 9-23 所示。

项目 9　电商大数据分析与应用

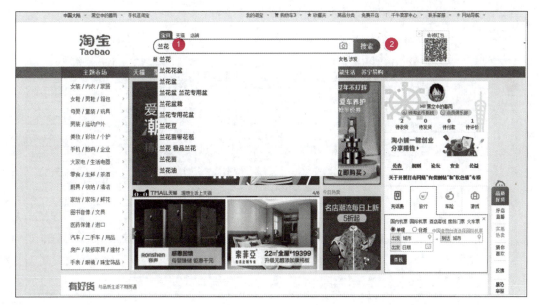

图 9-23　兰花商品搜索

在兰花商品页面，单击"下载宝贝数据"（见图 9-24），将商品数据下载到本地。

图 9-24　兰花商品数据下载

2. 兰花商品数据预处理

查看下载的兰花商品数据，整体上看数据无明显缺失。由于需要对商品的价格进行分析，可对价格数据进行查看，通过对价格排序，发现有两条异常数据，大部分商品价格在 200 元以下，但是有两条数据价格却非常高，判定为异常数据，进行删除，如图 9-25 所示。

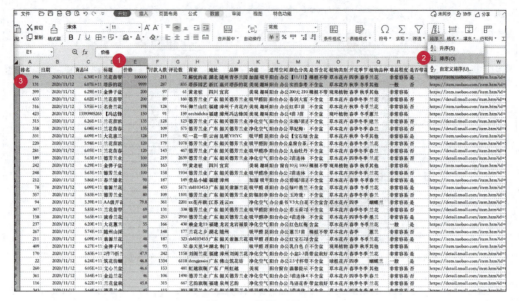

图 9-25 数据预处理

具体操作：选中"价格"字段，对价格进行降序处理，删除价格为 100000 和 9999 的商品数据。

3. 数据可视化分析

Power BI 中对数据进行可视化，分析用户的购买偏好，包括产品品类、产品功能、产品价格区间等相关信息。

绘制"产品品类"柱形图，如图 9-26 所示。具体步骤如下。

（1）将"兰花宝贝数据集"导入 Power BI。

（2）在 Power BI 工作界面的"可视化"模块中，选择"柱形图"，将图形加载到画布中。

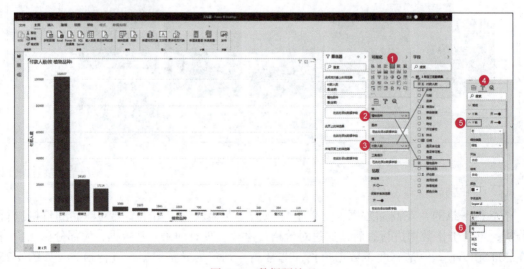

图 9-26 数据预处理

(3)在"字段"模块中,将"植物品种"字段拖动到"轴"处,将"付款人数"字段拖动到"值"处。

(4)在图表"格式"中,对Y轴数据的"显示单位"进行设置,选择"无"单位。绘制"商品属性分析"饼图,如图9-27和图9-28所示。

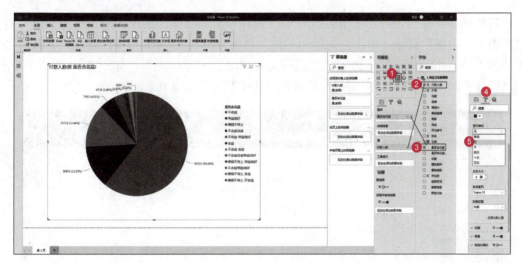

图9-27 "商品属性分析"饼图1

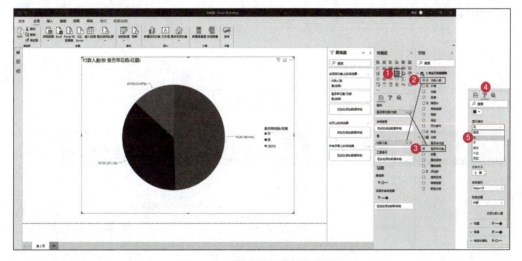

图9-28 "商品属性分析"饼图2

(1)在Power BI主界面的"可视化"模块中,选择"饼图",将图形加载到画布中。

(2)在"字段"模块中,将"是否含花盆"字段拖动到"图例"处,将"付款人数"字段拖动到"值"处。

(3)在图表"格式"中,对"详细信息"数据的"显示单位"设置,选择"无"单位。

(4)使用同样的方法,对"是否含花苞"这一属性进行分析。

步骤分析:通过绘制兰花的品种饼图可知,购买人数最多的除了兰花就是蝴蝶兰;通过绘制兰花的商品属性数据可知,购买人数较多的产品都不含盆、不带花苞。

二、搜索关键词分析

1. "搜索关键词"数据采集

采集"兰花"搜索关键词的相关分析数据,分析商品的竞争度以及用户的潜在购买需求。

具体操作:在页面的"业务系统"中,选择"生意参谋"系统,进入生意参谋页面。单击进入"市场"页面,单击左边侧边栏的"搜索分析",在搜索框中,输入"兰花",如图9-29所示。按Enter键,进入"兰花"关键词的相关分析页面,如图9-30所示。单击"下载"按钮,将"兰花"关键词的相关性分析数据下载至本地。

图9-29 搜索分析

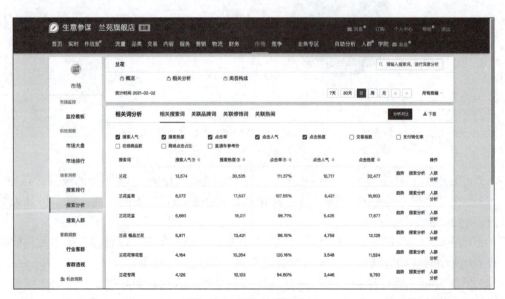

图9-30 兰花相关性分析

2. "脏数据"处理

查看采集的"兰花"搜索关键词的相关分析数据，对"兰花相关搜索词"数据进行脏数据处理。

具体操作：在 Excel 表中，查找兰花无关的记录，并进行以下删除操作。

- 删除包含以下词汇的记录：霜、酒、度、酱油、香水、面膜、精油、水龙头、膏、被子、豆干、豆制品、兰花螳螂、茶叶、真丝、服装、绣、铁观音、萝卜、肥料；
- 删除无关品牌的记录，如娇韵诗、Zara、飘柔、御庭、舒城；
- 删除其他无关数据。

3. 生成衍生字段

"兰花"关键词的相关性分析数据表中，新增字段"支付单数""客单价""竞争度"，其中，支付单数 = 交易指数 × 支付转化率；客单价 = 交易指数 / 支付单数；竞争度 = 搜索人气 / 在线商品数。

具体操作：在 Excel 表中，新增"支付单数、客单价、竞争度"字段，并填充数据所有关键字数据，见图 9-31。

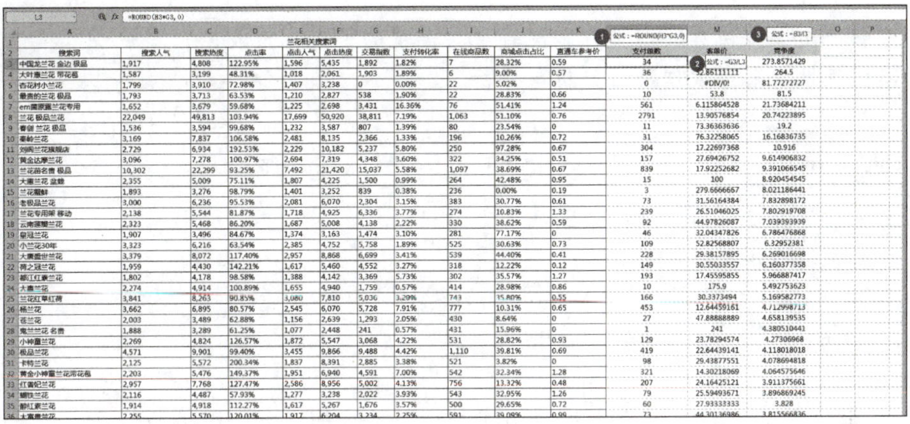

图 9-31　生成衍生字段

4. 数据排序处理

选中"竞争度"字段，对竞争度进行降序处理。

5. 数据报告编写

根据两个子任务的分析，对店铺选品给出建议。在步骤分析的报告题中直接编写报告内容。

📝 课堂探讨

小张掌握了分析某行业市场数据的方法，请同学们讨论数据报告还包括哪些内容？

☁ 拓展训练

依据本任务的分析模式，思考你想了解的商品的销售情况。

项目10

财务大数据分析与应用

📖 职业能力

- 能够使用虚拟仿真实训平台做出直观且美观的可视化报表;
- 能准确地对财务数据进行分析与评价。

💡 职业素养

- 具备数据人员严谨、一丝不苟的职业精神;
- 具备数据分析思维。

项目重难点

项目内容	工作任务	建议学时	技能点	重难点	重要程度
财务大数据分析与应用	任务 10.1 财务大数据分析	1	采集相关数据	财务数据采集	★★★☆☆
	任务 10.2 财务报表分析	2	数据分析	财务报表分析	★★★★☆
	任务 10.3 财务指标分析	2	可视化工具使用	财务指标分析	★★★★★

任务 10.1 财务大数据分析

■ 任务描述

2022年3月,M公司发布了2021年全年业绩财务数据。小张需要采集M公司财务数据,任务主要内容为下载M公司2021年度资产负债表、利润表和现金流量表。

项目10　财务大数据分析与应用

知识准备

一、财务大数据分析概念

财务大数据分析是指为企业财务管理与决策提供支撑作用，将企业数据通过大数据技术采集、整理、分析与评价。

二、财务大数据的来源

财务大数据分析之前需要获取相关的财务数据，在财务数据的完整、可靠、合理的前提条件下才能够保证分析结果的质量。

（一）上市公司财务数据

《中国证券报》《上海证券报》《证券时报》刊登上市公司的年度报告、中期报告、季度报告、董事会公告和其他公告，如图 10-1 所示。

图 10-1　上海证券交易所网站

深圳证券交易所官网提供 1999 年以来，深市上市公司的历年年度报告、中期报告、季度报告和董事会公告或者其他公告原文。

（二）政府部门信息采集

1. 中华人民共和国国家统计局

国家统计局官网上所有的数据都是免费的，并且在网站主页的最下面有个网站链接，里面有很多地方数据以及国外数据。

2. 中国产业信息网

中国产业信息网上的数据主要包括以下行业：能源、电力、冶金、化工、电子、汽车、安防、环保、医药、IT、通信、数码、传媒、办公、文教、金融、培训、服装、玩具、工艺品等。

3. 国家社会数据

国家社会数据包括中国综合社会调查、中国人口普查数据、中国国家数据中心、中国健康和营养调查、中国金融信息网等。

（三）其他数据来源

网络数据、电商数据、数据分析机构也能作为数据来源。

课堂探讨

小明已整理出来数据源。试说明以下业务对企业的财务报表的影响。
（1）投资者对公司投资 500 万元。
（2）企业向银行借入款项 100 万元。
（3）新建一个厂房，价值 80 万元。
（4）销售商品 40 万元，货款已存入银行。

拓展训练

搜集 M 公司 2021 年的资产负债表、利润表与现金流量表，并思考三个报表之间的内在联系。

任务 10.2　财务报表分析

任务描述

受中国经济需求收缩、供给冲击和预期转弱的三重压力下，M 公司依然取得了在行业中资产增长率中排名第九，资产规模排名中第二的业绩。小张需要根据 M 公司 2020 年及 2021 年的年报，从投资和资产的角度、筹资和权益角度以及资产负债结构上进行分析与评价。

知识准备

一、财务报表的概念

（一）资产负债表

资产负债表表示企业在某一时间点的资产、负债和所有者权益的状况。通过分析企业资产负债表，能够发现企业资产要素的信息、长期或短期偿还债务能力、资本结构是否合理、企业经营稳健与否或经营风险的大小以及股东权益结构状况等。

$$资产 = 负债 + 所有者权益$$

其中，资产表示企业所拥有或掌握的，以及作为债权人被其他企业所欠的各种资源或财产；负债表示企业所应支付的所有债务；所有者权益又称股东权益或净资产，是指企业总资产中扣除负债所余下的部分，表示企业的资产净值。

（二）利润表分析

利润表也称损益表，反映一定时期（如一个会计季度或会计年度）的总体经营成果，揭示企业财务状况发生变动的直接原因。利润表是一个动态报告，它表示企业的损益账目，反映企业在一定时间的业务经营状况，直接明了地揭示企业获取利润能力以及经营趋势。

利润表由三个部分构成：第一部分是营业收入；第二部分是与营业收入相关的生产性费用、销售费用和其他费用；第三部分是利润。

（三）现金流量表

现金流量表也称账务状况变动表，所表达的是在特定会计期间内，企业的现金（包含现金等价物）的增减变动等情形。

现金流量表的基本结构分为三部分，即经营活动产生的现金流量（CFO）、投资活动产生的现金流量（CFI）和筹资（也称融资）活动产生的现金流量（CFF）。

其中，经营活动产生的现金流量是与生产商品、提供劳务、缴纳税金等直接相关的业务所产生的现金流量；投资活动产生的现金流量包括为正常生产经营活动投资的长期资产以及对外投资所产生的股权与债权；筹资活动产生的现金流量反映的是企业长期资本（股票和债券、贷款等）筹集资金状况。现金流加总则得到净现金流（NCF），其公式为

$$NCF = CFO + CFI + CFF$$

二、财务报表分析

（一）资产负债表分析

根据采集的 M 公司本年度与上年度的财务数据，计算出变动率及对总额的影响。

1. 资产负债表水平分析

1）从投资或资产角度进行分析

选择分析的项目，如资产分析时选择流动资产与非流动资产。根据图 10-2 所示的 M 公司流动资产与非流动资产分析图，可以对 M 公司的总资产变动情况做出以下分析评价。

（1）从图 10-2 可以看出，M 公司流动资产增加 545.05 亿元，增长幅度为 49%，使总资产增加了 27.11%；非流动资产本期增加了 894.12 亿元，增长幅度为 45%，使总资产增长了 20.03%。两者合计使本期总资产增加 947.63 亿元，增长幅度为 47%。总资产的增长主要体现在流动资产的增长上。如果仅从这一变化来看，M 公司资产的流动性有所增强。

（2）从图 10-3 和图 10-4 可以看出货币资金变动情况和存货项目变动情况。M 公司尽管流动资产的各个项目有不同程度的增减变动，但其增长主要体现在以下三个方面。

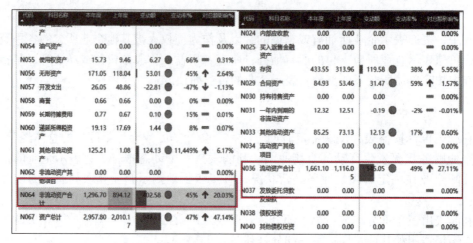

图 10-2　资产项目变动情况

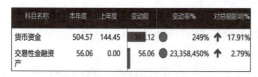

图 10-3　货币资金变动情况

图 10-4　存货项目变动情况

① 货币资金大幅度增加。货币资金的增加额为360.12亿元，变动比率为249%，对总资产的影响为17.91%。货币资金包括银行存款和库存现金，企业的销售收入的增加会引起货币资金的增加。

② 存货的增加。存货的增加额为119.58亿元，变动比率为38%，对总资产的影响为5.95%。结合本期固定资产增加的情况，可以认为这种变动是现实生产能力提升的结果，且本期存货量保持在正常水平。

③ 合同资产的增加。存货的增加额为31.47亿元，变动比率为59%，对总资产的影响为1.57%。说明企业已销售商品的总额增加了。

（3）图 10-5 和图 10-6 中可以看出非流动资产及其构成项目水平分析。M公司非流动资产的变动主要体现在以下三个方面。

图 10-5　非流动资产及其构成

图 10-6　长期股权投资变动情况

① 固定资产增长。固定资产净值本期增加了66.37亿元，增长幅度为12%，对总资产的影响为3.3%。固定资产的规模体现了一个企业的生产能力，但仅根据固定资产净值的变动并不能得出企业生产能力上升或下降的结论。

② 在建工程增加。在建工程本期增加了141.66亿元，增长幅度达到232%，对总资产的影响为7.05%。在建工程的增加说明企业投入的增加同时，使资产增加，未来能够提升企业生产能力。

③ 长期股权投资增加。长期股权投资增加额是 24.39 亿元，增加幅度为 45%，对总资产的影响为 1.21%。长期股权投资对公司而言利益与风险共存，在市场环境良好与流动资金允许范围内可以适当增加长期股权投资，可以使企业的收益增加。

2）从筹资或权益角度进行分析

筹资或权益角度的分析评价主要从以下几方面进行。

（1）分析权益总额的变动状况以及各类、各项筹资的变动状况，揭示出权益总额变动的主要方面，从总体上了解企业经过一段时间经营后权益总额的变动情况。

（2）发现变动幅度较大或对权益总额变动影响较大的重点类别和重点项目，为进一步分析指明方向。

（3）分析评价权益资金变动对企业未来经营的影响。

在资产负债表上，资产总额 = 负债 + 所有者权益总额。当资产规模发生变动时，必然要有相应的资金来源，如果资产总额的增长幅度大于股东权益的增长幅度，表明企业债务负担加重。虽然这可能是因为企业筹资政策变动而引起的，但后果是引起偿债保证程度下降，偿债压力加重。

根据图 10-7 可以对 M 公司权益总额变动情况做出以下分析评价。

代码	科目名称	本年度	上年度	变动额	变动率%	对总额影响%	代码	科目名称	本年度	上年度	变动额	变动率%	对总额影响%
N068	短期借款	164.01	403.32	-239.32	-59% ↓	-12.23%	N112	长期应付款	0.00	0.00	0.00	—	0.00%
N069	向中央银行借款	0.00	0.00	0.00	—	0.00%	N113	长期应付职工薪酬	0.00	0.00	0.00	—	0.00%
N070	吸收存款及同业存放	0.00	0.00	0.00	—	0.00%	N114	专项应付款	0.00	0.00	0.00	—	0.00%
N071	拆入资金	0.00	0.00	0.00	—	0.00%	N115	预计负债	0.00	0.00	0.00	—	0.00%
N072	交易性金融负债	0.58	0.34	0.23	68%	0.01%	N116	递延收益	0.00	0.00	0.00	—	0.00%
N076	衍生金融负债	0.00	0.00	0.00	—	0.00%	N117	递延所得税负债	3.93	1.03	2.90	282%	0.15%
N077	应付票据及应付账款	519.08	361.68	157.40	44% ↑	8.05%	N118	其他非流动负债	52.70	24.43	28.27	116% ↑	1.45%
N080	预收款项	0.08	0.02	0.06	275%	0.00%	N124	负债合计	1,365.63	1,330.40	35.23	3% ↑	1.80%
N081	合同负债	81.86	45.02	36.84	82% ↑	1.88%	N125	实收资本（或股本）	27.28	27.28	0.00	0%	0.00%
N082	卖出回购金融资产款	0.00	0.00	0.00	—	0.00%	N126	其他权益工具	10.95	43.95	-33.00	-75% ↓	-1.69%
N084	应付职工薪酬	48.35	37.83	10.52	28%	0.54%	N129	其他	0.00	0.00	0.00	—	0.00%
N085	应交税费	18.59	6.14	12.45	203%	0.64%	N130	资本公积	246.99	245.31	1.68	1%	0.09%
N086	其他应付款合计	92.80	68.21	24.59	36% ↑	1.26%	N131	减:库存股	0.00	0.00	0.00	—	0.00%
N091	内部应付款						N132	其他综合收益	-5.56	-0.47	-5.09	—	-0.26%
N092	预计流动负债	19.39	18.24	1.14	6%	0.06%	N133	专项储备	0.04	0.04	0.00	—	0.00%
N096	一年内的递延收益	0.00	0.00	0.00	—	0.00%	N134	盈余公积	44.48	40.99	3.49	9% ↑	0.18%
							N135	一般风险准备	0.00	0.00	0.00	—	0.00%
N098	应付短期债券	0.00	0.00	0.00	—	0.00%	N136	未确定的投资损失	0.00	0.00	0.00	—	0.00%
N099	持有待售负债	0.00	0.00	0.00	—	0.00%							
N100	一年内到期的非流动负债	114.12	87.47	26.65	30% ↑	1.36%	N137	未分配利润	244.57	210.56	34.00	16% ↑	1.74%
N102	其他流动负债	5.46	52.01	-46.55	-90% ↓	-2.38%	N138	拟分配现金股利	0.00	0.00	0.00	—	0.00%
N105	流动负债合计	1,064.31	1,080.29	-15.98	-1%	-0.82%	N139	外币报表折算差额					
N106	长期借款	147.45	119.48	27.98	23% ↑	1.43%	N143	少数股东权益	75.80	58.39	17.41	30%	0.89%
N108	应付债券	88.80	99.68	-10.88	-11%	-0.56%	N146	股东权益合计	644.54	626.01	18.52	3%	0.95%
N111	租赁负债	8.43	5.49	2.95	54%	0.15%	N149	负债和股东权益合计	2,010.17	1,956.42	53.76	3% ↑	2.75%

图 10-7　M 公司 2021 年负债与权益金额与变动比率

M 公司权益总额较上年同期增加 53.76 亿元，增长幅度为 3%，说明 M 公司本年权益总额有较小幅度的增长。进一步分析可以得出如下发现。

（1）负债本期增加了 35.23 亿元，增长的幅度为 3%，使权益总额增加了 1.8%；股东权益本期增加了 18.52 亿元，增长的幅度为 3%，使权益总额增加了 0.95%。两者合计使 M 公司权益总额本期增加 53.76 亿元（原值四舍五入计算得出），增长幅度为 3%。

（2）本期权益总额的增长主要体现在流动负债与非流动负债的变动。非流动负债的增长主要有以下两个方面。

① 应付票据及应付账款的增长。应付票据本期增长了 157.40 亿元，增长的幅度为 44%，使权益总额增加了 8.05%。该项目的增长给公司带来了一定的偿债压力，如果不能如期支付会给公司的信用带来不良影响。

② 其他应付款的增加。其他应付款本期增长了 24.59 亿元，增长的幅度为 36%，使权益总额增加了 1.26%。本期其他应付款的增长幅度较大，但占权益总额的比例不高。

（3）如前所述，股东权益本期增加了，且使权益总额也增加。M 公司股东权益的增加主要得益于本期盈利，盈余公积增加了 3.49 亿元，增长的幅度为 9%，使权益总额增加了 0.18%。

（4）未分配利润增加了 34 亿元，增长的幅度为 16%，使权益总额增加了 1.74%。

权益各项目的变动既可能是由于企业经营活动造成的，也可能是由于企业会计政策的变更造成的，又或者是由会计的灵活性、随意性造成的，因此，只有结合权益各项目变动情况的分析，才能揭示权益总额变动的真正原因。

3）资产负债表结构上分析

在财务数据分析中，列示资产总计、流动资产、非流动资产的占比与变动情况。

（1）资产从静态方面分析。就一般意义而言，企业流动资产变现能力强，其资产风险较小；非流动资产变现能力较差，其资产风险较大。所以，流动资产比重较大时，企业资产的流动性强而风险小；非流动资产比重高时，企业资产弹性较差，不利于企业灵活调度资金，风险较大。M 公司本年度流动资产占比为 56.16%，非流动资产占比仅为 43.84%。根据 M 公司的资产结构，可以认为 M 公司资产的流动性一般，存在资产风险，如图 10-8 所示。

代码	科目名称	本年度	本年度占比	上年度	上年度占比	变动情况%
N067	资产总计	2,957.80	100.00%	2,010.17	100.00%	0.00%
N036	流动资产合计	1,661.10	56.16%	1,116.05	55.52%	0.64%
N064	非流动资产合计	1,296.70	43.84%	894.12	44.48%	-0.64%

图 10-8　资产项目变动情况

从动态上看，流动资产的占比增加了 0.64%，非流动资产的占比下降了 0.64%。结合资产项目结构来看，货币资金的占比上升了 9.87%，应收票据、应付账款下降了 8.25%，固定资产的占比下降了 6.46%。资产结构相对稳定，如图 10-9 所示。

（2）负债与权益分析。从静态角度观察资本的构成，衡量企业的财务实力，评价企业的财务风险，同时结合企业的盈利能力和经营风险，可以评价其资本结构的合理性。

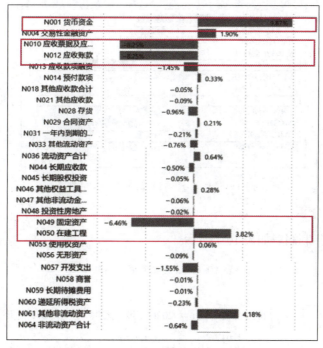

图 10-9　资产项目明细科目变动情况

从静态方面看，M 公司股东权益占比为 35.24%，负债占比为 64.76%，资产负债率还是比较高的，财务风险相对较大，如图 10-10 所示。这样的财务结构是否合适，仅凭以上分析难以做出判断，必须结合企业盈利能力，通过权益结构优化分析才能予以说明。

代码	科目名称	本年度	本年度占比%	上年度	上年度占比%	变动情况%
N149	负债和股东权益合计	2,957.80	100.00%	2,010.17	100.00%	0.00%
N124	负债合计	1,915.36	64.76%	1,365.63	67.94%	-3.18%
N105	流动负债合计	1,713.04	57.92%	1,064.31	52.95%	4.97%
N146	股东权益合计	1,042.44	35.24%	644.54	32.06%	3.18%
N077	应付票据及应付账款	804.92	27.21%	519.08	25.82%	1.39%
N130	资本公积	608.07	20.56%	246.99	12.29%	8.27%
N086	其他应付款合计	413.48	13.98%	92.80	4.62%	9.36%
N137	未分配利润	264.56	8.94%	244.57	12.17%	-3.22%
N081	合同负债	149.33	5.05%	81.86	4.07%	0.98%
N100	一年内到期的非流动负债	129.83	4.39%	114.12	5.68%	-1.29%
N068	短期借款	102.04	3.45%	164.01	8.16%	-4.71%
N143	少数股东权益	91.75	3.10%	75.80	3.77%	-0.67%
N106	长期借款	87.44	2.96%	147.45	7.34%	-4.38%
N118	其他非流动负债	74.17	2.51%	52.70	2.62%	-0.11%

图 10-10　负债、权益项目变动情况

从动态方面分析，M 公司股东权益的占比上升了 3.18%，负债的占比下降了 3.18%，结合各负债和股东权益项目的结构变动情况来看，未分配利润的占比下降了 3.22%，资本公积上升了 8.27%，变动幅度较大，表明 M 公司股东收益下降，如图 10-11 所示。

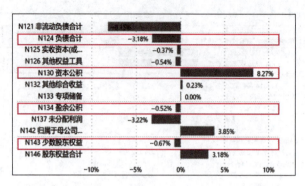

图 10-11 M 公司负债与权益项目变动比率

（二）利润表分析

M 公司 2021 年利润表如表 10-1 所示。

表 10-1　M 公司利润表分析

编制单位：M 公司

项　　目	2021 年度 / 亿元	2020 年度 / 亿元	变动额 / 亿元	变动比率 /%
一、营业总收入	2161.42	1565.98	595.45	38
二、营业总成本	2126.02	1490.10	635.92	43
其中：营业成本	1879.98	1262.51	617.46	49
税金及附加	30.35	21.54	8.80	41
销售费用	60.82	50.56	10.26	20
管理费用	57.10	43.21	13.89	32
研发费用	79.91	74.65	5.26	7
财务费用	17.87	37.63	−19.76	−53
加：其他收益	22.70	16.95	5.75	34
投资收益	−0.57	−2.73	2.16	−79
公允价值变动收益	0.47	−0.51	0.99	−192
信用减值损失	−3.88	−9.52	5.64	−59
资产减值损失	−8.57	−9.07	0.49	−5
资产处置收益	0.77	−0.14	0.91	−640
三、营业利润	46.32	70.86	−24.54	−35
加：营业外收入	3.38	2.82	0.56	20
减：营业外支出	4.52	4.85	−0.33	−7
四、利润总额	45.18	68.83	−23.65	−34
减：所得税费用	5.51	8.69	−3.18	−37
五、净利润	39.67	60.14	−20.47	−34

1. 利润表水平分析

企业的利润取决于收入和费用、直接计入当期利润的利得和损失金额的计量。营业利润公式如下：

$$营业利润=营业收入-营业成本-税金及附加-销售费用-管理费用-财务费用-资产减值损失+公允价值变动收益（-公允价值变动损失）+投资收益（-投资损失）+资产处置收益（-资产处置损失）+其他收益 \quad (10\text{-}1)$$

根据式（10-1）得出营业利润 = 2161.42 − 2126.02 + 22.70 − 0.57 + 0.47 − 3.88 − 8.57 + 0.77 = 46.32（亿元）。

利润总额公式如下：

$$利润总额=营业利润+营业外收入-营业外支出 \quad (10\text{-}2)$$

根据式（10-2）得出利润总额为 45.18 亿元。

净利润公式如下：

$$净利润=利润总额-所得税费用 \quad (10\text{-}3)$$

根据式（10-3）得出净利润为 39.67 亿元。

从总体来看，M 公司 2021 年相比 2020 年营业利润、利润总额和净利润均有较大的减少。利润表增减变动分析应抓住几个关键利润指标的变动情况，分析其变动原因。

1）净利润分析

M 公司 2021 年实现净利润 39.67 亿元，比上年减少了 20.47 亿元，下降率为 34%，下降幅度较大。其中，归属于母公司股东的净利润比上年下降了 11.89 亿元，下降率为 28.1%；少数股东损益比上年减少了 8.58 亿元，下降率为 48.2%。从水平分析表看，公司净利润减少主要是利润总额比上年减少 23.65 亿元引起的，如图 10-12 所示。

年份	2020		2021	
科目名称	本年金额	变动%	本年金额	变动%
六、净利润	60.14	183.8%	39.67	-34.0%
其中:被合并方在合并前实现利润	0.00		0.00	
持续经营净利润	60.14	183.8%	39.67	-34.0%
终止经营净利润	0.00		0.00	
归属于母公司股东的净利润	42.34	162.3%	30.45	-28.1%
少数股东损益	17.80	252.8%	9.22	-48.2%
扣除非经常性损益后的净利润	29.54	1181.5%	12.55	-57.5%
净利润其他项目	0.00		0.00	
净利润差额(合计平衡项目)	0.00		0.00	

图 10-12 M 公司利润表股东权益项目变动比率

2）利润总额分析

如表 10-1 所示，M 公司 2021 年利润总额减少了 23.65 亿元，关键原因是公司营业利润比上年下降了 24.54 亿元，下降率为 35%，营业利润下降是影响利润总额的不利因素；同时，营业外收入的增加使利润总额增长了 0.56 亿元，营业外支出减少 0.33 亿元，最终在综合作用的影响下，利润总额增加了 0.89 元。

3）营业利润分析

如表 10-3 所示，M 公司营业利润减少主要是由营业成本增加所引起的。虽然营业收入增加了，但是营业成本的增加大于营业收入的增加。营业收入比上年增加 595.4 亿元，增长率为 38%，增加幅度较大。但是，由于营业成本大幅度的增加引起了营业利润的减少。其中增加幅度最大的是管理费用和销售费用的部分。管理费用增加了 13.89 亿元，增长率为 32%；销售费用增加了 10.26 亿元，增长率为 20%；营业成本的增加额为 617.46 亿元，上升比率为 48%，最终使营业利润大幅度下降。

2. 利润表的结构分析

利润表的结构分析是对利润表中各项目在营业收入的占比进行分析。M 公司 2021 年度各项经营财务成果的构成情况，如表 10-2 所示。

表 10-2　利润表各项目在营业收入中的比重分析

项　　目	2021年度/亿元	2021年各项目占营业收入比重/%	2020年度/亿元	2020年各项目占营业收入的比重/%	变动额/%
一、营业总收入	2161.42	100.00	1565.98	100.00	0.00
二、营业总成本	2126.02	98.36	1490.10	95.15	3.21
其中：营业成本	1879.98	86.98	1262.51	80.62	6.36
税金及附加	30.35	1.40	21.54	1.38	0.03
销售费用	60.82	2.81	50.56	3.23	−0.41
管理费用	57.10	2.64	43.21	2.76	−0.12
研发费用	79.91	3.70	74.65	4.77	−1.07
财务费用	17.87	0.83	37.63	2.40	−1.58
加：其他收益	22.70	1.05	16.95	1.08	−0.03
投资收益	−0.57	−0.03	−2.73	−0.17	0.15
公允价值变动收益	0.47	0.02	−0.51	−0.03	0.05
信用减值损失	−3.88	−0.18	−9.52	−0.61	0.43
资产减值损失	−8.57	−0.40	−9.07	−0.58	0.18
资产处置收益	0.77	0.04	−0.14	−0.01	0.04
三、营业利润	46.32	2.14	70.86	4.52	−2.38
加：营业外收入	3.38	0.16	2.82	0.18	−0.02
减：营业外支出	4.52	0.21	4.85	0.31	−0.10
四、利润总额	45.18	2.09	68.83	4.40	−2.30
减：所得税费用	5.51	0.25	8.69	0.55	−0.30
五、净利润	39.67	1.84	60.14	3.84	−2.00

如表 10-2 所示，因为成本占比的变动率大于收入占比的变动率的原因，2021 年度营业利润为 46.32 亿元，营业利润占营业收入的比重为 2.14%。利润总额为 45.18 亿元，占营业收入的比重为 2.09%，本年度净利润为 39.67 亿元，净利润的构成为 1.84%，比上年的 3.84% 下降了 2%。可见，从利润的构成情况上看，M 公司盈利能力 2021 年比上年度有所下降，如图 10-13 所示。

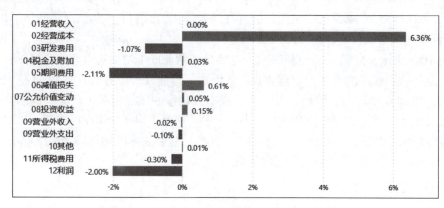

图 10-13　利润表各项目在营业收入中的占比变动率

进一步分析 M 公司各项财务成果结构变化的原因如下。

（1）从营业利润上看，经营成本的占比比上一年度增加 6.36%，引起了利润的减少。

（2）从利润总额上看，营业外收入的占比比上一年度减少较少，虽然营业外支出的占比比上一年度也减少了，但是占比较小，减少幅度为 0.1%。

（三）现金流量表的结构分析

企业现金流量的结构分析不同发展时期的企业现金流量，可以大致评价该企业经营发展的健康状况，并及时对企业财务现金流状况做出预警判断。

现金流量表的基本结构分为三部分，即经营活动产生的现金流量（CFO）、投资活动产生的现金流量（CFI）和筹资（也称融资）活动产生的现金流量（CFF）。

其中，经营活动产生的现金流量是与生产商品、提供劳务、缴纳税金等直接相关的业务所产生的现金流量；投资活动产生的现金流量包括为正常生产经营活动投资的长期资产以及对外投资所产生的股权与债权；筹资活动产生的现金流量反映的是企业长期资本（股票和债券、贷款等）筹集资金状况。

三部分现金流加总则得到净现金流（NCF），其公式为

$$NCF = CFO + CFI + CFF$$

1. 现金流量水平分析

1）经营活动现金流量分析

从表 10-3 可以看出，经营活动产生的现金流量金额比上年增加了 200.74 亿元，增长率为 44.22%。经营活动现金流入与流出分别增长了 646.97 亿元和 446.23 亿元，变动比率为 43.50% 和 43.19%。可以看出经营活动现金流入主要来源为销售商品、提供劳务收到的现金，变动额为 640 亿元，增长率为 46.15%，经营活动现金流出增加主要原因是因为购买商品、接受劳务支付的现金的增加，增加额为 351.39 亿元，增加率为 50.73%。其余项目都有不同程度增长，最终使经营活动现金流出量增加了 43.19%。

表 10-3 M 公司经营活动现金流量分析

项 目	2021 年度 / 亿元	2020 年度 / 亿元	变动额 / 亿元	变动率 /%
一、经营活动产生的现金流量				
销售商品、提供劳务收到的现金	2026.66	1386.67	640.00	46.15
收到的税费返还	48.55	64.12	-15.56	-24.27
收到其他与经营活动有关的现金	58.97	36.43	22.54	61.86
经营活动现金流入小计	2134.19	1487.22	646.97	43.50
购买商品、接受劳务支付的现金	1043.99	692.60	351.39	50.73
支付给职工以及为职工支付的现金	287.60	225.21	62.38	27.70
支付的各项税费	78.05	61.68	16.37	26.54
支付其他与经营活动有关的现金	69.88	53.80	16.08	29.90
经营活动现金流出小计	1479.52	1033.29	446.23	43.19
经营活动产生的现金流量净额	654.67	453.93	200.74	44.22

2）投资活动现金流量分析

如表 10-4 所示，投资活动产生的现金流量净额比上年度减少了 309.60 亿元，变动率为 214.34%，主要是因为投资活动现金流入减少了 32.04%，同时投资活动现金流出又增加了 74.75% 所引起。投资活动中现金流出大幅度增加是因为企业购建固定资产、无形资产和其他长期资产支付的现金与投资支付的现金分别增加了 255.70 亿元和 16.90 亿元。说明 M 公司对内和对外的投资都有所增长。

表 10-4　M 公司投资活动现金流量分析

项　　目	2021 年度 / 亿元	2020 年度 / 亿元	变动额 / 亿元	变动率 /%
二、投资活动产生的现金流量				
取得投资收益收到的现金	2.04	2.45	-0.41	-16.87
处置固定资产、无形资产和其他长期资产收回的现金净额	8.26	2.59	5.67	219.10
处置子公司及其他营业单位收到的现金净额	2.22	0.98	1.25	127.27
收到其他与投资活动有关的现金	114.69	182.16	-67.47	-37.04
投资活动现金流入小计	127.22	188.18	-60.96	-32.40
购建固定资产、无形资产和其他长期资产支付的现金	373.44	117.74	255.70	217.17
投资支付的现金	35.27	18.37	16.90	92.01
支付其他与投资活动有关的现金	172.56	196.52	-23.96	-12.19
投资活动现金流出小计	581.26	332.63	248.63	74.75
投资活动产生的现金流量净额	-454.04	-144.44	-309.60	214.34

3）筹资活动现金流量分析

从表 10-5 可以看出，筹资活动产生的现金流量净额比上年度增加了 449.70 亿元，变动率为 155.57%，主要是因为筹资活动现金流出减少的同时筹资活动现金流入增加所引起。筹资活动现金流入增加是因为投资收到的现金大幅度增加，增加额为 345.15 亿元，增加率为 1232.63%，同时借款收到的现金与发行债券收到的现金小幅度减少所引起的筹资活动现金流入增加 247.52 亿元，增加率为 54.48%。筹资活动现金流出减少是因为除了支付其他筹资活动相关现金以外其他各项目都减少所引起。

表 10-5　M 公司筹资活动现金流量分析

项　　目	2021 年度 / 亿元	2020 年度 / 亿元	变动额 / 亿元	变动率 /%
三、筹资活动产生的现金流量				
吸收投资收到的现金	373.14	28.00	345.14	1232.63
取得借款收到的现金	328.72	406.34	-77.61	-19.10
发行债券收到的现金	0.00	20.00	-20.00	-100.00
筹资活动现金流入小计	701.86	454.34	247.52	54.48
偿还债务支付的现金	498.79	671.24	-172.45	-25.69

续表

项　　目	2021年度/亿元	2020年度/亿元	变动额/亿元	变动率/%
分配股利、利润或偿付利息支付的现金	26.19	36.86	−10.67	−28.94
其中：子公司支付给少数股东的股利、利润	1.86	0.55	1.31	239.44
支付的其他权益工具利息	0.62	2.23	−1.61	−72.38
支付其他与筹资活动有关的现金	5.25	2.31	2.94	127.00
其他权益工具持有者赎回的现金	11.00	33.00	−22.00	−66.67
筹资活动现金流出小计	541.24	743.41	−202.18	−27.20
筹资活动产生的现金流量净额	160.63	−289.07	449.70	155.57

2. 现金流量结构分析

现金流量结构分析可以反映企业经营活动、投资活动、筹资活动中的现金流量在现金总流量的占比。

M公司现金流量结构分析可以看出，2021年度经营活动现金流量净额（CFO）占比为51.58%、投资活动现金流量净额（CFI）占比为12.65%和筹资活动流量净额（CFF）占比为−35.77%，如图10-14所示。

图10-14　M公司现金流量净额结构分析

其中经营活动中的现金流量占比最大，说明正常经营，而投资活动中现金流出大于投资活动中的现金流入量，说明企业存在对外进行投资，研发或者战略发展需要支出大量现金的可能性。

课堂探讨

找一家公司的财务报表，并对该公司财务进行分析。

拓展训练

经过一系列的财务分析，请结合当前经济形势及其他外部信息，分析M公司面临着哪些机遇与挑战，以及应该如何应对。

任务 10.3 财务指标分析

■ 任务描述

受中国经济面临需求收缩、供给冲击和预期转弱的三重压力,叠加疫情散发、国际大宗商品价格高位波动、地缘政治冲突等不确定因素影响,原材料及大宗商品价格疯涨成为影响 M 公司利润的主要因素。小张需要全面分析 M 公司的财务状况与盈利能力,掌握财务指标的计算与评价方法。

知识准备

微课:财务指标

一、财务指标计算与分析

财务指标是指企业总结和评价财务状况和经营成果的相对指标。企业财务分析可以从偿债能力分析、盈利能力分析、营运能力分析和发展分析等几个方面进行。

(一)偿债能力分析

1. 短期偿债能力分析——流动比率

流动比率是流动资产对流动负债的比率,用来衡量企业流动资产在短期债务到期以前,可以变为现金用于偿还负债的能力。一般来说,流动比率越高,说明企业资产的变现能力越强,短期偿债能力亦越强;反之则弱。一般认为健康的流动比率应在 2∶1 以上,即流动资产是流动负债的两倍及以上。流动比率计算公式为

$$流动比率 = 流动资产 \div 流动负债$$

其他常用的短期偿债能力分析指标还有现金比率、现金流量比率、到期债务本息偿付比率和速动比率。

2. 长期偿债能力分析

(1)资产负债率。资产负债率反映了企业全部资产中负债的比率,该指标是一项衡量公司利用债权人资金进行经营活动能力的指标。对企业来说,一般认为资产负债率的适宜水平是 40%~60%。资产负债率计算公式为

$$资产负债率 = 负债总额 \div 资产总额$$

(2)产权比率。产权比率反映了由债权人提供的资金来源和由投资者提供的资金来源的相对关系,反映了企业基本财务结构是否稳定。产权比率的计算公式为

$$产权比率 = (负债总额 \div 所有者权益) \times 100\%$$

资产负债率与产权比率具有相同的经济意义,两个指标可以相互补充。产权比率高属于高风险、高报酬的财务结构;反之,则属于是低风险、低报酬的财务结构。

其他常用的长期偿债能力分析指标:利息保障倍数、有形资产净值债务率、权益乘数、负债股权比率、偿债保障比率、现金利息保障倍数、长期债务与营运资金比率。

（二）盈利能力分析

1. 净利率

净利率是指经营所得的净利润占销售净额的百分比，能综合反映一个企业的经营效率。净利率计算公式为

$$净利率 =（净利润 \div 营业收入）\times 100\%$$

一般而言，净利率越高，公司的盈利能力越强。

2. 主营业务毛利率

主营业务毛利率的计算公式为

$$主营业务毛利率 = [（主营业务收入 - 主营业务成本）\div 主营业务收入] \times 100\%$$

主营业务毛利率是企业主营业务净利率的基础，没有足够大的毛利率企业便不能盈利。

其他常用的盈利能力分析指标：股东权益报酬率、成本费用净利率、每股现金流量、每股股利、股利发放率、市盈率、普通股每股收益、净资产收益率、资产收益率等。

（三）营运能力分析

1. 存货周转率

存货周转率又称库存周转率，是企业一定时期营业成本（销售成本）与平均存货余额的比率。用于反映存货的周转速度，即存货的流动性及存货资金占用量是否合理。一般情况下，存货周转率越高，表示企业资产具有较高的流动性，存货转换为现金或应收账款的速度快，存货占用水平低。存货周转率的计算公式为

$$存货周转率 =（销售成本 \div 平均存货）\times 100\%$$

2. 总资产周转率

总资产周转率是企业一定时期的销售收入净额与平均资产总额之比，它是衡量资产投资规模与销售水平之间配比情况的指标。总资产周转率综合反映了企业整体资产的营运能力，一般来说，资产的周转次数越多或周转天数越少，表明其周转速度越快，营运能力也就越强。总资产周转率计算公式为

$$总资产周转率 =（销售收入净额 \div 平均资产总额）\times 100\%$$

其他常用的营运能力分析指标：流动资产周转率、固定资产周转率、应收账款周转率。

（四）发展分析

企业的发展能力也称企业的成长性，是企业通过自身的生产经营活动，不断扩大积累而形成的发展潜能。

营业收入增长率是指企业本年营业收入增加额与上年同期营业收入总额之比，它是衡量企业经营状况和市场占有能力、预测企业经营业务拓展趋势的重要标志。该指标若大于0，表示企业的营业收入有所增长，指标值越高，表明增长速度越快，企业市场前景越好；若该指标小于0，则说明存在产品或服务不适的销路、质次价高等方面问题，市场份额萎缩。营业增长率计算公式为

$$营业增长率 =（本期营业增长额 \div 上年同期营业收入总额）\times 100\%$$

其他常用的发展能力分析指标：总资产增长率、固定资产成新率、资本积累率。

课堂探讨

请同学们思考企业营运能力与盈利能力指标之间的关联。

拓展训练

查找薄利多销的企业和高档商品销售企业的财务数据，对两家企业的指标进行对比。

◆ 项目实训　财务大数据分析与评价 ◆

■ 实训背景

2022年财报显示，M公司2021年实现营业收入达2161.42亿元，同比增长38.02%。与之相反的是，在2021年财报中，M公司归属于上市公司股东的净利润为30.45亿元，同比下跌28.08%；归属于上市公司股东的扣除非经常性损益的净利润为12.55亿元，同比下滑57.53%。根据M公司2017—2021年的年报及2022年第一季度报，从偿债能力、盈利能力、营运能力和发展能力四方面，分析M公司的经营状况并分析问题产生的原因。

■ 实训要求

在Power BI中根据提供的报表创建可视化图表，并结合财务指标分析理论进行分析与评价。

实训过程

一、数据采集与导出

根据实训要求从东方财务官网采集以下相关数据。
- 同行业个股排名。
- M公司业绩报表（2017—2021年财务报表）。
- 营运能力指标（主要指标栏）、资产负债表、利润表。

二、数据预处理

（一）Excel中的数据预处理

1. 同行业个股排名表的处理

（1）打开同行业个股排名表，删除单位"亿"：按Ctrl+F组合键打开"查找和替换"对话框，在查找栏输入"亿"，替换栏不输入文字，单击"全部替换"按钮，显示有62处替换则为替换成功。并将字段名中的"（元）"改为"（亿元）"，如图10-15所示。

项目10 财务大数据分析与应用

图 10-15 删除单位"亿"

（2）将数据单位为"万"的数据值转化为以"亿"为单位的数值。例如，E19 单元格内容为"–6093 万"，将其转化为以亿为单位的数值"–0.6093"。共有 6 个单元格需转化。

（3）获取排名。在表格中添加四列，分别为"总市值排名""营业收入排名""归属净利润排名"和"综合排名"，如图 10-16 所示。

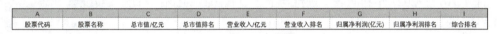

图 10-16 添加新列后的字段

在"总市值排名"列的第一个空格中，输入公式"RANK＝(C2,C$2:C$24,0)"向下拖动完成填充。其他三列进行对应的排序操作。

根据企业的"总市值排名""营业收入排名""归属净利润排名"这三个指标对企业进行综合排名。由于盈利是企业重要的目标之一，三个指标的权重分别设为 30%、30% 和 40%。在综合排名的第一个空格中输入"＝D2*30%＋F2*30%＋H2*40%"，得到企业的综合排名。排名结果如图 10-17 所示。

※ **注意**：此处不进行四舍五入取整是为避免企业排名重复。

股票代码	股票名称	总市值/亿元	总市值排名	营业收入/亿元	营业收入排名	归属净利润/亿元	归属净利润排名	营业收入同比增长	营业收入同比增长排名	综合排名
002594		8594	1	668.3	2	8.084	5	63.02%	1	2.25
601633		3146	2	336.2	4	16.34	4	8.04%	9	4.75
600104		2003	3	1768	1	55.16	1	-4.40%	16	5.25
601238		1463	4	231.5	5	30.09	3	45.67%	4	4
000625		1046	5	345.8	3	45.36	2	7.96%	10	5
601127		651.7	6	51.31	18	-8.389	22	56.03%	2	10.5
000800		398.4	7	151.6	6	4.522	6	-66.39%	23	10.5
600733		327.1	8	17.31	16	-9.57	23	8.42%	8	13.75
600418		257.5	9	97.61	8	-2.902	21	-6.43%	18	14
301039		234	10	51.32	11	1.245	9	-25.29%	20	12.5
601777		204.8	11	12.49	17	0.5085	12	-39.20%	21	15.25
600066		192.2	12	35.26	14	-1.157	19	48.74%	3	12
000980		189.6	13	1.25	23	-1.567	20	-2.84%	14	17.5
600166		172.9	14	123.9	7	1.354	8	-2.94%	15	11
000951		145.2	15	74.97	9	1.241	10	-63.75%	22	14
000550		130.8	16	72.32	10	1.94	7	-0.06%	12	11.25
600006		115.2	17	35.88	13	1.187	11	-9.50%	19	15
000572		87.99	18	7.101	19	-0.6093	18	9.95%	6	15.25
000957		50.22	19	8.626	18	-0.3529	15	30.93%	5	14.25
600686		45.89	20	29.32	15	0.0387	13	9.02%	7	13.75
000868		36.74	21	3.279	21	-0.3999	16	-4.90%	17	18.75
600303		25.06	22	5.59	20	-0.3264	14	2.78%	11	16.75
600213		24.88	23	2.847	22	-0.4364	17	-2.80%	13	18.75

图 10-17 企业排名结果

2. 资产负债表和利润表的处理

（1）打开 2017—2021 年资产负债表，删除单位"亿"：按 Ctrl＋F 组合键打开"查找和替换"窗口，在查找栏输入"亿"，替换栏不输入文字，单击"全部替换"按钮，显示有272处替换,则为替换成功。

(2)将数据单位为"万"的数据值转化为以"亿"为单位的数值。例如,C4单元格内容为"2.4万",将其转化为以亿为单位的数值"0.00024"。共有35个单元格需转化。

(3)将"--"替换为0。通过查找和替换操作,将53处"--"替换为0,结果如图10-18所示。

资产负债表	2021/12/31	2020/12/31	2019/12/31	2018/12/31	2017/12/31
流动资产					
货币资金	504.6	144.5	126.5	130.5	99.03
交易性金融资产	56.06	0.00024	0.3435	0.00451	0
以公允价值计量且其变动计入当期损益的金融资产	0	0	0	0	0.0109
应收票据及应收账款	362.5	412.2	439.3	492.8	588.5
其中:应收票据	0	0	0	0	69.73
应收账款	362.5	412.2	439.3	492.8	518.8
应收款项融资	87.43	88.62	70.09	77.73	0

图10-18 处理后的资产负债表

打开2017—2021年利润表,进行与上述过程一致的操作,此处不再赘述。

3.业绩报表的处理

(1)打开2017—2021年业绩报表,通过查找和替换操作,去掉D列和G列的单位"亿"。

(2)将D列和G列的字段名的单位由"元"改为"亿元",结果如图10-19所示。

D	G
营业总收入/亿元	净利润/亿元
2161	30.45
1566	42.34
1277	16.14
1301	27.8
1059	40.66

图10-19 处理后的D列和G列

(二)Power BI中的数据处理

以资产负债表设置为例。将2017—2021年资产负债表加载到Power BI中,右击数据表,选择"编辑查询"命令,进入Power Query编译器,如图10-20所示。

在Power Query编译器中,单击"转换"选项卡下的"转置"命令,将表格的行、列标题转置,如图10-21所示。

图10-20 进入Power Query编译器

图10-21 转置表格

转置完成后,单击"主页"选项卡下的"将第一行用作标题"命令,如图10-22所示。将第一列的列标题改为"报告期",如果存在空行,可以做删除处理,处理后的表格如图10-23所示。

图10-22 将第一行用作标题

	报告期	ABC 123 流动资产	1.2 货币资金	1.2 交易性金融资产
1	2021/12/31	null	504.6	56.06
2	2020/12/31	null	144.5	0.00024
3	2019/12/31	null	126.5	0.3435
4	2018/12/31	null	130.5	0.00451
5	2017/12/31	null	99.03	0

图10-23 修改字段名称

单击"添加列"选项卡下的"自定义列"命令,如图10-24所示。在"新列名"栏中输入"流动比率",在"自定义列公式"栏中,选中可用列中的"流动资产合计",单击"插入"按钮,输入"/",然后选中可用列中的"流动负债合计",单击"插入"按钮。确认无误后单击"确定"按钮,如图10-25所示。

图10-24 自定义列

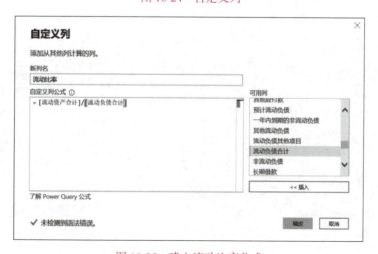

图10-25 建立流动比率公式

再次单击"添加列"选项卡下的"自定义列"命令，在"新列名"栏中输入"资产负债率"。在"自定义列公式"栏中，选中可用列中的"负债合计"。单击"插入"按钮，输入"/"，然后选中可用列中的"资产总计"，单击"插入"按钮，然后"确定"按钮。如图 10-26 所示。

新建列如图 10-27 所示，单击字段名称左侧的按钮，设置数据格式为"1.2 小数"。

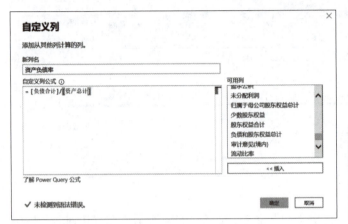

图 10-26　建立资产负债率公式

图 10-27　设置数据格式

（三）净利润表设置

利润表设置和资产负债表设置基本相同。将 2017—2021 年利润表加载到 Power BI 中，右击数据表，单击"编辑查询"，进入 Power Query 编译器。同样，资产负债表设置操作方式，建立净利率公式，如图 10-28 所示。因具体步骤资产负债表相同，这里不再赘述。

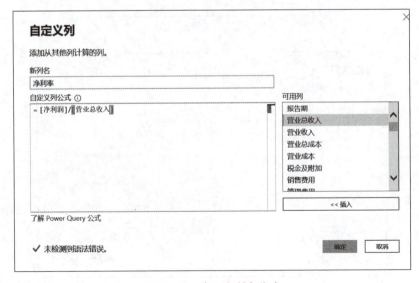

图 10-28　建立净利率公式

三、数据可视化分析

（一）财务指标分析

1. 偿债能力分析

1）短期偿债能力分析

（1）打开 Power BI 的字段栏中的 2017—2021 年资产负债表，在可视化窗格下选用"折线和堆积柱形图"生成可视化对象，如图 10-29 所示。以"报告期"为 X 轴，以"流动比率"为行 Y 轴，以"流动负债合计""流动资产合计"为列 Y 轴，并右击重命名为"流动负债合计/亿元""流动资产合计/亿元"，生成折线和堆积柱形图。

（2）单击"可视化"窗格下"设置视觉对象格式"，单击视觉对象→辅助 Y 轴→范围，将最小值设为 0，最大值设为 2，单击值，小数位设置为 2。还可根据实际需求更改图表标题、数据单位、字号等设置。生成 2017—2021 年流动负债合计、流动资产合计和流动比率图，结果如图 10-30 所示。

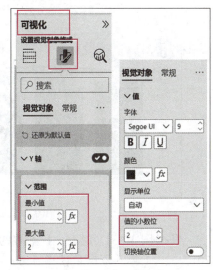

图 10-29　可视化工具栏设计

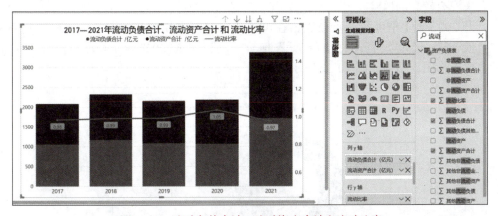

图 10-30　流动负债合计、流动资产合计和流动比率

由图 10-30 可知，M 公司的流动资产合计和流动负债合计在 2021 年都有较大的增长，但是在 2017—2021 年期间的流动比率始终稳定在 1∶1 的水平，而正常的流动比率应在 2∶1 以上，说明 M 公司的变现能力较弱，短期偿债能力较差。

2）长期偿债能力分析

（1）在 Power BI 页面下方单击"新建页"命令，打开"2017—2021 年资产负债表"，在可视化窗格下选用"折线和堆积柱形图"生成可视化对象。以"报告期"为 X 轴，以"资产负债率"为行 Y 轴，以"负债合计""资产总计"为列 Y 轴，并右击重命名为"负债合计/亿元""资产总计/亿元"，生成折线和堆积柱形图。

（2）单击"可视化"窗格下"设置视觉对象格式"，单击"视觉对象"→"Y轴"→"范围"，将最小值设为0，最大值设为1。还可根据实际需求更改图表标题、数据单位、字号等设置。生成2017—2021年资产总计、负债合计和资产负债率图，结果如图10-31所示。

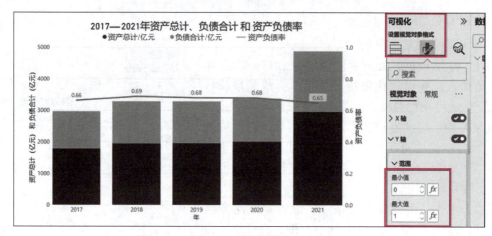

图10-31　资产总计、负债合计和资产负债率

根据图10-31可知，M公司的资产总计和负债合计在2021年都有较大的增长，2017—2021年的资产负债率在60%～70%。一般认为，企业的资产负债率的适宜水平是40%～60%。因此，M公司的资产负债率属于偏高的水平，说明长期偿债能力较差，对于债权人来说有较高的风险。

打开2022年1季度资产负债表，在可视化窗格下选用"环形图"生成可视化对象，将"负债合计/亿元""资产总计/亿元"拖至"值"。生成2022年1季度负债合计和资产总计占比环形图，结果如图10-32所示。

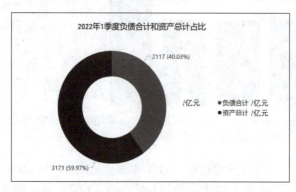

图10-32　负债合计和资产总计占比环形图

根据图10-32可知，M公司2022年第一季度的负债合计与资产总计的数值及占比分别为2117亿元、3171亿元和40.03%、59.97%，资产负债率将近66.8%，依旧在60%～70%，属于偏高的水平。

2. 盈利能力分析

资产负债率可视化操作方式同样生成2017—2021年营业总收入、净利润和净利率图

（类型为折线和堆积柱形图），结果如图 10-33 所示。

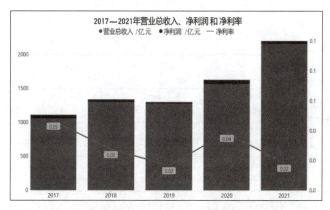

图 10-33　营业总收入、净利润和净利率

由图 10-33 可以看出，虽然 M 公司在 2017—2021 年的营业收入达到千亿级并且逐年上升，在 2021 年营业收入超过 2000 亿元。但是由于费用消耗巨大，净利率仅在 1% 左右，并且有下降的趋势，说明 M 公司在近几年的支出过高，盈利能力一般。

同样地，用负债和资产总计环形图的操作方式生成 2022 年 1 季度净利润和营业总收入占比环形图，如图 10-34 所示。

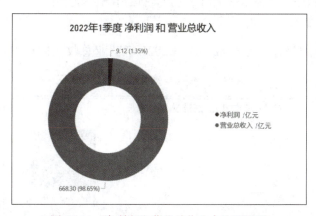

图 10-34　净利润和营业总收入占比环形图

根据图 10-34 可知，M 公司 2022 年第一季度的净利润与营业总收入的数值及占比分别为 9.12 亿元、668.3 亿元和 1.35% 和 98.65%，净利率不到 1.4%，属于较低的水平。

3. 营运能力分析

（1）将 2017—2021 年营运能力指标导入 Power BI 中，在可视化窗格下选用"折线图"生成可视化对象。以"存货周转率/次""应收账款周转率/次""总资产周转率/次"为 Y 轴，以"报告期"为 X 轴，生成营运能力的折线图，如图 10-38 所示。

（2）单击"可视化"窗格下"设置视觉对象格式"，单击"视觉对象"→"Y 轴"→"范围"，将最小值设为 0，最大值设为 6。还可根据实际需求更改图表标题、数据单位、字号等设置。生成 2017—2021 年营运能力折线图，结果如图 10-35 所示。

图 10-35　营运能力折线图

存货周转率、应收账款周转率和总资产周转率没有固定的评价标准，对企业来说，这三个指标越高越好。一般来说，企业存货周转率为 3 是正常的水平，由图 10-38 可知，M 公司在 2017—2021 年的存货周转率均在 4～6，说明企业存货周转情况良好。M 公司的应收账款周转率在 5 年的时间里逐年上升，说明企业收回应收账款的速度变快了，意味着企业的营运能力有所提升。M 公司的总资产周转率在 2017—2021 年的变化较为稳定，在近 3 年有小幅增长的趋势。总体来说，M 公司的营运情况良好。

4. 发展能力分析

同样以营运能力操作方法生成 2017—2021 年营业总收入同比增长折线图，结果如图 10-36 所示。

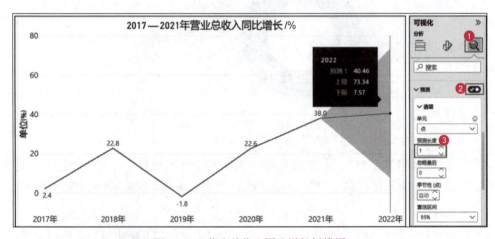

图 10-36　营业总收入同比增长折线图

从图 10-36 中可以看到，M 公司的营业总收入同比增长率在 2022 年的预测值为 40.46%，这意味着 M 公司在 2022 年的营业收入可能达到约 2800 亿元；如果企业 2022 年的经营情况得到改善，则预测的营业收入增长率可达到 73.34%；如果企业 2022 年的经营状况较差，则预测的营业收入增长率可能为 7.57%，仍大于 0。可见，M 公司的发展前景较为明朗。

根据上面一系列的分析，可见该企业无论是短期偿债能力还是长期偿债能力，M公司的表现均没有达到正常的水平，偿债能力较差，因此债权人面临着较高的风险。从盈利能力来看，虽然M公司的净利润达到8亿元，但是过高的支出使M公司的净利率仅在1%左右，盈利情况并不十分乐观。从营运能力来看，M公司的应收账款周转率在近五年有着明显的上升趋势，营运能力在稳定的提升。最后，根据过去几年的营业总收入同比增长率，预测了2022年M公司的营业增长情况，可以说M公司具备良好的发展前景。

课堂探讨

如果公司购买半成品，货款尚未支付的情况下，公司的流动比率会如何变化？

拓展训练

请分析企业的财务指标分析中销售利润率高，而总资产周转率低的情况。

素质提升加油站

失信会计人员"黑名单"

财政部印发《关于加强国家统一的会计制度贯彻实施工作的指导意见》（以下简称《意见》）。《意见》提到，加强会计诚信建设，完善会计人员职业道德规范，建立健全会计人员守信激励和失信惩戒机制，建立严重失信会计人员"黑名单"制度。

《意见》指出，各地区、各部门应当严格遵循会计法关于"国家实行统一的会计制度"的规定，不得擅自修改、调整、补充规定、解释国家统一的会计制度规定的政策口径。

《意见》并称，完善会计人员职业道德规范，建立健全会计人员守信激励和失信惩戒机制，建立严重失信会计人员"黑名单"制度。要加强会计行业组织自律管理。积极创造条件、争取广泛支持，将会计人员、会计中介机构的信用情况及会计违法单位的信息纳入全国信用信息共享平台，提高失信惩戒的约束力和震慑力。

项目11

金融大数据分析与应用

📖 职业能力

- 能够掌握金融数据采集和整理方法;
- 能运用 Power BI 做出直观、美观的可视化图表。

💡 职业素养

- 养成用可视化方式将复杂问题简单化的思维;
- 学会制作可视化图表并分析与评价。

📈 项目重难点

项目内容	工作任务	建议学时	技 能 点	重 难 点	重要程度
金融大数据分析与应用	任务 11.1 金融大数据分析	1	精准营销的应用	数据解读与营销策略	★★☆☆☆
	任务 11.2 证券投资数据分析	3	金融数据解读	K 线分析,指标分析	★★★★☆

任务 11.1 金融大数据分析

■ 任务描述

　　H 保险公司推出了其大数据智能健康险产品"徒步保",这是 H 保险公司和某运动 App 合作推出的保险产品。客户(被保险人)投保时,系统会根据其历史运动情况以及预期运动目标,向其推荐不同保额档位的重大疾病保险保障(目前分25万元、20万元、15万元三档),客户历史平均步数越多,推荐保额就越高,最高可换取25万元重疾保障。其中,如果被保险人在参加健康计划前30天的平均步数达到5000步,则被推荐15万元保额重大疾病保险保障。在申请加入健康计划后,申请日的次日会作为每月的固定结算日,只要每天运动步数达到10000步,下月结算时其保费就可以多免费1天。即保单生效后,客户每天运动的步数越多,下个月需要缴纳的保费就越少。对于这款以运动数据作为其实际承保定价依据的保险产品,C公司称其为"国内首款与可穿戴设备及运动大数据结合的健康管理计划",并表示未来将会接入更多可穿戴设备和运动App,进而通过覆盖更多的运动人群以实现其产品定价和规模优势双提升。

H保险公司与其他App、运动公司合作的依据是什么?相关金融数据是如何获得的?通过合作如何增加保险产品的销售?

知识准备

一、金融大数据概述

金融行业是指经营金融商品的特殊行业,包括银行业、保险业、信托业、证券业和租赁业。金融行业有着大量的客户信息、产品档案、报价数据、市场行情数据和交易数据等,并且客户众多,业务类型复杂,信息化程度高。

(一)金融大数据来源

金融机构的数据主要来源于三个方面。

1. 客户信息数据及交易行为数据

以金融行业中最重要的银行业为例,客户信息数据及金融交易行为数据主要包括客户数据、交易数据和资产数据。

(1)客户数据是金融机构的基础数据,主要是指描述客户自身特点的数据。客户包括个人客户和企业客户。

(2)交易数据主要是指客户通过渠道发生的交易以及现金流数据。

(3)资产数据主要是指客户在银行端的资产和负债数据,也包含银行自身资产负债数据。

2. 网上采集的数据

网上采集的数据主要包括企业舆情数据和客户行为数据。

(1)企业舆情数据主要包括两方面:一是政府公开数据,如工商、司法、行政和一行两会的处罚与涉诉数据等;二是企业经营动态数据,如资产重组、投融资、高管变动、员工招聘、新产品发布和产品销售等数据。

(2)客户行为数据包括个人浏览页面、浏览商品、页面停留时间、关注的商品、支付的商品、对产品的评分、产品的投诉建议、加入的社群、经常互动的话题等。此外还有客户位置信息数据,如银行客户使用的移动设备位置信息、客户自己所处的地理空间数据、多频率的位置往返数据等。银行可以利用客户行为数据对其进行精准营销:结合商家推出优惠服务;利用其信息提供理财产品介绍会;针对特殊人群举办财富管理会议;为新增网点还是撤销网点提供决策支持等。

3. 从第三方购买的数据

从第三方购买的数据一般指已经由第三方经过分析整理的研究数据,包括消费者行为数据、行业分析报告、竞争与市场数据、宏观经济数据、政府掌握的数据、企业的相关数据等。

(二)金融大数据应用大类

随着大数据相关技术快速发展以及商业模式不断创新,金融行业大数据应用主要体现在精准营销、风险控制、智能投顾、运营优化、金融监管五个方面。

1. 精准营销

银行、保险、证券等金融机构都希望利用可靠、真实的数据,全面完整地刻画客户的真实面貌,以掌握客户的真实需求。大数据的发展为上述需求提供了技术支持,金融机构可以通过广泛收集各种渠道、各种类型的数据,利用大数据技术整合各类信息,还原客户真实面貌,根据客户需求做出快速反应,实现精准营销,为客户提供个性化服务。

2. 风险控制

风险控制即风险管理,是金融机构的生命线,是所有金融业务的核心。

3. 智能投顾

智能投顾是运用云计算、大数据、人工智能等技术,根据资产组合理论等金融投资相关理论,结合投资者风险偏好、财务状况及理财规划等变量,建立交易模型,为客户生成自动化、智能化、个性化的资产配置建议,并能够自动实现投资组合的跟踪和随机调整。

4. 运营优化

借助大数据相关技术及业务分析,金融机构可以更精准地了解业务数据,以数据为基础,从传统的静态现象分析和预测,过渡到针对场景提供动态化的决策建议,从而更精准地应对市场变化,改善经营决策,为管理层提供可靠的数据支撑,使经营决策更加高效、敏捷。

5. 金融监管

大数据时代的数据整合将能够使跨领域的数据共享成为可能,再结合互联网、移动互联网、物联网等产生的数据,金融监管部门将能够刻画出更完整的、某个主体的金融行为活动图,进而能够准确地定位风险,进行监管。

(三)金融大数据应用

将 H 保险公司潜在客户步数数据导入 Excel 表中,插入图表类型可选择柱形图、条形图、饼图等形成客户步数可视化图表，如图 11-1 所示。

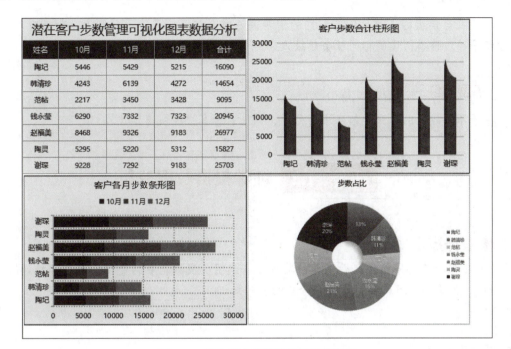

图 11-1　潜在客户步数管理可视化图表

"精准"就是指把正确的信息、产品、服务传达给合适的人。合适的人指的就是目标客户，即潜在客户。潜在客户是指对某类产品（或服务）存在需求且具备购买能力的待开发客户，这类客户与企业存在着销售合作机会，经过企业及销售人员的努力，潜在客户有可能转变为现实客户。

如图 11-2 所示，赵福美、谢琛、钱永莹三位客户的步数排名前三名，达到 20000 步以上，可以推荐最高金额保险单。其中，赵福美、谢琛的步数在 25000 以上，实现高额保险单销售可能性为最大。而范帖的步数不到 10000，可以继续推荐保险金额最少的保险单。

潜在客户不仅是指保险公司的新客户，还包括之前购买过公司其他产品的老客户。成功的精准营销总是从保持现有客户并且扩充新客户做起，营销的效果越好，销售业绩也会越好。老客

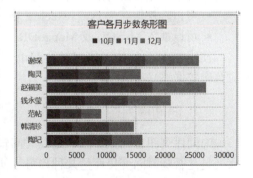

图 11-2　客户各月步数

户中还有一类客户是"休眠"客户，是指那些已经了解企业和产品，却还在消费与不消费之间徘徊的客户，这些客户都是精准营销的目标客户。

精准营销的目标客户明确后，就可以有针对性地进行保险产品的客户营销了。保险企业的客户营销可分为拉新、转化、促活和留存四个阶段。在这四个阶段的营销过程中，通过深度挖掘各阶段的客户群体的特性、制定个性化的营销策略，达到维系客户群体稳定、维护客户运营生态、实现业务目标的目的。

课堂探讨

相同社会层级的人群可能有相同的消费偏好或者相同的风险承受能力。如教育水平、职业水平等。请举例说明相同社会层级人群的相同偏好的例子。

拓展训练

基于不同收入的客户群信息进行处理，筛选目标客户，快速定位客户。

任务 11.2　证券投资数据分析

■ 任务描述

小张打开行情软件，看到各种数据与折线图。虽然能看到变化，但是不知如何分析，他需要了解证券投资数据分析的基础知识。

知识准备

一、tushare 库的简介

tushare 库是一个用于抓取中国股票的历史和实时报价数据的工具。其特点如下。
- 易于使用，因为返回的大部分数据都是 Pandas 的 DataFrame 对象。
- 可以轻松保存为 csv、excel 或 json 文件。
- 可以插入 MySQL 或 MongoDB。

使用 tushare 库的对象包括金融市场分析师、使用 Pandas/NumPy 学习金融数据分析、对金融数据感兴趣的人。

二、时间序列图

时间序列图也叫推移图，是以时间轴为横轴、变量为纵轴的一种图，其主要目的是观察变量是否随时间变化而呈某种趋势，便于管理者随时掌握管理效果或产品的主要性能参数的动态趋势，便于管理者及时分析改进。时间序列图应用在近代的企业管理上具有相当好的效果，它改变了一般报表在文字上的体现，通过图形使其更加可视化，并且也弥补了一般报表不易察觉到随时间的变动所呈现结果的变化起伏的缺陷。

时间序列图其作用主要如下。
- 观察事件随时间推移的发展趋势或周期性变动，探索可能的影响因素。
- 比较干预措施实施前后的变化，评价干预措施的效果。
- 根据事件的变化趋势，预测可能出现的情况，并采取适当的应对措施。

- 根据变化趋势制定发展目标，并比较实际成果与目标值的差距。

三、K线图

（一）K线图的概念与绘制方法

1. 概念

微课：认识K线图

K线图（candlestick charts）又称蜡烛图、日本线、阴阳线、棒线等，常用说法是"K线"，起源于日本十八世纪德川幕府时代（1603—1867年）的米市交易，用来计算米价每天的涨跌。因其标画方法具有独到之处，人们把它引入股票市场价格走势的分析中，经过几百年的发展，已经广泛应用于股票、期货、外汇、期权等证券市场。

2. 绘制方法

首先找到某日或某一周期的最高价和最低价，垂直地连成一条直线；然后找出当日或某一周期的开市价和收市价，把这两个价位连接成一条狭长的长方柱体。假如当日或某一周期的收市价较开市价高（即低开高收），以红色来表示，或在柱体上留白，这种柱体就称为"阳线"。如果当日或某一周期的收市价较开市价为低（即高开低收），则以绿色表示，或在柱体上涂黑色，这种柱体称为"阴线"，如图11-3所示。

按不同时间，分为日/周/月/年K线图及分钟K线图等。以日K线图为例，一日之间的开盘价与收盘价之间以实体表示。收盘价比开盘价低，为阴实体；收盘价比开盘价高，为阳实体。最高价高于实体的上限，称为上影线，最低价低于实体的下限称为下影线，均用细线表示，如图11-4所示为日K线图。

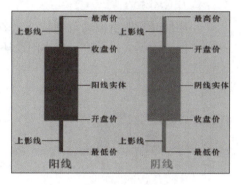

图11-3　K线图

图11-4　根据分时图绘制的日K线图

（二）K 线图的意义

能够全面透彻地观察到市场的真正变化。从 K 线图中，既可看到股价（或大市）的趋势，同时也可以了解每日市况的波动情形。

在使用单根 K 线形态时，分析市场含义有如下要点。

- 看阴阳，阴阳代表趋势方向，阳线表示将继续上涨，阴线表示将继续下跌。
- 看影线长短，影线代表转折信号，向一个方向的影线越长，越不利于股价向这个方向变动，即上影线越长，越不利于股价上涨，下影线越长，越不利于股价下跌。
- 看实体大小，实体大小代表内在动力，实体越大，上涨或下跌的趋势越是明显，反之趋势则不明显。

下面介绍几种典型的单个 K 线。

1. 大阳线与大阴线

大阳线是指收盘价明显高于开盘价，实体较大，表明大市在短期内趋于上升。

大阴线是指收盘价明显低于开盘价，表明在短期内后市趋于下降，如图 11-5 所示。

2. 小阳线与小阴线

小阳线是指股价波动范围较小，多头稍占上风，但上攻乏力。小阴线表示空方呈打压态势，但力度不大。无论出现小阳线还是小阴线，后市都暂无明显方向，如图 11-6 所示。

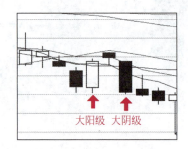

图 11-5　大阳线、大阴线

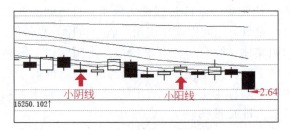

图 11-6　小阴线、小阳线

3. 光头光脚 K 线

光头光脚 K 线是指既没有上影线又没有下影线的阴线。光头光脚阳线以最低价开盘，以最高价收盘，上升趋势比较强劲。光头光脚阴线当日股价最高价与开盘价相同，最低价与收盘价相同，如图 11-7 所示。

图 11-7　光头光脚阳线和阴线

4. 长下影阳线和长下影阴线

在 K 线图中,从实体向下延伸的细线叫长下影线。在阳线中,它是当日开盘价与最低价之差;在阴线中,它是当日收盘价与最低价之差。若长下影线出现,说明该股当日盘中股价一度下跌幅度较大,但遇到有力的支撑,股价呈现较大幅度的回升。下影线越长说明盘中急跌后反弹的力度越强,低位承接力量强,后市趋于上升的可能性极高,如图 11-8 所示。

5. 长上影阳线和长上影阴线

从 K 线实体向上延伸的细线叫长上影线,在阳线中,它是当日最高价与收盘价之差;在阴线中,它是当日最高价与开盘价之差。K 线中无论是阳线还是阴线,若上影线越长说明当日股价冲高回落的幅度越大,市场上升的趋势已经减弱,在高价位受到了一定的阻力,后市可能反转下跌,如图 11-9 所示。

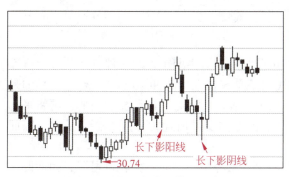

图 11-8　长下影线阳线和阴线

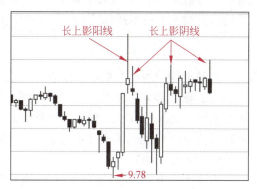

图 11-9　长上影线阳线和阴线

6. 十字星

十字星是实体最短的 K 线。多空双方力量暂时平衡,但随时又能改变方向。股价处于十字路口,可能上升,也可能下降。若十字星在筑底阶段频繁出现,意味着空方能量即将耗尽,多方有望展开反攻。图 11-10 为上升趋势反转为下跌趋势中出现的十字线,图 11-11 为下跌趋势转变为上升趋势时出现的十字线。

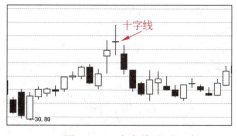

图 11-10　十字线(1)

图 11-11　十字线(2)

7. T 字形

T 字形又称蜻蜓十字星,其开盘价和收盘价相同,只有下影线,上升趋势末段出现表示下方有压力,如图 11-12 所示。倒 T 字形又称垂死十字星,其开盘价与收盘价相同,只有上影线，上影线越长表示上方有压力，如图 11-13 所示。

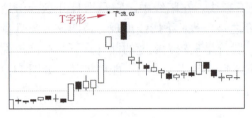

图 11-12　T 字线

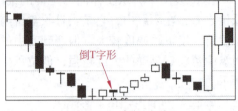

图 11-13　倒 T 字线

四、移动平均线

移动平均（moving average，MA）线是用统计分析的方法，将一定时期内的证券价格（指数）加以平均，并把不同时间的平均值连接起来，形成 MA 曲线，用以观察证券价格变动趋势的一种技术指标。

（一）移动平均线种类

移动平均线的种类很多，但总的来说，可分为短期、中期、长期三种。

（1）短期移动平均线。短期移动平均线主要是 5 日平均线和 10 日平均线。5 日的是将 5 天数字之和除以 5，求出一个平均数，标于图表上，然后类推计算后面的，再将平均数逐日连起，得到的便是 5 日平均线。由于上海证券交易所通常每周 5 个交易日，因而 5 日平均线也称周线。

由于 5 日平均线起伏较大，在震荡行情时该线形象极不规则，无轨迹可寻，因而诞生了 10 日平均线。此线取 10 日为样本，简单易算，为投资大众参考与使用最广泛的移动平均线。它能较为正确地反映短期内股价平均成本的变动情形与趋势，可作为短线进出的依据。

如图 11-14 所示，下跌趋势（空头）中，MA 指标在价格趋势线的上面，上升趋势（多头）中，MA 指标在价格曲线的下面，因此股票价格趋势反转时 MA 指标与价格趋势线相交。

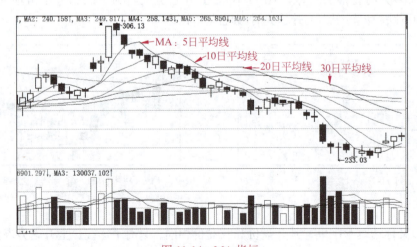

图 11-14　MA 指标

（2）中期移动平均线。首先是月线，采样为24日、25日或26日，该线能让使用者了解股价一个月的平均变动成本。对于中期投资而言，中期移动平均线有效性较高，尤其在股市尚未十分明朗前，能预先显示股价未来变动方向。其次是30日移动平均线，取意仍是以月为基础，不过由于以30日为样，计算较前者简便。最后是季线，采样为72日、73日或75日，由于其波动幅度较短期线移动平均线平滑且有轨迹可寻，较长期移动平均线其敏感度高，因而优点明显。

（3）长期移动平均线。首先为半年线，采样146日或150日，由于沪市上市公司一年分两次公布其财务报表。公司董事、监事与某些消息灵通人士常先取得这方面的第一手资料，进行炒作，投资者可借此获利。不过由于沪市投机性浓厚，投资者注重短线差价利润，因而效果也打了折扣。其次是200日移动平均线，它是葛南维专心研究与试验移动平均线系统后，着重推出的，但在国内运用不甚普遍。最后是年线，取样255日左右，是超级大户、炒手们操作股票时参考的依据。

如图11-15所示，在上升趋势中移动平均线从上到下移动平均线是长期、中期、短期的排列顺序，在下跌趋势中正好相反，从上到下移动平均线是短期、中期、长期的排列顺序，因此价格趋势反转时，短期、中期、长期移动平均线出现相交。

图11-15　MA指标曲线多头排列

所有平均线种类不外乎上述几种，取样太小，线路不规则；取样太大，线路过于平滑，无明显转点，投资者应对此加以注意。

（二）计算方法

N日移动平均线的计算公式如下：

$$N日移动平均线 = N日收市价之和 \div N$$

以时间的长短划分，移动平均线可分为短期、中期、长期几种，一般短期移动平均线5天与10天；中期有30天、65天；长期有200天及280天。

（三）特征分析

移动平均线的一些特性对于市场分析是十分重要的，我们就其中的 12 种情形作出具体分析判断。

1. 多头稳定上升

当多头市场进入稳定上升时期，10MA、20MA、60MA 向右上方推升，且三线多头排列（排列顺序自上而下分别为 10MA、20MA、60MA）略呈平行状。

2. 技术回档

当 10MA 由上升趋势向右下方拐头而下，而 20MA 仍然向上方推升时，揭示此波段为多头市场中的技术回荡，涨势并未结束。

3. 由空转多

股市由空头市场进入多头市场时，10MA 首先由上而下穿越 K 线图（注意是 K 线图），处于 K 线图的下方（即股价站在 10MA 之上），过几天 20MA、60MA 相继顺次，由上往下穿越 K 线图（既股价顺次站在 20MA、60MA 之上）。

4. 股价盘整

股价盘整时 10MA 与 20MA 交错在一起，若时间拉长 60MA 也会黏合在一起。

5. 盘高与盘低

股价处于盘局时若 10MA 往右上方先行突破上升，则后市必然盘高；若 10MA 往右下方下降时，则后市必然越盘越低。

6. 空头进入尾声

空头市场中，若 60MA 能随 10MA 于 20MA 之后，由上而下贯穿 K 线图（既股价站在 60MA 之上），则后市会有一波强劲的反弹，甚至空头市场至此已接近尾声。

7. 由多转空

若 20MA 随 10MA 向右下方拐头而下，60MA 也开始向右下方反转时，表示多头市场即将结束，空头市场即将来临。

8. 跌破 10MA

当市场由多头市场转入空头市场时，10MA 首先由下往上穿越 K 线图，到达 K 线图的上方（股价跌破 10MA），过几天 30MA、60MA 相继顺次由下往上穿越 K 线图，到达 K 线图的上方。

9. 依次排列

空头市场移动平均线均在 K 线图之上，且排列顺序从上而下依次是 60MA、20MA、10MA。

10. 反弹开始

空头市场中，若移动 10MA 首先从上而下穿越 K 线图时（K 线图在上方，10MA 在下方）既股价站在 10MA 之上，是股价在空头市场反弹的先兆。

项目 11　金融大数据分析与应用

11. 反弹趋势增强

空头市场中，若 20MA 也继 10MA 之后，由上而下穿越 K 线图，且 10MA 位于 20MA 之上（既股价站在 20MA 之上，10MA、20MA 多头排列），则反弹趋势将转强。

12. 深幅回档

若 20MA 随 10MA 向右下方拐头而下，60MA 仍然向右上方推升时，揭示此波段为多头市场中的深幅回荡，应以持币观望或放空的策略对应。

📝 课堂探讨

请思考股票价格从上升趋势转变为下降趋势时，K 线趋势与移动平均线走势上发生什么变化？

☁ 拓展训练

查找一家上市企业，观察移动平均线走势，预测未来走势。

◆ 项目实训　根据金融大数据创建时间序列图 ◆

■ 实训背景

小张最近学习了一些 Python 数据分析和 Power BI 可视化的知识，正好他的一些亲戚朋友正在炒股，于是小张决定用股票金融数据来实际操作一下。他选择了 M 公司的股票数据作为例子，首先进行数据的获取。在获取了 M 公司的股票数据后，小张发现，光有数据还并不够，从这些数据并不能直观地反映出股票的信息和走势，于是他想到了把数据转化为 X 轴为时间的折线图。

画出时间序列图后，小张发现，时间序列图和经常出现在股票交易软件上的图不太一样，在查阅资料后，小张了解到股票交易软件上的图是 K 线图，是由很多个箱线图组合起来的图像。

■ 实训要求

（1）通过 Python 第三方库 tushare 库对 2012—2022 年的 M 公司股票数据进行获取并保存成 Excel 文档。

（2）基于最新的 M 公司股票数据，使用 Python 或 Power BI 绘制以时间为横轴，变量为 Y 轴的时间序列图，并保存至本地文件夹。本任务选取的数据域为 2020 年 1 月到 2022 年 5 月。

（3）基于 M 公司股票数据，使用 Power BI 绘制每日 K 线图，并保存至本地。

（4）在第（3）步的基础上（已经绘制完成的折线图），再往上添加三条移动平均线图，并进行比较分析。

实训过程

一、数据采集

首先，导入第三方库并给他赋予别名为 ts，代码如下：

```
import tushare as ts
```

其次，获取数据（k_data 表示获取 K 线图的数据，即开盘、收盘、最高、最低和成交额。start 和 end 分别表示起始日期和结束日期）：

```
df_byd=ts.get_k_data(code='002594',start='2012-01-01',end='2022-05-27')
```

最后，将其保存在 Excel 文档中：

```
df_byd.to_excel("xxxx.xlsx",index = False)
```

其中，index＝False 表示不写入行索引。

二、Power BI 绘制时间时序图

首先，创建一个空项目，导入 M 公司股票数据，预览数据后单击右下角的"加载"按钮，接着在"可视化"窗格中选中折线图（第二排第一个），并拖曳至画布上。然后，进行图 11-16 中①、②、③的操作（按顺序即可），并将日期列拖曳到 X 轴后，单击下拉列表按钮，将"日期层级结构"改为"日期"，如图 11-16 所示。

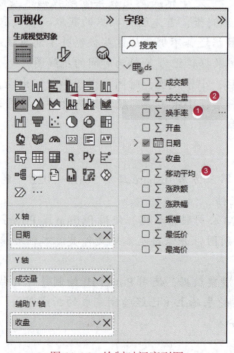

图 11-16　绘制时间序列图

最终绘制完成的时间时序图如图 11-17 所示。

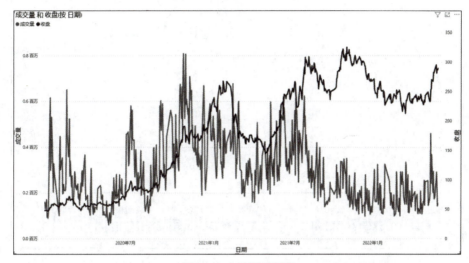

图 11-17　时间时序图

三、绘制 K 线图

首先，将 Power BI 第三方插件 Candlestick by OKViz 导入本地，出现如图 11-18 所示黑色方块，即导入成功。其次，按顺序将日期、开盘、收盘、最高价、最低价分别拖入 Axis（轴）、Open（开盘）、Close（收盘）、High（最高）、Low（最低）列中，这样绘制出的图为每日的 K 线图。还可以在图中添加趋势线，方法是将收盘价拖曳到 Trend Lines 下，这样图中就会有一条趋势线。

图 11-19 展示的是 K 线图的局部图像，可以通过滑动图底部的滑块调整其显示的范围。

四、绘制移动平均线

任务 11-2 已经提到了如何在 Power BI 中绘制折线图，在此不过多赘述。在绘制移动平均线之前，我们先通过 Excel 表格添加三列，列名为"5 日平均""20 日平均""50 日平均"，并通过 AVERAGE 函数计算 5 天、20 天和 50 天的移动平均数。得到的数据存在表中。

本任务选取的数据域为 2020 年 1 月到 2022 年 5 月。图 11-20 是 Power BI 绘制的移动平均线图，图 11-21 是 Excel 制作的。可以看出 5 日平均线能够贴合原图，而 20 日平均和 50 日平均线能够反映趋势，且相比较原图和 5 日平均线来说更加平缓。

图 11-18　Power BI 工具栏

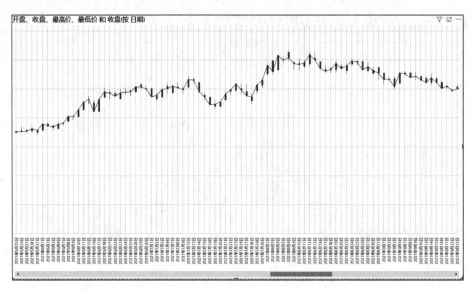

图 11-19　绘制的 K 线图

图 11-20　移动平均线

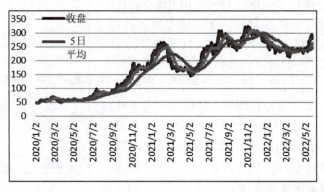

图 11-21　5 日平均线

课堂探讨

使用移动平均线有哪些好处？

拓展训练

尝试绘制指定时间域内的折线图（如 2020 年 6 月到 2020 年 12 月的折线图），查阅有关长期移动平均线的资料，并分析在实际应用场景中的使用方法。

◆ 素质提升加油站 ◆

随着大数据技术的不断发展，金融行业正面临着前所未有的机遇与挑战。在这个背景下，从思政的角度去思考和实践金融大数据的应用，对于确保金融市场的健康、稳定发展具有重要意义。

1. 金融道德与法规

金融大数据的应用需严格遵守金融道德与法规。金融机构和从业人员应具备高度的道德责任感，严守法律法规，确保金融市场的公平、公正和透明。同时，应加强对金融消费者的权益保护，避免因大数据分析导致的歧视和不公。

2. 金融风险与责任

金融大数据的应用需充分考虑风险与责任。金融机构应建立健全风险管理制度，有效预防和控制各类金融风险。在追求利润的同时，应积极履行社会责任，为金融市场的稳定发展贡献力量。

3. 金融诚信与自律

诚信是金融行业的立身之本。金融机构和从业人员应树立诚信意识，自觉遵守职业道德和行业规范。同时，应加强自律管理，建立健全内部监督机制，确保大数据分析的公正、客观和准确。

4. 金融创新与监管

金融大数据的应用为金融创新提供了广阔的空间。金融机构应积极探索新的业务模式和产品创新，满足市场的多样化需求。同时，监管部门应加强对金融创新的监管力度，确保其在合法、合规的框架内进行。

5. 金融全球化与国家安全

金融大数据的应用需关注全球化背景下的国家安全问题。金融机构在开展跨境业务时，应严格遵守国家法律法规，维护国家经济安全。同时，应加强国际合作与交流，共同应对全球化带来的挑战和机遇。

6. 金融可持续发展与社会责任

金融机构应关注可持续发展，将社会责任融入业务发展之中。在大数据应用中，应注重对环境、社会和公司治理等因素的综合考量，推动金融业与经济社会环境的和谐发展。

7. 金融科技伦理与人文关怀

金融大数据的应用需遵循科技伦理与人文关怀的原则。金融机构应关注数据隐私保护，尊重消费者的知情权和选择权。同时，应加强对员工的培训和教育，提高其道德素养和职业操守，确保大数据技术的合理运用。

8. 金融教育与人才培养

金融机构应重视金融教育与人才培养工作。通过开展各类培训项目，提高从业人员的专业素质和道德水平。同时，应积极引进高素质人才，为金融大数据的发展提供有力的人才保障。

9. 金融文化传承与创新

在金融大数据应用过程中，应注重对优秀传统金融文化的传承与创新。金融机构应树立正确的价值观和发展观，弘扬诚信、创新、稳健等优秀品质，推动金融文化的繁荣发展。

10. 金融市场道德与秩序

维护金融市场道德与秩序是金融机构的重要职责。在大数据应用中，金融机构应加强市场调研和舆情分析，及时发现和解决不正当竞争、操纵市场等问题。同时，应建立健全市场准入和退出机制，推动金融市场的健康发展。

参 考 文 献

[1] 炼金，苏重来. 大数据基础与实务商科版 [M]. 北京：高等教育出版社，2023.

[2] 翁玉良. 财务报表分析 [M]. 北京：高等教育出版社，2022.

[3] 张立军，李琼，侯小坤. 数据财务分析 [M]. 北京：人民邮电出版社，2023.

[4] 周冬华，杨彩华. 财务大数据分析与决策 [M]. 北京：高等教育出版社，2022.

[5] 田青. 金融大数据分析 [M]. 北京：高等教育出版社，2023.

[6] 王宇韬，房宇亮，肖金鑫. Python 金融大数据挖掘与分析 [M]. 北京：机械工业出版社，2020.

[7] 吕丽. 商务数据分析与应用 [M]. 北京：电子工业出版社，2022.

[8] 胡华江. 商务数据分析与应用 [M]. 北京：电子工业出版社，2018.

[9] 沈凤池. 商务数据分析与应用（微课版）[M]. 2 版. 北京：人民邮电出版社，2023.

[10] 杨从亚，邹洪芬，斯燕. 商务数据分析与应用 [M]. 北京：中国人民大学出版社，2019.

[11] 石川，王啸，胡琳海. 数据科学导论 [M]. 北京：清华大学出版社，2021.

[12] 吴洪贵. 商务数据分析与应用 [M]. 2 版. 北京：高等教育出版社，2023.

[13] 王汉生，成慧敏. 商务数据分析与应用：基于 R/MBA 精品系列 [M]. 2 版. 北京：中国人民大学出版社，2020.

[14] 吴敏，萧涵月. 商务数据分析与应用（慕课版）[M]. 北京：人民邮电出版社，2022.

[15] 邵贵平. 电子商务数据分析与应用 [M]. 2 版. 北京：人民邮电出版社，2023.

[16] 袁瑞萍. 商务数据分析与应用 [M]. 北京：清华大学出版社，2022.

[17] 胡辉. Excel 商务数据分析与应用（微课版）[M]. 2 版. 北京：人民邮电出版社，2022.

[18] 王翠敏. 电子商务数据分析与应用（活页）[M]. 上海：复旦大学出版社，2020.

[19] 王汉生. Excel 商务数据分析与应用 [M]. 北京：人民邮电出版社，2023.

[20] 蒋盛益. 商务数据挖掘与应用案例分析 [M]. 北京：电子工业出版社，2014.

[21] 刘平山，黄宏军，黄福，等. 商务智能与数据挖掘 [M]. 北京：上海交通大学出版社，2022.

[22] 朱慧云，曹玲. 商务智能与数据挖掘实验教程 [M]. 北京：科学出版社，2017.

[23] 陈晓红，寇纲，刘咏梅. 商务智能与数据挖掘 [M]. 北京：高等教育出版社，2018.

[24] 汪圣佑，徐诗瑶. 商务数据可视化（Power BI 版）[M]. 北京：人民邮电出版社，2021.

[25] 廖莎，胡辉，孙学成. 商务数据可视化（全彩微课版）[M]. 2 版. 北京：人民邮电出版社，2023.

[26] 苏杨媚. 中职电子商务数据分析"三活三新"活页式教材开发研究 [J]. 科技风，2023（10）.

[27] 江婷. "数智运营、四步四知"支持下的课堂革命——以《电子商务数据分析与应用》教学项目为例 [J]. 2023 年高等教育科研论坛桂林分论坛论文集，2023（11）.

[28] 吴小调，谢康. 基于文本挖掘的商务数据分析人才需求研究 [J]. 现代商贸工业，2023（8）.

[29] 李粟. 大数据技术赋能农产品电子商务运营的要点分析 [J]. 上海商业，2023（7）.

[30] 李庆斌. 大数据环境下企业电子商务运营分析 [J]. 商场现代化，2023（7）.

[31] 朱春玲. 数据时代背景下电子商务数据分析与应用课程教学改革研究 [J]. 中外企业文化，2023（6）.

[32] 邹轶. "互联网+"背景下国际生"商务数据分析"SPOC 在线教学模式研究 [J]. 科技资讯，2023（6）.

[33] 张道华. 新商科背景下电子商务数据分析人才培养路径研究 [J]. 商丘师范学院学报，2023（5）.

[34] 李珍.基于OBE理念的商务数据分析与应用课程建设改革研究[J].物流科技，2023（5）.

[35] 刘宇.大数据背景下基于CDIO理念的电子商务平台数据分析实践教学体系探索[J].大学：教学与教育，2023（5）.

[36] 杨洋，钟燕萍.数字经济背景下专业群课程体系建设探索与实践——惠州工程职业学院商务数据分析与应用专业群建设典型案例[J].科技经济市场，2023（5）.

[37] 陈林，陶珍珍，梁蕊.基于SPOC的财会类课程混合式教学模式研究——以商务数据挖掘与实践为例[J].中国管理信息化，2023（4）.

[38] 李婧，陈丽."岗课赛证"融通导向下的《"1+X"电子商务数据分析》课程教学探索[J].产业与科技论坛，2023（4）.

[39] 孙泽红.基于大数据技术优势的电子商务精准营销分析[J].商业经济研究，2023（4）.

[40] 彭怀安，张昌谋.跨境电子商务综合试验区与产业结构升级——基于城市面板数据的实证分析[J].海南大学学报（人文社会科学版），2023（3）.

[41] 阮值华.数字经济背景下新商科人才数据分析能力提升研究和实践[J].职业技术，2023（3）.

[42] 吴杰，任蕊.基于"1+X"证书制度的商务数据分析人才培养研究[J].营销界，2023（3）.

[43] 刘瑞.商务数据分析与应用专业人才培养的研究——以陕西工业职业技术学院为例[J].中外企业文化，2023（3）.

[44] 张俊瑞，董雯君，危雁麟.商务大数据分析：交易性数据资产估值方法研究[J].情报杂志，2023（3）.

[45] 万晓云.以就业为导向的商务数据分析与应用专业建设分析[J].产业创新研究，2023（2）.

[46] 陈思.大数据背景下企业商务智能实践应用分析[J].商场现代化，2023（2）.

[47] 韩秀枝，曹源，詹跃勇，等.电子商务数据分析课程线上线下混合式课堂设计与OBE教学反思[J].电脑知识与技术，2023（2）.

[48] 颜志博.基于大数据分析的电子商务发展策略研究[J].支点，2023（1）.

[49] 郭戈.电子商务课程教学中的数据分析策略[J].电子技术，2022（12）.

[50] 陈娥祥.大数据技术在电子商务数据分析中的运用[J].数字通信世界，2022（12）.

[51] 郭立强.计算机技术在农商平台中的应用与创新——评《农产品电子商务数据分析》[J].中国科技论文，2022（12）.

[52] 李麟，贺之梦，胡玉茹.刍议大数据背景下商务数据分析在流通企业发展中的应用[J].时代经贸，2022（11）.

[53] 何琳麟.基于OBE教育理念的电子商务专业Python数据分析与应用课程改革[J].中国管理信息化，2022（8）.

[54] 张健.基于"新商科"的商务数据分析与应用专业课程群建设的研究与实践[J].科技视界，2022（8）.